RAPEX als Instrument der marktüberwachungsbehördlichen Gefahrenabwehr

Alexander Pitzer

RAPEX als Instrument der marktüberwachungsbehördlichen Gefahrenabwehr

Eine systematische Analyse unter besonderer Berücksichtigung nationaler Rechtsschutzmöglichkeiten

PL ACADEMIC RESEARCH

Bibliografische Information der Deutschen Nationalbibliothek
Die Deutsche Nationalbibliothek verzeichnet diese Publikation in der Deutschen Nationalbibliografie; detaillierte bibliografische Daten sind im Internet über http://dnb.d-nb.de abrufbar.

Zugl.: Marburg, Univ., Diss., 2014

Gedruckt auf alterungsbeständigem, säurefreiem Papier.

D 4
ISBN 978-3-631-65661-7 (Print)
E-ISBN 978-3-653-04971-8 (E-Book)
DOI 10.3726/978-3-653-04971-8

PL Academic Research ist ein Imprint der Peter Lang GmbH.

Peter Lang – Frankfurt am Main · Bern · Bruxelles · New York · Oxford · Warszawa · Wien

Diese Publikation wurde begutachtet.
www.peterlang.com

Für Steffi

Vorwort

Die vorliegende Arbeit wurde am 03.06.2014 von der Philipps-Universität Marburg, Fachbereich Rechtswissenschaften, als Dissertation angenommen. Sie befindet sich auf dem Stand März 2014.

Ganz herzlich möchte ich mich bei Frau Prof. Dr. Monika Böhm bedanken. Die stets wertvollen und konstruktiven Anregungen haben mein Dissertationsvorhaben ebenso vorangebracht wie ihre freundliche und unkomplizierte Unterstützung und Förderung in allen Belangen.

Zudem möchte ich Herrn Prof. Dr. Wolfgang Voit für die flexible und sehr schnelle Erstellung des Zweitgutachtens herzlich danken.

Alexander Pitzer — Gummersbach, Oktober 2014

Inhaltsverzeichnis

A. Einleitung

RAPEX ist das gemeinschaftliche System der Europäischen Union zum raschen Informationsaustausch für den Geltungsbereich der Non-Food-Verbraucherprodukte.[1] Das System dient dem Austausch von Informationen über gefährliche Produkte zwischen der Europäischen Kommission und den Mitgliedstaaten, um so den Verbraucher möglichst umfassend aufzuklären und potenziellen Gesundheits- und Sicherheitsrisiken vorzubeugen.[2]

Den rechtlichen Rahmen von RAPEX bilden seit Januar 2010 zwei Rechtsakte, namentlich die Produktsicherheitsrichtlinie 2001/95/EG[3] sowie die Verordnung (EG)Nr. 765/2008[4].

Neben den am häufigsten gemeldeten (Verbraucher-)Produkten wie z. B. Spielzeug, Kleidungsstücke, Motorfahrzeuge, Elektrogeräte, Kosmetika gilt RAPEX auch für professionelle Produkte.[5]

So wichtig RAPEX auch für den effektiven Verbraucherschutz in Europa sein mag, gilt es dennoch tagtäglich komplexe rechtliche, administrative und informative Herausforderungen zu meistern. Trotz eines hohen Professionalisierungsgrades

---

1 Siehe, Europäische Kommission, Sicherheit für europäische Verbraucher, Jahresbericht 2012 über das Schnellwarnsystem für gefährliche Produkte ausgenommen Lebensmittel RAPEX, S. 10.

2 Europäische Kommission, Sicherheit für europäische Verbraucher, Jahresbericht 2012 über das Schnellwarnsystem für gefährliche Produkte ausgenommen Lebensmittel RAPEX, S. 10.

3 Richtlinie 2001/95/EG des Europäischen Parlamentes und des Rates vom 03. Dezember 2001 über die allgemeine Produktsicherheit, ABl. EG Nr. L 11 vom 15.01.2002, S. 4.

4 Verordnung (EG) Nr. 765/2008 des Europäischen Parlamentes und des Rates vom 9. Juli 2008 über die Vorschriften für die Akkreditierung und Marktüberwachung im Zusammenhang mit der Vermarktung von Produkten und zur Aufhebung der Verordnung (EWG) Nr. 339/93 des Rates, ABl. EU Nr. L 218 vom 13.8.2008, S. 30.

5 Siehe, Europäische Kommission, Sicherheit für europäische Verbraucher, Jahresbericht 2012 über das Schnellwarnsystem für gefährliche Produkte ausgenommen Lebensmittel RAPEX, S. 53; siehe auch, Europäische Kommission, Sicherheit für europäische Verbraucher, Jahresbericht 2012 über das Schnellwarnsystem für gefährliche Produkte ausgenommen Lebensmittel RAPEX, S. 20, Abbildung 10, wonach Bekleidung, Textilien und Modeartikel mit 34 % die am häufigsten gemeldete Produktkategorie im Jahr 2012 war, gefolgt von Spielzeugen mit 19 %, Elektrogeräten und -zubehör mit 11 %, Motorfahrzeugen mit 8 %, Kosmetika mit 4 % und 24 %, die auf andere Produktkategorien entfielen.

der Marktüberwachungsbehörden sowie einer hohen Bearbeitungsqualität, lassen sich Einzelfallabweichungen niemals in Gänze vermeiden. Der aus RAPEX resultierende große Verbreitungsgrad potenziert die denkbaren Auswirkungen einer (Fehl-)Einschätzung. Damit geht auch ein steigendes Abwehr- und Vorbeugungsinteresse der Wirtschaftsakteure einher.

Das Herzstück des vorliegenden Werkes ist der Frage gewidmet, ob den Wirtschaftsakteuren gegen RAPEX eine Rechtsschutzmöglichkeit zuzusprechen ist.

Um sich dieser zentralen Fragestellung zu nähern, wird zunächst ein Überblick über die rechtliche Historie und Entwicklung, insbesondere der systemischen Voraussetzungen vermittelt (Teil B). Dieser Darstellung folgt eine rechtliche Analyse der europäischen sowie der nationalen Rechtsrahmenvoraussetzungen (Teil C). Im Hauptteil wird sodann der Möglichkeit einer Inanspruchnahme von nationalem (deutschen) Rechtsschutz nachgegangen, wobei zwischen der Weiterleitung einer RAPEX-Meldung beziehungsweise der Initiierung des RAPEX-Meldeverfahrens durch die Marktüberwachungsbehörden und der Veröffentlichung im Internet gedanklich differenziert wird (Teil D). Maßgeblich kommt es in diesem Zusammenhang auf die Eingriffsqualität von RAPEX an. Der letzte Teil bietet einen rechtlichen Ausblick auf die derzeit in Entwicklung befindlichen europäischen Rechtsakte, die das Recht der Verbraucherprodukte sowie der Marktüberwachung und damit auch RAPEX auf neue legislatorische Fundamente stellen sollen (Teil E).

B. Historische Entwicklung/ Rechtliche Grundlagen

Nach dem ersten Programm der Europäischen Wirtschaftsgemeinschaft für eine Politik zum Schutz und zur Unterrichtung der Verbraucher[6] ist es das erklärte Ziel, dass Erzeugnisse, die dem Verbraucher angeboten werden, unter den normalen und vorhersehbaren Bedingungen die Gesundheit und die Sicherheit des Verbrauchers nicht gefährden.[7] Mit der Entscheidung des Rates vom 02. März 1984 zur Einführung eines gemeinschaftlichen Systems zum raschen Austausch von Informationen über die Gefahren bei der Verwendung von Konsumgütern (84/133/EWG) wurde der Grundstein für das heute bekannte und etablierte RAPEX-System gelegt. Bereits seit Ende der 70er Jahre existierte in der Europäischen Gemeinschaft ein nicht näher formalisiertes Informationsverfahren, für das sich der Terminus „Rotes Telefon“ eingespielt hat.[8]

Vornehmlich für den Bereich der von Lebensmitteln ausgehenden Gefahren bewährte sich das „Rote Telefon“ durch seine pragmatische und unbürokratische Anwendung in zahlreichen Alarmfällen.[9] Wenn diesem System auch – bereits aufgrund seiner konzeptionellen und institutionellen Ausarbeitung – eine Sonderrolle zukam, so waren in diesem bereits wesentliche Elemente enthalten, auf die sich später eingerichtete formalisierte gemeinschaftliche Dringlichkeitsverfahren stützten.[10]

Wenn auch die Entscheidung des Rates der Europäischen Gemeinschaft noch einen sehr überschaubaren Regelungsumfang aufwies, enthielt sie doch die tragenden Voraussetzungen für eine Schnellwarnmeldung der Mitgliedstaaten und beansprucht von daher – wenn heute auch in einer deutlich detaillierteren

---

6 Entschließung des Rates vom 14. April 1975 betreffend ein erstes Programm der Europäischen Wirtschaftsgemeinschaft für Politik zum Schutz und zur Unterrichtung der Verbraucher, ABl. EG Nr. C 92 vom 25.04.1975, S. 1.

7 Entscheidung 84/133/EWG des Rates vom 02. März 1984 zur Einführung eines gemeinschaftlichen Systems zum raschen Austausch von Informationen über die Gefahren bei der Verwendung von Konsumgütern, ABl. EG Nr. L 70 vom 13.03.1984, S. 16 f.

8 *Eckert*, in: Dannecker, Lebensmittelstrafrecht und Verwaltungssanktionen in der EU, S. 151 f.; *Hammerl*, ZLR 1997, S. 611 (613).

9 *Eckert*, in: Dannecker, Lebensmittelstrafrecht und Verwaltungssanktionen in der EU, S. 151 (151).

10 *Eckert*, in: Dannecker, Lebensmittelstrafrecht und Verwaltungssanktionen in der EU, S. 151 (151, 152).

Ausgestaltung – weiterhin Geltung. Was anfänglich als ein Versuch[11] gedacht war, entwickelte sich im Laufe der Zeit zu einer festen Größe zur Gewährleistung des Verbraucherschutzes innerhalb der Europäischen Gemeinschaft.

Nach Art. 1 Abs. 1 S. 1 der Entscheidung 84/133/EWG musste jeder Mitgliedstaat, der Sofortmaßnahmen beschloss, um die tatsächliche oder mögliche Vermarktung oder Verwendung eines Erzeugnisses oder eines Postens eines Erzeugnisses in seinem Gebiet zu unterbinden, zu beschränken oder besonderen Auflagen zu unterwerfen, weil das betreffende Erzeugnis oder der Posten eines Erzeugnisses bei der normalen oder unvorhersehbaren Verwendung eine ernste und unmittelbare Gefahr für die Gesundheit oder Sicherheit der Verbraucher darstellte, dies der Kommission auf schnellstem Wege mitteilen. Gerade um den primären Schutzzweck, namentlich den gesundheitlichen Verbraucherschutz in Bezug auf den grenzüberschreitenden Handel mit Konsumgütern hinreichend gewährleisten zu können, erkannte man, dass es einer zentralisierten Stelle bedarf, von der aus auch über die Gemeinschaftsgrenzen hinweg rasch Informationen über bestimmte Erzeugnisse ausgetauscht werden können, und dass es hierbei erforderlich ist, ein vorab festgelegtes System zu nutzen.[12] Der Anwendungsbereich des Systems sollte sich von Anfang an auf Verbraucherprodukte beschränken, weshalb ausschließlich zur beruflichen Verwendung bestimmte Erzeugnisse aus dem Anwendungsbereich des Informationssystems ausgenommen wurden.[13] Die bis dato bereits bestehenden Systeme für Lebensmittel wurden beibehalten.[14] Die Entscheidung des Rates 84/133/EWG umfasste ihrem Anwendungsbereich nach auch Lebensmittel.[15]

---

11 Vgl. Erwägungsgründe Abs. 5 zur Entscheidung 84/133/EWG des Rates, ABl. EG Nr. L 70 vom 13.03.1984, S. 16.

12 Vgl. Erwägungsgründe Abs. 2 zur Entscheidung 84/133/EWG des Rates, ABl. EG Nr. L 70 vom 13.03.1984, S. 16.

13 Vgl. Erwägungsgründe Abs. 4 sowie Art. 2 Buchst. a) zur Entscheidung 84/133/EWG des Rates, ABl. EG Nr. L 70 vom 13.03.1984, S. 16 f.

14 Bericht der Kommission über das Schnellinformationssystem hinsichtlich von Gefahren bei der Verwendung von Konsumgütern gemäß Artikel 8 Absatz 2 der Entscheidung des Rates vom 02. März 1984 (84/133/EWG), KOM (88) 121 endg., ABl. EG Nr. C 146 vom 03.06.1988, S. 8 (9).

15 Bericht der Kommission über das Schnellinformationssystem hinsichtlich von Gefahren bei der Verwendung von Konsumgütern gemäß Artikel 8 Absatz 2 der Entscheidung des Rates vom 02. März 1984 (84/133/EWG), KOM (88) 121 endg., ABl. EG Nr. C 146 vom 03.06.1988, S. 8 (9).

Konzeptionell war das System als ein reines Informationsverfahren ohne abschließende Entscheidung durch die Europäische Gemeinschaft in der Sache ausgestaltet.[16]

Dass die Sachentscheidungsgewalt bei den jeweiligen Mitgliedstaaten lag, wurde bereits aus Art. 1 Abs. 1 S. 1 der Entscheidung 84/133/EWG deutlich. Gerade den Mitgliedstaaten oblag es, ihrerseits zu überprüfen, ob überhaupt Sofortmaßnahmen zu beschließen sind, die dann letztlich rein formal dazu führten, in das Meldeverfahren eingespeist zu werden.[17]

Weiterhin vom Anwendungsbereich der Entscheidung 84/133/EWG ausgenommen waren nach Art. 2 Buchstabe b) solche Erzeugnisse, die aufgrund anderer gemeinschaftlicher Rechtsakte gleichartigen Meldeverfahren unterlagen. So war für den Bereich der Arzneimittel[18] jeder Mitgliedstaat dazu verpflichtet, alle zweckdienlichen Maßnahmen zu treffen und diese unverzüglich dem Ausschuss bekannt zu geben.

Vergleichbare Regelungen existierten auch für den Bereich der Tierarzneimittel[19], für Viehseuchen[20] im Bereich veterinärrechtlicher Kontrollen[21], für die Übereinstimmung von aus Drittländern eingeführten Erzeugnisse mit den geltenden Produktsicherheitsvorschriften[22], für den beschleunigten

16 *Eckert*, in: Dannecker, Lebensmittelstrafrecht und Verwaltungssanktionen in der EU, S. 151 (153).

17 *Eckert*, in: Dannecker, Lebensmittelstrafrecht und Verwaltungssanktionen in der EU, S. 151 f.

18 Zweite Richtlinie des Rates vom 20. Mai 1975 zur Angleichung der Rechts- und Verwaltungsvorschriften über Arzneispezialitäten, ABl. EG Nr. L 147 vom 09.06.1975, S. 13.

19 Richtlinie 81/851/EWG des Rates vom 28. September 1981 zur Angleichung der Rechtsvorschriften der Mitgliedstaaten über Tierarzneimittel, ABl. EG Nr. L 317 vom 06.11.1981, S. 1.

20 Richtlinie 82/894/EWG des Rates vom 21. Dezember 1982 über die Mitteilung von Viehseuche in der Gemeinschaft, ABl. EG Nr. L 378 vom 31.12.1982, S. 58.

21 So z. B. Richtlinie 89/662/EWG des Rates vom 11. Dezember 1989 zur Regelung der veterinärrechtlichen Kontrollen im innergemeinschaftlichen Handel im Hinblick auf den gemeinsamen Binnenmarkt, ABl. EG Nr. L 395 vom 30.12.1989, S. 13.

22 Verordnung (EWG) Nr. 339/93 des Rates vom 08.Februar 1993 über die Kontrolle der Übereinstimmung von aus Drittländern eingeführten Erzeugnissen mit den geltenden Produktsicherheitsvorschriften, ABl. L Nr. 40 vom 17.02.1993, S. 1.

Informationsaustausch im Falle einer radiologischen Notfallsituation[23] sowie (später) für die Lebensmittelhygiene[24].

I. Das Verfahren gemäß der Entscheidung 84/133/EWG

Eine zentrale Rolle in diesem gemeinschaftlichen System zum raschen Austausch von Informationen über die Gefahren bei der Verwendung von Konsumgütern nahm die Europäische Kommission ein. Sie bildete die Verknüpfung zwischen den einzelnen Mitgliedstaaten. Um einen reibungslosen und raschen Informationsaustausch gewährleisten zu können, war jeder Mitgliedstaat dazu verpflichtet, sie darüber zu unterrichten, welche staatlichen Behörden er für Übermittlung oder Empfang von eingehenden Informationen und Follow-up-Meldungen[25] bestimmt hat. Beschloss ein Mitgliedstaat Sofortmaßnahmen, um die tatsächliche oder mögliche Vermarktung oder Verwendung eines Erzeugnisses oder eine Postens eines Erzeugnisses in einem Gebiet zu unterbinden, zu beschränken oder besonderen Auflagen zu unterwerfen, weil das Erzeugnis oder der Posten eines Erzeugnisses bei der normalen vorhersehbaren Verwendung eine ernste und unmittelbare Gefahr für die Gesundheit oder Sicherheit der Verbraucher darstellte, hatte er auch dies auf schnellstem Wege mitzuteilen.[26] Die Information musste dabei die Identifizierung des Erzeugnisses, die Identifizierung der Gefahr sowie die von dem meldenden Mitgliedstaat beschlossenen Maßnahmen umfassen.[27]

Für ein reibungsloses Funktionieren unter Gewährleistung der gebotenen Dringlichkeit waren die Mitgliedstaaten dazu verpflichtet, die Kommission darüber zu unterrichten, welche Behörden sowohl für den Empfang als auch für die Übermittlung von Informationsmeldungen bestimmt sind.[28] Um die Vernetzung

---

23 Entscheidung 87/600/Euratom des Rates vom 14. Dezember 1987 über Gemeinschaftsvereinbarungen für den beschleunigten Informationsaustausch im Falle einer radiologischen Notstandssituation, ABl. Nr. L 371 vom 30.12.1987, S. 76.

24 Richtlinie 93/43/EWG des Rates vom 14. Juni 1993 über Lebensmittelhygiene, ABl. Nr. L 175 vom 19.7.1993, S. 1.

25 Vgl. Art. 3 der Entscheidung 84/133/EWG des Rates, ABl. EG Nr. L 70 vom 13.03. 1984, S. 16 (17).

26 Vgl. Art. 1 Abs. 1 S. 1 der Entscheidung 84/133/EWG des Rates, ABl. EG Nr. L 70 vom 13.03.1984, S. 16 f.

27 Vgl. Art. 1 Abs. 2 Entscheidung 84/133/EWG des Rates, Abl. EG Nr. L 70 vom 13.03.1984, S. 16 f.

28 Vgl. Art. 5 S. 1 Entscheidung 84/133/EWG des Rates ABl. EG Nr. L 70 vom 13.03. 1984, S. 16 f.

zu komplettieren, wurde diese Meldung auch an die jeweiligen anderen Mitgliedstaaten weitergeleitet.[29]

Erhielt nunmehr die Europäische Kommission von der jeweils zuständigen Behörde des meldenden Mitgliedstaates eine Informationsmeldung, so wurde diese gleich nach Erhalt auf die Übereinstimmung mit der Entscheidung 84/133/EWG hin überprüft und an die zuständigen Behörden der anderen Mitgliedstaaten weitergeleitet, vgl. Art. 1 Abs. 3 S. 1 und 2 der Entscheidung.

Systemisch vorgesehen war jedoch, dass der Meldeprozess an dieser Stelle nicht endete, sondern ein Feedback von den zuständigen Behörden der Mitgliedstaaten, die die Meldung von der Europäischen Kommission erhalten haben, zu geben war. Dies wurde über die Installation einer so genannten Follow-up-Meldung gewährleistet. Die empfangenden Mitgliedstaaten nahmen die jeweilige Information nicht nur zur Kenntnis, sondern leiteten ihrerseits entsprechende Maßnahmen ein. Diesbezüglich waren die Mitgliedstaaten dazu verpflichtet, die Europäische Kommission binnen kürzester Frist über die nach Erhalt der übermittelten Informationen getroffenen Maßnahmen zu unterrichten, vgl. Art. 3 S. 1 der Entscheidung. Auch die Follow-up-Meldung wurde wiederum an die übrigen Mitgliedstaaten kommuniziert.

Da diese Entscheidung auf einen Zeitraum von vier Jahren ab dem Zeitpunkt der Bekanntgabe begrenzt war, bedurfte sie – nach erfolgter und vorgesehener Revision – einer Erneuerung.

II. Erneuerung der Entscheidung 84/133/EWG durch die Entscheidung 89/45/EWG

Da die Geltungsdauer der Vorgängerentscheidung am 06. März 1988 abgelaufen war, wurde nach Vorlage des vorgesehenen Berichts[30] der Europäischen Kommission über das System die Entscheidung 89/45/EWG[31] des Rates vom 21.12.1988 über ein gemeinschaftliches System zum raschen Austausch von Informationen

29 Vgl. Art. 5 S. 2 Entscheidung 84/133/EWG des Rates ABl. EG Nr. L 70 vom 13.03.1984, S. 16 f.

30 Bericht der Kommission über das Schnellinformationssystem hinsichtlich von Gefahren bei der Verwendung von Konsumgütern gemäß Artikel 8 Absatz 2 der Entscheidung des Rates vom 02. März 1984 (84/133/EWG), KOM (88) 121 endg., ABl. EG Nr. C 146 vom 03.06.1988, S. 8.

31 Entscheidung 89/45/EWG des Rates vom 21. Dezember 1988 über ein gemeinschaftliches System zum raschen Austausch von Informationen über Gefahren bei der Verwendung von Konsumgütern, ABl. EG Nr. L 17 vom 21.01.1989, S. 51.

über Gefahren bei der Verwendung von Konsumgütern erlassen. Diese galt befristet bis zum 30.06.1990. Abgesehen von einigen wenigen redaktionellen Änderungen, entsprach sie inhaltlich der Vorgängerregelung. Die Verlängerung dieser Entscheidung war vorhersehbar, da die Kommission sowohl in ihrem Zwischenbericht als auch in dem darauffolgenden endgültigen Bericht der Überzeugung war, dass das System seine Funktionsfähigkeit und Wirksamkeit bewiesen habe.[32] Bereits zu diesem Zeitpunkt erkannte man, dass die in Planung befindliche Richtlinie über die Sicherheit des Verbrauchers mit dem Schnellinformationssystem eng verbunden und eine Verknüpfung mit der horizontalen Regelung geboten war.[33]

III. Änderung der Entscheidung 89/45/EWG durch die Entscheidung 90/352/EWG

Mit der Entscheidung 90/352/EWG[34] des Rates vom 29. Juni 1990 zur Änderung der Entscheidung 89/45/EWG über ein gemeinschaftliches System zum raschen Austausch von Informationen über die Gefahr bei der Verwendung von Konsumgütern blieb diese bis zu dem Zeitpunkt in Kraft, zu dem die Mitgliedstaaten der Richtlinie über die Angleichung der Rechts- und Verwaltungsvorschriften der Mitgliedstaaten über die allgemeine Produktsicherheit nachkommen mussten.

IV. Berücksichtigung der deutschen Einheit durch die Entscheidung 90/651/EWG

Bedingt durch die Wiedervereinigung Deutschlands wurde die Entscheidung 90/651/EWG[35] des Rates vom 04. Dezember 1990 über die aufgrund der Herstellung der deutschen Einheit notwendige Anpassung des gemeinschaftlichen

---

32 Bericht der Kommission über das Schnellinformationssystem hinsichtlich von Gefahren bei der Verwendung von Konsumgütern gemäß Artikel 8 Absatz 2 der Entscheidung des Rates vom 02. März 1984 (84/133/EWG), KOM(88) 121 endg., ABl. EG Nr. C 146 vom 03.06.1988, S. 8 (14).

33 Bericht der Kommission über das Schnellinformationssystem hinsichtlich von Gefahren bei der Verwendung von Konsumgütern gemäß Artikel 8 Absatz 2 der Entscheidung des Rates vom 02. März 1984 (84/133/EWG), KOM(88) 121 endg., ABl. EG Nr. C 146 vom 03.06.1988, S. 8 (14).

34 Entscheidung 90/352/EWG des Rates vom 29. Juni 1990 zur Änderung der Entscheidung 89/45/EWG über ein gemeinschaftliches System zum raschen Austausch von Informationen über die Gefahr bei der Verwendung von Konsumgütern, ABl. EG Nr. L 173 vom 06.07.1990, S. 49.

35 Entscheidung 90/651/EWG des Rates vom 4. Dezember 1990 über die aufgrund der Herstellung der deutschen Einheit notwendige Anpassung des gemeinschaftlichen

Systems zum raschen Austausch von Informationen über die Gefahren bei der Verwendung von Konsumgütern erlassen. In dem Gebiet der ehemaligen Deutschen Demokratischen Republik galt das Gemeinschaftsrecht automatisch mit der Herstellung der deutschen Einheit.[36] Der europäische Gesetzgeber sah die Gefahr, dass aufgrund fehlender und geeigneter Verwaltungsstrukturen in der Deutschen Demokratischen Republik die Anwendung des Systems zum raschen Austausch von Informationen über die Gefahren bei der Verwendung von Konsumgütern schwierig sein könnte. Deshalb räumte man der Bundesrepublik Deutschland eine Ausnahme ein. Diese Regelung sah unter der Maßgabe, dass das Funktionieren des gemeinsamen Marktes so wenig wie möglich gestört würde, vor, dass das System zum raschen Austausch von Informationen in anderer Art und Weise gehandhabt werden konnte.[37] Die Ausnahmeregelung, begrenzt auf das Gebiet der ehemaligen Deutschen Demokratischen Republik, war bis zum 31. Dezember 1992 befristet, Art. 1 Abs. 1 Entscheidung 90/651/EWG.

V. Erweiterung des bestehenden Systems durch die Entscheidung 93/580/EWG

Das bis dato bestehende Informationssystem für Konsumgüter, von denen eine ernste und unmittelbare Gefahr für die Gesundheit oder Sicherheit der Verbraucher ausging, wurde durch die Entscheidung 93/580/EWG des Rates vom 25.10.1993 zur Einführung eines gemeinschaftlichen Systems zum Austausch von Informationen über bestimmte Erzeugnisse, die die Gesundheit oder die Sicherheit der Verbraucher gefährden konnten,[38] erweitert. Das Verfahren galt also für alle Konsumgüter, die, ohne dass sie eine ernste und unmittelbare Gefahr für den Verbraucher darstellten, nicht den für sie geltenden Vorschriften entsprachen und die Gesundheit und Sicherheit der Verbraucher gefährden konnten und für die ein Mitgliedstaat restriktive Maßnahmen beschlossen hatte, soweit das betreffende Erzeugnis nicht bereits einem der gleichwertigen gemeinschaftlichen

---

Systems zum raschen Austausch von Informationen über die Gefahren bei der Verwendung von Konsumgütern, ABl. EG Nr. L 353 vom 07.12.1990, S. 43.

36 Interessant hierzu: Erwägungsgründe Abs. 1 der Entscheidung 90/651/EWG des Rates, ABl. EG Nr. L 353 vom 07.12.1990, S. 43.

37 Vgl. Erwägungsgründe Abs. 4 und 5 Entscheidung 90/651/EWG des Rates, ABl. EG Nr. L 353 vom 07.12.1990, S. 43.

38 Entscheidung 93/580/EWG des Rates vom 25.10.1993 zur Einführung eines gemeinschaftlichen Systems zum Austausch von Informationen über bestimmte Erzeugnisse, die die Gesundheit oder die Sicherheit der Verbraucher gefährden können, ABl. EG Nr. L 278 vom 11.11.1993, S. 64.

Meldeverfahren unterlag.[39] Zur Vereinheitlichung des Meldevorgangs wurde den Mitgliedstaaten ein Standardformular für die Übermittlung an die Hand gegeben.[40] Zeitlich war die Geltung dieser Entscheidung bis zum 29. Juni 1994 befristet. Diese Entscheidung stellte also eine Übergangsregelung bis zur Geltung und nationalen Umsetzung der Produktsicherheitsrichtlinie dar.[41]

VI. Richtlinie 92/59/EWG über die allgemeine Produktsicherheit

Mit der Richtlinie 92/59/EWG[42] des Rates vom 29. Juni 1992 über die allgemeine Produktsicherheit wurde eine horizontale Regelung getroffen, die als entscheidender Schritt zur Abdeckung sämtlicher Produktbereiche durch einen einheitlichen europäischen Sicherheitsstandard und dessen Durchsetzung mit Mitteln der nationalen Behörden angesehen wurde.[43] Die Mitgliedstaaten waren nach Art. 17 Abs. 1 der Richtlinie dazu verpflichtet, die erforderlichen Rechts- und Verwaltungsvorschriften zu erlassen, um ihrer Umsetzung bis spätestens zum 29.06.1994 nachzukommen.

1. Beschluss 93/465/EWG über technische Harmonisierungsrichtlinien

Flankierend zu der Produktsicherheitsrichtlinie erging der so genannte Modulbeschluss[44]. Dessen Hauptziel war es, als gesetzgeberisches Instrument sicherzustellen, dass die Produkte den in den technischen Harmonisierungsrichtlinien festgelegten grundlegenden Anforderungen entsprachen, um insbesondere den Gesundheitsschutz und die Sicherheit der Benutzer und Verbraucher zu gewährleisten.[45]

---

39 Vgl. Erwägungsgrund Abs. 5 Entscheidung 93/580/EWG des Rates, ABl. EG Nr. L 278 vom 11.11.1993, S. 64.

40 S. Anhang I Gemeinschaftliches Informationsaustauschsystem der Entscheidung 93/580/EWG des Rates, ABl. EG Nr. L 278 vom 11.11.1993, S. 64 (66).

41 Nach Art. 17 der Richtlinie 92/59/EWG des Rates vom 29.06.1992 über die allgemeine Produktsicherheit, ABl. EG Nr. L 228 vom 11.08.1992, S. 24 (30), waren die Mitgliedstaaten dazu verpflichtet, die Richtlinie bis spätestens zum 29.06.1994 umzusetzen.

42 Richtlinie 92/59/EWG des Rates vom 29.06.1992 über die allgemeine Produktsicherheit, ABl. EG Nr. L 228 vom 11.08.1992, S. 24.

43 *Akkermann*, Die Harmonisierung von öffentlichen Warnungen, S. 141.

44 Beschluss 93/465/EWG des Rates vom 22. Juli 1993 über die in den technischen Harmonisierungsrichtlinien zu verwendenden Module für die verschiedenen Phasen der Konformitätsbewertungsverfahren und Regelung für die Anbringung und Verwendung der CE-Konformitätskennzeichnung, ABl. EG Nr. L 220 vom 30.8.1993, S. 23.

45 Vgl. Erwägungsgrund Abs. 4 des Beschlusses 93/465/EWG des Rates, ABl. EG Nr. L 220 vom 30.8.1993, S. 23.

2. Nationale Umsetzung der Richtlinie 92/59/EWG über die allgemeine Produktsicherheit durch das Produktsicherheitsgesetz

Das Produktsicherheitsgesetz[46] (ProdSG a. F.) trat am 01.08.1997 in Kraft. Es diente sowohl der Umsetzung der Richtlinie 92/49/EWG als auch der des Modulbeschlusses 93/465/EWG über die in den technischen Harmonisierungsrichtlinien zu verwendenden Module für die verschiedenen Phasen der Konformitätsbewertungsverfahren und Regelung für die Anbringung und Verwendung der CE-Konformitätskennzeichnung.[47] Die Bundesrepublik Deutschland kam ihrer Umsetzungsverpflichtung aus der Produktsicherheitsrichtlinie bis zum 29.06.1994 nicht fristgerecht nach. Wegen dieser Nicht-Umsetzung durch die Bundesrepublik Deutschland wurde zwischenzeitlich ein Vertragsverletzungsverfahren eingeleitet.[48] Nachdem der Deutsche Bundestag die Beschlussempfehlung des Vermittlungsausschusses zu § 10 ProdSG a. F. angenommen und der Bundesrat dem Gesetz zugestimmt hatte, erfolgte letztlich die Umsetzung der Produktsicherheitsrichtlinie und des so genannten Modulbeschlusses.[49] Mit dieser Kombination führte das ProdSG a. F. zwei voneinander zu unterscheidende europarechtliche Regelungsansätze zusammen.[50]

3. Schaffung eines landes- und gemeinschaftsweiten Systems für den raschen Informationsaustausch über Produktsicherheitsnotfälle gemäß der Richtlinie 92/59/EWG über die allgemeine Produktsicherheit

Mit der Richtlinie 92/59/EWG über die allgemeine Produktsicherheit wurde die Entscheidung 89/45/EWG des Rates über ein gemeinschaftliches System zum raschen Austausch von Informationen über die Gefahr bei der Verwendung von Konsumgütern aufgehoben und in diese Richtlinie eingegliedert, da man erkannte, dass eine wirksame Überwachung der Produktsicherheitsrichtlinie

46 Gesetz zur Regelung der Sicherheitsanforderungen an Produkte und zum Schutz der CE-Kennzeichnung (Produktsicherheitsgesetz – ProdSG) vom 22.04.1997, BGBl. I S. 934; vgl. auch: Bundesrat Gesetzesentwurf – Bundesregierung, Entwurf eines Gesetzes zur Regelung der Sicherheitsanforderungen an Produkte und zum Schutz der CE-Kennzeichnung – (Produktsicherheitsgesetz – ProdSG), BR-Drs. 457 vom 11.08.1995, S. 1.

47 *Wagner*, BB 1997, S. 2489.

48 Hierzu *Meier*, ZLR 1996, S. 623; *Hammerl*, ZLR 1997, S. 611.

49 *Hammerl*, ZLR 1997, S. 611.

50 *Wagner*, BB 1997, 2489.

die Schaffung eines landes- und gemeinschaftsweiten Systems für den raschen Informationsaustausch über Produktsicherheitsnotfälle erforderte.[51] Das bereits etablierte, fortentwickelte und detailliert festgelegte Verfahren wurde in die Produktsicherheitsrichtlinie übernommen und der Europäischen Kommission die insoweit notwendigen Befugnisse eingeräumt.[52] Insgesamt wurde das unionsrechtliche Informationssystem durch diese Richtlinie novelliert und damit einhergehend auch ein Informations- und Schnellwarnsystem für Lebensmittel begründet.[53] Sie sah zwei voneinander zu unterscheidende Informationsverfahren vor. Zum einen war dies das Unterrichtungs- und Informationsaustauschverfahren im Sinne von Art. 7 der Richtlinie und zum anderen das Schnellinformationssystem beziehungsweise -verfahren nach Art. 8 der Richtlinie.

4. Das Unterrichtungs- und Informationsaustauschverfahren gemäß Art. 7 der Richtlinie 92/59/EWG über die allgemeine Produktsicherheit

Das Unterrichtungs- und Informationsaustauschverfahren wurde gemäß Art. 7 Abs. 1 S. 1 der Richtlinie initiiert. Voraussetzung der Unterrichtungs- und Informationspflicht war es, dass ein Mitgliedstaat auf Grundlage einer autonomen[54] Entscheidung das Inverkehrbringen eines Produktes oder eines Produktpostens beschränkte oder seine Rücknahme vom Markt anordnete. Hierüber musste gemäß Art. 7 Abs. 1 S. 1 der Richtlinie die Europäische Kommission unter Angabe der Gründe unterrichtet werden. Eine Unterrichtungspflicht bestand lediglich dann nicht, wenn die Maßnahme einen Vorfall betraf, der nur örtliche, auf jeden Fall auf das Hoheitsgebiet des betreffenden Mitgliedstaates begrenzte, Auswirkungen hatte (Art. 7 Abs. 1 S. 2 der Richtlinie). Durch die Meldung des jeweiligen Mitgliedstaates an die Europäische Kommission kam das Unterrichtungs- und Informationsaustauschverfahren in Gang. Diese musste zunächst umgehend die betroffenen Parteien konsultieren und prüfen, ob die Maßnahme gerechtfertigt war. Bejahendenfalls wurden sodann unverzüglich sowohl der

---

51 Vgl. Erwägungsgrund Abs. 15 der Richtlinie 92/59/EWG des Rates vom 29.06.1992 über die allgemeine Produktsicherheit, ABl. EG Nr. L 228 vom 11.08.1992, S. 24 (25).

52 Vgl. Erwägungsgrund Abs. 15 der Richtlinie 92/59/EWG des Rates vom 29.06.1992 über die allgemeine Produktsicherheit, ABl. EG Nr. L 228 vom 11.08.1992, S. 24 (25).

53 So auch *Akkermann*, Die Harmonisierung von öffentlichen Warnungen, S. 60; grundlegend zur Frage der Anwendbarkeit der Produktsicherheitsrichtlinie auf Lebensmittel: *Meier*, ZLR 1996, S. 623 f.

54 *Eckert*, in: Dannecker, Lebensmittelstrafrecht und Verwaltungssanktionen in der EU, S. 151 (154).

meldende Mitgliedstaat, der die Maßnahme veranlasste, als auch die übrigen Mitgliedstaaten unterrichtet. War die Rechtmäßigkeit der Maßnahme hingegen zu verneinen, unterrichtete sie ausschließlich den Mitgliedstaat, der die dem Unterrichtungs- und Informationsaustauschverfahren zugrunde liegende Maßnahme getroffen hatte.[55]

Für den Fall, dass der Mitgliedstaat seinen Unterrichtungs- und Informationspflichten nicht nachkam, sah das Verfahren keine besonderen Rechtsfolgen vor.[56] Es kam also wiederum[57] – als einziges Mittel – die Einleitung eines Vertragsverletzungsverfahrens gegen den betroffenen Mitgliedstaat wegen eines Verstoßes gegen Art. 30 des EG-Vertrages (jetzt: Art. 34 AEUV[58]) in Frage.[59]

5. Das Schnellinformationssystem gemäß Art. 8 der Richtlinie 92/59/EWG über die allgemeine Produktsicherheit

Über das in Art. 7 der Richtlinie normierte Unterrichtungs- und Informationssystem hinaus richtete man ein Schnellinformationssystem für Not- beziehungsweise besonders dringliche Fälle ein. Die Mitgliedstaaten waren dann zur Meldung verpflichtet, wenn sie Sofortmaßnahmen oder die Einführung von Sofortmaßnahmen beschlossen, die die etwaige Vermarktung oder Verwendung eines Produktes oder eines Produktpostens in seinem Hoheitsgebiet verhinderten, einschränkten oder besonderen Bedingungen unterwarfen, weil das betreffende Produkt oder der betreffende Produktposten eine ernste und unmittelbare Gefahr für die Gesundheit und Sicherheit der Verbraucher darstellte. In einem Anhang wurden detaillierte Verfahrensregelungen zur Durchführung

---

55 Vgl. insgesamt zum Ablauf des Verfahrens Art. 7 Abs. 2 Produktsicherheitsrichtlinie.

56 *Eckert*, in: Dannecker, Lebensmittelstrafrecht und Verwaltungssanktionen in der EU, S. 151 (155); *Müller*, Die Bewältigung von Lebensmittelkrisen durch Risikokommunikation, S. 60.

57 Wie auch schon zum Zeitpunkt der Ratsentscheidung 89/45/EWG, zusammenfassend dazu Eckert, in: Dannecker, Lebensmittelstrafrecht und Verwaltungssanktionen in der EU, S. 151 (152 ff.).

58 Vertrag über die Arbeitsweise der Europäischen Union, ABl. EU Nr. C 115 vom 09.05.2008, S. 47; am 13.11.2007 wurde der „Vertrag von Lissabon" unterzeichnet und ist am 01.09.2009 in Kraft getreten. Der Vertrag von Lissabon führte zur Umbenennung des EGV in AEUV und der erneuten Umnummerierung der ehemaligen Art. 28 f. EGV-Nizza in Art. 34 AEUV: *Schroeder*, in: Streinz, EUV/AEUV, Art. 34 AEUV Rn. 3; vgl. dazu grundlegend: *Pache/Rösch*, NVwZ 2008, S. 473 f. sowie *Montag/von Bonin*, NJW 2011, S. 3623 f.

59 *Eckert*, in: Dannecker, Lebensmittelstrafrecht und Verwaltungssanktionen in der EU, S. 151 (153, 154).

des gemeinschaftsrechtlichen Systems zum raschen Austausch von Informationen gemäß Art. 8 der Richtlinie festgelegt. In Abgrenzung zu Art. 7 fordert das Informationsverfahren nach Art. 8 der Richtlinie eine ernste und unmittelbare Gefahr für die Gesundheit und Sicherheit der Verbraucher.[60] Gerade das Erfordernis einer ernsten und unmittelbaren Gefahr für die Gesundheit und Sicherheit der Verbraucher fand sich bereits in der Entscheidung des Rates 89/45/EWG wieder.[61] Es ist also davon auszugehen, dass die Richtlinie insbesondere mit Art. 8 das existierende gemeinschaftliche System zum raschen Austausch von Informationen über die Gefahren bei der Verwendung von Konsumgütern fortschrieb.[62] Was genau die Richtlinie unter der Begrifflichkeit „ernste und unmittelbare Gefahr für die Gesundheit und Sicherheit der Verbraucher" verstand, ließ sich ihr selbst nicht entnehmen. Eine Legaldefinition fehlte weiterhin.[63] Der Richtliniengeber hielt fest, dass genaue Kriterien für den ernsten und unmittelbaren Charakter von Gefahren nicht festgelegt werden konnten mit der Folge, dass die einzelstaatlichen Behörden in jedem Fall individuell prüfen und entscheiden mussten.[64] Im Anhang unter Nr. 2 der Richtlinie wurde jedoch eine Auslegungshilfe dafür gegeben, was unter der Begrifflichkeit „unmittelbare" Gefahr zu verstehen war. Hierzu wird ausgeführt: *„Zu beachten ist, dass Art. 8 dieser Richtlinie unmittelbare Gefahren bei der Verwendung eines Erzeugnisses durch den Verbraucher betrifft und deshalb Erzeugnisse mit langfristigen Risiken, die eine Prüfung etwaiger technischer Änderungen durch Richtlinien oder Normen erfordern, ausschließt."*

Anlässlich der Ratsentscheidung 89/45/EWG gab die deutsche Delegation die Protokollerklärung ab, dass eine unmittelbare Gefahr normalerweise gegeben sei, wenn die Verwendung eines Konsumerzeugnisses jederzeit eine

---

60 Vgl. Art. 8 Abs. 1 S. 1 Richtlinie 92/59/EWG des Rates vom 29. Juni 1992 über die allgemeine Produktsicherheit, ABl. EG Nr. L 228 vom 11.8.1992, S. 24 (28).

61 Vgl. Art. 1 Abs. 1 S. 1 Entscheidung 89/45/EWG des Rates, ABl. EG Nr. L 17 vom 21.1.1989, S. 51 (52).

62 So auch *Müller*, Die Bewältigung von Lebensmittelrisiken durch Risikokommunikation, S. 61, anderer Auffassung wohl *Eckert* in: Dannecker, Lebensmittelstrafrecht und Verwaltungssanktionen in der EU, S. 151 (154), der das bereits in Grundzügen umschriebene Informationsverfahren der Entscheidung 89/45/EWG in abgekürzter Form in Art. 7 der Richtlinie über die allgemeine Produktsicherheit fortgeschrieben sieht.

63 *Müller*, Die Bewältigung von Lebensmittelrisiken durch Risikokommunikation, S. 61.

64 Vgl. den Anhang unter Nr. 2 der Richtlinie 92/59/EWG des Rates vom 29. Juni 1992 über die allgemeine Produktsicherheit, ABl. EG Nr. L 228 vom 11.8.1992, S. 24 (31).

Körperverletzung verursachen könne.[65] „Ernst“ sei die Gefahr dann, wenn es zu schweren Körperverletzungen kommen könne.[66] Art. 8 der Richtlinie 92/59/EWG sah die Unterrichtung der Europäischen Kommission in Produktsicherheitsnotfällen vor, wenn also eine ernste und unmittelbare Gefahr für die Gesundheit und Sicherheit, namentlich Lebensgefahr oder Gesundheitsgefahr, bestand und daher Sofortmaßnahmen ergriffen werden mussten.[67]

Eine Meldepflicht für die einzelnen Mitgliedstaaten bestand nur dann nicht, wenn sich die Auswirkung der Gefahr allein auf das Hoheitsgebiet des betreffenden Mitgliedstaates beschränkte, also keinen grenzüberschreitenden Sachverhalt beziehungsweise keine grenzüberschreitende Auswirkung entfaltete, vgl. Art. 8 Abs. 1 Unterabs. 2 der Richtlinie.

Art. 8 Abs. 1 Unterabs. 3 der Richtlinie ließ eine Ausnahme von den Meldevoraussetzungen zu. Der jeweilige Mitgliedstaat konnte bereits dann eine Meldung vornehmen, wenn zwar feststand, dass eine ernste und unmittelbare Gefahr vorlag, dahingehende Maßnahmen jedoch noch nicht ergriffen waren.

Ausweislich der näheren Konkretisierung im Anhang der Richtlinie unter Nr. 5 diente die sofortige Kontaktaufnahme mit der Europäischen Kommission, sobald eine Gefahr entdeckt oder vermutet wurde, der Erleichterung von Vorbeugemaßnahmen.[68]

Welche Art von Informationen konkret an die Europäische Kommission weiterzuleiten waren, fand sich im Anhang der Richtlinie unter Nr. 4. So mussten z. B. die Angaben zur Identifizierung des Erzeugnisses, die damit verbundene Gefahr sowie Ergebnisse etwaiger Tests beziehungsweise Analysen, die für die Bestimmung des Risikogrades relevant waren sowie die Art der getroffenen oder beschlossenen Maßnahmen und, falls möglich, Informationen über die Absatzkette mitgeteilt werden. Auch das formelle Meldeverfahren wurde im Anhang der Richtlinie unter Nr. 4 näher konkretisiert, wonach vorzugsweise eine schriftliche Übermittlung der Informationen per Telex oder Telefax erfolgen sollte. Das System sah daneben auch grundsätzlich eine telefonische Benachrichtigung der Europäischen Kommission vor. Zudem wurde ein Appell an die Mitgliedstaaten

---

65 *Eckert*, in: Dannecker, Lebensmittelstrafrecht und Verwaltungssanktionen in der EU, S. 151 (155).

66 *Eckert*, in: Dannecker, Lebensmittelstrafrecht und Verwaltungssanktionen in der EU, S. 151 (155).

67 *Klindt*, ProdSG aF, § 12 Rn. 10

68 Vgl. den Anhang unter Nr. 5 der Richtlinie 92/59/EWG des Rates vom 29. Juni 1992 über die allgemeine Produktsicherheit, ABl. EG Nr. L 228 vom 11.8.1992, S. 24 (31).

gerichtet. Dieser hob die entscheidende Bedeutung einer schnellen Informationsübermittlung für das System und den Verbraucherschutz hervor.

Der weitere Fortgang sah systemisch vor, dass die Europäische Kommission nach Erhalt der Informationen diese auf Übereinstimmung mit der Richtlinie hin überprüfte und gegebenenfalls an die übrigen Mitgliedstaaten übermittelte, Art. 8 Abs. 2 der Richtlinie. Nr. 7 des Anhangs stellte heraus, dass die Überprüfung auf die Übereinstimmung der erhaltenen Informationen mit Art. 8 der Richtlinie erfolgen musste und dass etwaige Zweifel durch Kontaktaufnahme zu dem mitteilenden Land auszuräumen waren.

Die Übermittlung einer Schnellwarnung bei Produktsicherheitsnotfällen war nicht als „eingleisiges" System ausgestaltet. Vielmehr wurden die informierten Mitgliedstaaten ihrerseits dazu verpflichtet, unverzüglich nach Erhalt der Informationen/der Warnmeldungen selbst unverzüglich mitzuteilen, welche Maßnahmen sie ergriffen hatten, vgl. Art. 8 Abs. 2 und Anhang der Richtlinie unter Nr. 9.

VII. Produktsicherheitsrichtlinie 2001/95/EG

Knapp 10 Jahre nach der Europäischen Richtlinie über die allgemeine Produktsicherheit aus dem Jahr 1992 folgte dann mit der Produktsicherheitsrichtlinie 2001/95/EG eine Überarbeitung.[69] Gemäß Art. 21 Abs. 1 dieser Richtlinie waren die Mitgliedstaaten bis zum 15.01.2004 zur Umsetzung verpflichtet. Mit Wirkung zum selben Tag wurde die Vorgängerregelung aufgehoben.

Die bereits mit der Vorgängerrichtlinie etablierten Meldeverfahren für Verbraucherprodukte wurden beibehalten. Hierbei handelt es sich zum einen um das Informationsverfahren nach Art. 11 der Produktsicherheitsrichtlinie 2001/95/EG und um das eigentliche RAPEX-Verfahren nach Art. 12 dieser Richtlinie.[70]

1. Informationsmeldung gemäß Art. 11 Produktsicherheitsrichtlinie 2001/95/EG

Die materiell-rechtlichen Anforderungen an die Informationsmeldung wurden weitestgehend aus Art. 7 der Richtlinie 92/59/EWG übernommen. Die ehemalige Ausnahmevorschrift, Art. 7 Abs. 1 S. 2, wurde eingeschränkt. Gemäß der Vorgängervorschrift musste dann keine Informationsmeldung an die Europäische Kommission abgesetzt werden, wenn die getroffenen Maßnahmen einen

69 *Klindt*, NJW 2004, S. 465 (465).

70 *Müller*, Die Bewältigung von Lebensmittelrisiken durch Risikokommunikation, S. 62.

Vorfall betrafen, der nur örtliche, auf jeden Fall auf das Hoheitsgebiet des betreffenden Mitgliedstaates (meldenden Mitgliedstaates) begrenzte Auswirkung hatte. Zwar wurde dieser Grundgedanke auch nach dem Informationsverfahren gemäß der Produktsicherheitsrichtlinie 2001/95/EG aufgegriffen, jedoch die Meldeverpflichtung letztlich erweitert.[71] Der jeweilige Mitgliedstaat kann weiterhin von einer Meldung absehen, wenn er der Auffassung ist, dass die Auswirkung der Gefährdung auf sein Hoheitsgebiet begrenzt ist oder nicht darüber hinausgehen kann. Gleichwohl ist aber dann eine Informationsmeldung vorgesehen, wenn der Informationsgehalt der Meldung unter dem Aspekt der Produktsicherheit für die übrigen Mitgliedstaaten von Interesse sein kann, vgl. Art. 11 Abs. 1 Unterabs. 2 der Produktsicherheitsrichtlinie. Wann eine derartige Verpflichtung gegeben sein kann, wird von der Richtlinie durch ein Regelbeispiel konkretisiert. So muss eine Meldung insbesondere in den Fällen erfolgen, in denen die Maßnahme eine Reaktion auf eine neuartige Gefährdung darstellt, auf die noch nicht in anderen Meldungen hingewiesen wurde. Sinn und Zweck ist also eine verbesserte operative Zusammenarbeit in Fragen der Marktüberwachung und eine Erleichterung der Überwachungsmaßnahmen. Dies betrifft insbesondere die Risikobewertung, die Produktüberprüfung, den Austausch von Know-How und wissenschaftlichen Kenntnissen sowie die Durchführung gemeinsamer Überwachungsvorhaben.[72] Erklärtes Ziel des Ganzen ist eine Verbesserung des Verbraucherschutzes gerade im Hinblick auf sicherheitsrelevante Fragestellungen. Die Sicherheit der Verbraucher hängt in einem hohen Maße davon ab, wie wirksam im Einzelnen die Produktsicherheitsanforderungen in der Gemeinschaft durchgesetzt werden und die Mitgliedstaaten durch eine systematische Vorgehensweise die Effizienz der Marktüberwachung und der anderen Überwachungsmaßnahmen sicherstellen.[73]

Eine weitere unter rechtsstaatlichen Gesichtspunkten wichtige Änderung betrifft Art. 11 Abs. 2 der Produktsicherheitsrichtlinie. Das Informationsverfahren gemäß Art. 7 Abs. 2 der Vorgängerregelung sah noch die Verpflichtung der Europäischen Kommission vor, nach erfolgter Unterrichtung durch einen meldenden Mitgliedstaat die betroffenen Parteien zu konsultieren. Diese Verfahrensvoraussetzung ist in Art. 11 Abs. 2 nicht mehr enthalten und somit (zumindest deklaratorisch) entfallen. Bezeichnend für diese Entwicklung und die Rolle der

---

71 Vgl. zu dieser Entwicklung *Geiß/Doll*, GPSG, § 9 Rn. 14.

72 Vgl. Erwägungsgrund 25 der Richtlinie 2001/95/EG des Europäischen Parlamentes und des Rates, ABl. EG Nr. L 11 vom 15.01.2002, S. 4 (6).

73 Vgl. Erwägungsgrund 24 der Richtlinie 2001/95/EG des Europäischen Parlamentes und des Rates, ABl. EG Nr. L 11 vom 15.01.2002, S. 4 (6).

Europäischen Kommission im Rahmen des Informationsverfahrens ist auch die Einschränkung der vormals bestimmten Prüfpflicht nach erfolgter Konsultation der betroffenen Parteien. Art. 11 Abs. 2 der Produktsicherheitsrichtlichtlinie bringt eine „Abschwächung" mit sich. Danach obliegt es der Europäischen Kommission vor Weiterleitung der Meldung an die anderen Mitgliedstaaten, eine Überprüfung der Meldung vorzunehmen. Anhand der enthaltenen Informationen ist zu bewerten, ob die marktüberwachungsbehördliche Maßnahme gegen Gemeinschaftsrecht verstößt oder nicht. Wenn auch die Europäische Kommission die letztliche Entscheidung darüber trifft, ob eine bestimmte Meldung an die übrigen Mitgliedstaaten weitergeleitet wird oder nicht, wurde ihre Rolle, jedenfalls was den Prüfumfang anbelangt, begrenzt. Dies betrifft sowohl die Ermittlung des Sachverhalts als auch eine materiell-rechtliche Überprüfung. Der Fokus wird auf eine Kontrolle der formalen Richtigkeit der Meldung gelegt. Die Begrenzung der Prüfkompetenz und -verantwortung bedeutet nicht zuletzt eine Haftungsbremse der Europäischen Kommission für den Fall einer unrichtigen Schnellwarnmeldung. Auf die tatsächlichen wie rechtlichen Auswirkungen dieser Entwicklung, die letztlich von erheblicher praktischer Relevanz sind, wird im späteren Verlauf noch einmal eingegangen.

2. RAPEX-Meldung gemäß Art. 12 Produktsicherheitsrichtlinie 2001/95/EG

Das vormalig in Art. 8 der Richtlinie 92/59/EWG über die allgemeine Produktsicherheit etablierte „Verfahren für Notfälle und Maßnahmen auf Gemeinschaftsebene" wurde konzeptionell in Art. 12 der Produktsicherheitsrichtlinie 2001/95/EG – in das dort beschriebene RAPEX-Meldeverfahren – übernommen. Die Überarbeitung bringt auch hier Veränderungen, gerade mit Blick auf die Meldekriterien, sowie eine weitergehende Konkretisierung mit sich. Die erheblich umfangreichere und inhaltlich geänderte Regelung befasst sich mit der Funktion, Wirkung, Zusammenarbeit und dem Inhalt des RAPEX-Systems.[74]

3. Geänderte Meldekriterien für eine RAPEX-Meldung gemäß Art. 12 der Produktsicherheitsrichtlinie 2001/95/EG

Eine RAPEX-Meldung kommt gemäß Art. 12 Abs. 1 S. 1 der Produktsicherheitsrichtlinie dann in Betracht, wenn das betreffende Produkt eine „ernste

74 *Klindt*, PHi 2002, S. 2 (6).

Gefahr" darstellt. Gemäß der Vorgängerregelung[75] war es zudem erforderlich, dass von dem Produkt eine „ernste und unmittelbare" Gefahr ausging. Das Kriterium „unmittelbar" wurde gestrichen.[76] Dass es darauf nicht mehr ankommt, wird nunmehr ausdrücklich in der Legaldefinition der Begrifflichkeit „ernste Gefahr" klargestellt. Art. 2 Buchstabe d) Produktsicherheitsrichtlinie definiert die Begrifflichkeit „ernste Gefahr" als *„jede ernste Gefahr, die ein rasches Eingreifen der Behörden erfordert, auch wenn sie keine unmittelbare Auswirkung hat"*. Demgegenüber befand sich noch im Anhang unter Ziffer 2 der Richtlinie 92/59/EWG die Klarstellung, dass Art. 8 der Richtlinie nur unmittelbare Gefahren bei der Verwendung eines Erzeugnisses durch den Verbraucher betraf, weshalb Produkte mit langfristigen Risiken, die eine Prüfung etwaiger technischer Änderungen durch Richtlinien oder Normen erforderten, ausgeschlossen waren.

Der Wegfall des Kriteriums „unmittelbar" ist vor dem Hintergrund der Steigerung des Verbraucherschutzes durchaus sinnvoll, da nicht nur Gefahren denkbar sind, die unmittelbar zu einem pathologischen Befund führen können. Zu denken ist z. B. an karzinogene Substanzen, deren Wirkung gerade nicht unmittelbar, sondern möglicherweise erst viele Jahre nach einem Kontakt mit einem Verbraucherprodukt, auftreten können. Praktisch ist es häufig mit großen Schwierigkeiten verbunden, mögliche Langzeitfolgen zutreffend vorherzusagen und im Kontext der Produktsicherheit richtig zu bewerten. Von der Streichung des Unmittelbarkeitskriteriums geht ein deutliches Signal aus, nämlich die zuvor beschriebenen Herausforderungen anzunehmen. Die Ausweitung des „Schutzbereiches" trägt der Fortentwicklung und Intensivierung des Verbraucherschutzes durch die „neue" Produktsicherheitsrichtlinie Rechnung.

Eine weitere bedeutsame Änderung hat sich ebenfalls im Bereich der zu meldenden Maßnahmen ergeben. Anders als es noch bei der Richtlinie 92/59/EWG der Fall war, können nach Art. 12 Abs. 1 S. 1 der Produktsicherheitsrichtlinie nunmehr auch „freiwillige"[77] Maßnahmen des jeweiligen Unternehmers in das RAPEX-System eingestellt werden. Bereits im Entwurfsstadium wurden gegen diese Bearbeitungen aus rechtspolitischer Sicht große Bedenken angemeldet, da dies zum einen einen ernsten Angriff auf öffentlich-rechtliche Verträge im

75 Art. 8 der Richtlinie 92/59/EWG des Rates vom 29. Juni 1992 über die allgemeine Produktsicherheit, ABl. EG Nr. L 228 vom 11.8.1992, S. 24 (28).

76 Vgl. hierzu auch: *Weller*, GewArch 2005, S. 107 (109); *Müller*, Die Bewältigung von Lebensmittelrisiken durch Risikokommunikation, S. 62.

77 Zum Kriterium der Freiwilligkeit vgl. *Weller*, GewArch 2005, S. 107 (109).

Sinne der §§ 54 ff. VwVfG[78] und zum anderen mögliche Beschneidungen von informellen *Gentlemen Agreements* zwischen Hersteller und Marktüberwachungsbehörde bedeuten könne, was letztlich geeignet sei, von der Möglichkeit freiwilliger Maßnahmen Abstand zu nehmen.[79]

Auch nach Inkrafttreten der Produktsicherheitsrichtlinie wird die Ausweitung auf freiwillige Maßnahmen, die eine Einstellung in das RAPEX-System zur Folge haben, kritisiert.[80] Es wird ferner dargelegt, dass die eigentlich beabsichtigte „Geräuschlosigkeit" einer freiwilligen Meldung durch Art. 2 Abs. 1 der Produktsicherheitsrichtlinie als ganz offenbar unerwünschter Umgehungsvorgang desavouiert und auch denklogisch konterkariert werde.[81] Ob und inwieweit die kritisierte Meldung aufgrund „freiwilliger Maßnahmen" letztlich zu den befürchteten Auswirkungen geführt hat, lässt sich zweifelsohne – wegen der jedenfalls gegebenen Dunkelziffer – nicht abschließend beurteilen.

4. Anwendbarkeit des Schnellwarnsystems RAPEX gemäß Art. 12 der Produktsicherheitsrichtlinie 2001/95/EG auf Lebensmittel und Futtermittel

Seit dem Inkrafttreten der Verordnung (EG) Nr. 178/2002[82] ist eine Anwendung des RAPEX-Systems auf Lebensmittel und Futtermittel nicht (mehr) möglich.[83] Das Schnellwarnsystem für Lebensmittel wurde gemäß der Verordnung (EG) Nr. 178/2002 unter der Bezeichnung „RASFF" (Rapid Alert System for Food and Feed) eigenständig und spezialgesetzlich in Art. 50 bis 52 geregelt.[84] Gemäß

---

78 Verwaltungsverfahrensgesetz in der Fassung der Bekanntmachung vom 23. Januar 2003 (BGBl. I, S. 102), das zuletzt durch Art. 2 Abs. 1 des Gesetzes vom 14. August 2009 (BGBl. I, S. 2827) geändert worden ist.

79 *Klindt*, ZRP 2000, S. 419 (422f.); *Moelle/Mecklenbrauck*, Phi 2003, S. 210 (216), *Geiß/Doll*, GPSG, § 9 Rn. 25.

80 *Klindt*, PHi 2002, S. 2 (6).

81 *Klindt*, PHi 2002, S. 2 (6); *Potinecke*, DB 2004, S. 55 (59).

82 Verordnung (EG) Nr. 178/2001 des Europäischen Parlaments und des Rates vom 28. Januar 2002 zur Festlegung der allgemeinen Grundsätze und Anforderungen des Lebensmittelrechts zur Errichtung der Europäischen Behörde für Lebensmittelsicherheit und zur Festlegung von Verfahren zur Lebensmittelsicherheit, ABl. EG Nr. L 31 vom 1.2.2002, S. 1.

83 *Müller*, Die Bewältigung von Lebensmittelrisiken durch Risikokommunikation, S. 62.

84 *Gundel*, ZLR 2008, 159 (161); vgl. auch grundlegend zur Entwicklung des RASFF-Systems: Generaldirektion Gesundheit und Verbraucher, RASFF – das Schnellwarnsystem für Lebens- und Futtermittel der Europäischen Union: Sicherheit für die

Art. 1 Abs. 2 der Produktsicherheitsrichtlinie gilt diese nur für solche Produkte, die noch keinen spezifischeren gemeinschaftsrechtlichen Vorschriften unterliegen. Die Verordnung (EG) Nr. 178/2002 geht ihr also – auch im Hinblick auf das Schnellwarnsystem – als lex specialis vor.

5. Nationale Umsetzung der Produktsicherheitsrichtlinie 2001/95/EG durch das Geräte- und Produktsicherheitsgesetz

Durch das Geräte- und Produktsicherheitsgesetz (GPSG)[85] wurde die Produktsicherheitsrichtlinie 2001/95/EG in deutsches Recht umgesetzt.[86] Das GPSG trat am 01.05.2004 in Kraft und löste das bis dahin geltende Gerätesicherheitsgesetz (GSG)[87] ab. Zeitgleich wurde das Produktsicherheitsgesetz a. F. (ProdSG a. F.)[88] aufgehoben. Die Richtlinienbestimmung der Produktsicherheitsrichtlinie (Art. 12) wurde durch § 9 GPSG in nationales Recht umgesetzt. Nach § 9 Abs. 1 S. 3 GPSG mussten die zuständigen Behörden die beauftragte Stelle auch über Maßnahmen und Vorkehrungen unterrichten, die das Inverkehrbringen oder das Verwenden von Produkten, die eine erhebliche Gefahr darstellten, betrafen, und im Rahmen des gemeinschaftlichen Systems zum raschen Austausch von Informationen über die Gefahr bei der Verwendung von Konsumgütern gemeldet werden. § 9 Abs. 1 S. 3 GPSG regelte die aufgrund der föderalen Strukturen der Bundesrepublik Deutschland notwendigen Einleitungsschritte für eine Meldung an die Europäische Kommission.[89] Wer die beauftragte Stelle im Sinne des GPSG war, wurde in § 2 Abs. 14 GPSG bestimmt. Diese war, vorbehaltlich anderweitiger Regelungen in einer Rechtsverordnung, die Bundesanstalt für Arbeitsschutz und Arbeitsmedizin (BAuA). Gemäß § 9 Abs. 2 S. 1 GPSG musste die beauftragte Stelle die eingegangene Meldung auf Vollständigkeit und Schlüssigkeit überprüfen und leitete die Meldung unter anderem dem Bundesministerium für

---

Verbraucher – seit 30 Jahren, im Internet abrufbar unter: http://ec.europa.eu/food/food/rapidalert/docs/rasff30_booklet_de.pdf (zuletzt abgerufen am 24.04.2014).

85 Geräte- und Produktsicherheitsgesetz, Gesetz über technische Arbeitsmittel und Verbraucherprodukte, BGBl. I, S. 2 vom 06.01.2004.

86 Vgl. zur Entwicklung *Fluck/Sechting*, DVBL 2004, S. 1392 (1395).

87 Bekanntmachung in der Neufassung des Gerätesicherheitsgesetzes vom 23. Oktober 1992, BGBl. I vom 30.10.1992, S. 1793.

88 Gesetz zur Regelung der Sicherheitsanforderungen an Produkte und zum Schutz der CE-Kennzeichnung (Produktsicherheitsgesetz – ProdSG) vom 22.04.1997, BGBl. I S. 934.

89 *Klindt*, GPSG Kommentar, § 9 Rn. 9.

Wirtschaft und Arbeit sowie den zuständigen Stellen der Europäischen Kommission zu.[90]

Darüber hinaus war (was sich bis heute nicht geändert hat) die beauftragte Stelle auch für die Verteilung der über die Europäische Kommission eingehenden Meldungen aus anderen Mitgliedstaaten zuständig.[91]

Gemäß § 9 Abs. 1 S. 4 GPSG richtete sich der Ablauf des RAPEX-Verfahrens nach Anhang II der Produktsicherheitsrichtlinie, der auch als Leitlinie für Meldungen diente.[92]

6. Leitlinien der Europäischen Kommission für die Verwaltung des gemeinschaftlichen Systems zum raschen Informationsaustausch und für Meldungen gemäß Art. 11 der Produktsicherheitsrichtlinie 2001/95/EG

Gemäß Anhang II Nr. 2 S. 2 sowie Ziffer 8 der Produktsicherheitsrichtlinie erstellt die Europä-ische Kommission gemeinsam mit den Mitgliedstaaten Leitlinien für die Durchführung von RAPEX und hält diese regelmäßig auf dem neuesten Stand. Erstmalig hat hiervon die Europäische Kommission durch die Entscheidung 2004/418/EG[93] Gebrauch gemacht.[94] Erklärtes Ziel dieser Leitlinie war es, einfache und klare Kriterien und ausbaufähige praktische Regeln aufzuzeigen, die aufgrund der gewonnenen Erfahrungen und neuer Entwicklungen ergänzt, verbessert oder angepasst werden und den effizienten Betrieb des RAPEX-Systems durch die Europäische Kommission und die zuständigen

---

90 Vgl. § 9 Abs. 2 S. 2, 3 GPSG.

91 Vgl. § 9 Abs. 3 GPSG.

92 *Klindt*, GPSG Kommentar, § 9 Rn. 11.

93 Entscheidung 2004/418/EG der Kommission vom 29. April 2004 zur Festlegung von Leitlinien für die Verwaltung des gemeinschaftlichen Systems zum raschen Informationsaustausch (RAPEX) und für Meldungen gemäß Artikel 11 der Richtlinie 2001/95/EG, ABl. EU Nr. L 151 vom 30.04.2004, S. 86.

94 Für das RASFF-Schnellwarnsystem für Lebensmittel und Futtermittel gemäß Art. 50 der Verordnung (EG) Nr. 178/2002 des europäischen Parlamentes und des Rates vom 28.01.2002 zur Festlegung der allgemeinen Grundsätze und Anforderungen des Lebensmittelrechts, zur Errichtung der Europäischen Behörde für Lebensmittelsicherheit und zur Festlegung von Verfahren zur Lebensmittelsicherheit, ABl. EG Nr. L 31 vom 01.02.2002, S. 1, gab es derartige Durchführungsbestimmungen noch nicht. Die Europäische Kommission hat von ihrer Ermächtigung gemäß Art. 51 der Verordnung (EG) Nr. 178/2002 erst mit der Verordnung (EU) Nr. 16/2011 der Kommission vom 10. Januar 2011 mit Durchführungsbestimmungen für das Schnellwarnsystem für Lebens- und Futtermittel, ABl. EU Nr. L 6 vom 11.1.2011, S. 7, Gebrauch gemacht.

Behörden der Mitgliedstaaten erleichtern.[95] Mit anderen Worten sollte diese Leitlinie einer wirksamen und konsequenten Anwendung der Bestimmungen der Produktsicherheitsrichtlinie über die Meldeverfahren dienen.[96] Die letztlich richtige Umsetzung und Anwendung der Produktsicherheitsrichtlinie erforderte den einheitlichen Einsatz von abgestimmten Kriterien und Werkzeugen zur Beurteilung der Sicherheit von Verbraucherprodukten.[97] Die Entscheidung 2004/418/EG sollte eine Anleitung für die Sicherheitsbeurteilung von Verbraucherprodukten bieten.[98] Da gerade die Sicherheitsbewertung eine entscheidende und tragende Rolle für die Anwendbarkeit des RAPEX-Systems und den Verbraucherschutz einnahm, wurde eine verbesserte Risikobewertungsleitlinie angekündigt.[99] Die Entscheidung der Kommission 2010/15/EU[100] aktualisiert die Leitlinie und hebt die Vorgängerentscheidung auf. Gemäß Anhang II Nr. 8 der Produktsicherheitsrichtlinie sowie der Leitlinie im Anhang der Entscheidung 2004/418/EG besteht die Verpflichtung, die Leitlinien im Lichte der Erfahrung und neuer Entwicklungen regelmäßig zu aktualisieren.[101] Hintergrund war, dass sich im fünften Jahr nach dem Erlass der Vorgängerentscheidung die Zahl der Meldungen nach dem RAPEX-Verfahren und nach dem Verfahren gemäß Art. 11 der Produktsicherheitsrichtlinie vervierfacht hatte und ein weiterer Anstieg

---

95 Vgl. Anhang Ziffer 1.1 Unterabs. 7 Entscheidung der Kommission 2004/418/EG.

96 Vgl. Anhang Ziffer 1.1 Unterabs. 7 Entscheidung der Kommission 2004/418/EG.

97 Vgl. Generaldirektion Gesundheit und Verbraucherschutz, Sicherheit für europäische Verbraucher 2006, Jahresbericht über das Schnellwarnsystem für Verbraucherprodukte, ausgenommen Lebensmittel RAPEX, S. 26 Ziffer 3.2., im Internet abrufbar unter: http://ec.europa.eu/consumers/reports/report_rapex_06_de.pdf (zuletzt abgerufen am 24.02.2014).

98 Vgl. Generaldirektion Gesundheit und Verbraucherschutz, Sicherheit für europäische Verbraucher 2006, S. 26 Ziffer 3.2., im Internet abrufbar unter: http://ec.europa.eu/consumers/reports/report_rapex_06_de.pdf (zuletzt abgerufen am 24.02.2014).

99 Vgl. Generaldirektion Gesundheit und Verbraucherschutz, Sicherheit für europäische Verbraucher 2006, S. 26 Ziffer 3.2., im Internet abrufbar unter: http://ec.europa.eu/consumers/reports/report_rapex_06_de.pdf (zuletzt abgerufen am 24.02.2014).

100 Entscheidung 2010/15/EU der Kommission vom 16. Dezember 2009 zur Festlegung von Leitlinien für die Verwaltung des gemeinschaftlichen Systems zum raschen Informationsaustausch „RAPEX“ gemäß Art. 12 und des Meldeverfahrens gemäß Art. 11 der Richtlinie 2001/95/EG über die allgemeine Produktsicherheit, ABl. EU Nr. L 22 vom 26.01.2010, S. 1.

101 Vgl. Erwägungsgrund 7 der Entscheidung 2010/15/EU.

prognostiziert wurde.[102] Erklärter Hauptzweck der Entscheidung 2010/15/EU ist die Formulierung neuer Leitlinien, die den Anwendungsbereich des RAPEX-Verfahrens und des Meldeverfahrens gemäß Art. 11 der Produktsicherheitsrichtlinie genauer bestimmen und außerdem die Meldekriterien festlegen und verschiedene Aspekte des Melde- und des Rückmeldeverfahrens regeln, etwa den Umfang der von den Mitgliedstaaten bereitzustellenden Daten und deren vertrauliche Behandlung, das Zurückziehen von Meldungen, die Reaktion auf Meldungen und organisatorische Aspekte.[103] Außerdem werden wesentliche Aspekte des Systems, die bisher noch nicht Gegenstand spezieller Vorschriften waren, wie die dauerhafte Entfernung von Meldungen aus dem System, die vorübergehende Entfernung von Meldungen von der RAPEX-Website und Regeln zur Anfechtung von in den Meldungen enthaltenen Risikobewertungen geregelt.[104] Eine Hauptänderung bringt die Entscheidung in Bezug auf die vorzunehmende Risikobewertung von Konsumgütern mit sich.[105] Diese ist im Hinblick auf eine mögliche Einstellung in das RAPEX-System von erheblicher Bedeutung, da sie dazu dient, herauszufinden, welches Produktrisiko besteht und insbesondere, ob es sich dabei um ein „ernstes Risiko" handelt.[106]

7. Auswirkungen der Verordnung (EG) Nr. 765/2008 auf das RAPEX-System

Am 01.01.2010 trat die Verordnung (EG) Nr. 765/2008 in Kraft. Dieser Rechtsrahmen für die Umsetzung des freien Warenverkehrs im Binnenmarkt novelliert die Grundlagen des öffentlich-rechtlichen Warenvertriebsrechts unter Produktsicherheitsgesichtspunkten.[107] Die Verordnung fällt in den Rahmen des sogenannten *New Legislative Framework* und ist als die zentrale Kernregelung in der gesamten europäischen Marktüberwachung im harmonisierten Bereich

---

102 Vgl. Erwägungsgrund 8 der Entscheidung 2010/15/EU.

103 Vgl. Erwägungsgrund 10 der Entscheidung 2010/15/EU.

104 Vgl. Generaldirektion Gesundheit und Verbrauchersicherheit, Sicherheit für europäische Verbraucher, Jahresbericht 2010 über das Schnellwarnsystem für gefährliche Produkte, ausgenommen Lebensmittel RAPEX, S. 39, im Internet abrufbar unter: http://ec.europa.eu/consumers/safety/rapex/docs/2010_rapex_report_de.pdf (zuletzt abgerufen am 24.02.2014).

105 Vgl. Generaldirektion Gesundheit und Verbrauchersicherheit, Sicherheit für europäische Verbraucher, Jahresbericht 2010, S. 39; vgl. auch: *Klindt/Wende*, NVwZ 2011, S. 602 (602).

106 *Klindt/Wende*, NVwZ 2011, S. 602 (602).

107 Hierzu *Kapoor/Klindt*, EuZW 2008, S. 649 (649).

zu verstehen.[108] Mit ihr wird der Geltungsbereich des RAPEX-Systems über die Anwendung auf Verbraucherprodukte hinaus auch für sämtliche andere, das heißt professionelle, Produkte und Produkte, die ein ernstes Risiko für das Gemeinwohl darstellen, ausgeweitet.[109] Nunmehr findet das RAPEX-System auch auf B2B-Produkte gemäß Art. 22 Abs. 4 S. 1 Anwendung beziehungsweise gilt gemäß Art. 22 Abs. 4 S. 2 Verordnung (EG) Nr. 765/2008 entsprechend.

8. Nationale Neuordnung durch das Produktsicherheitsgesetz

Mit dem Gesetz über die Neuordnung des Geräte- und Produktsicherheitsrechts[110] wurde auch das neue Produktsicherheitsgesetz (ProdSG)[111] veröffentlicht. Das Gesetz über die Neuordnung des Geräte- und Produktsicherheitsrechts trat gemäß Art. 37 Abs. 1 am 01.12.2011 in und das Geräte- und Produktsicherheitsgesetz damit außer Kraft. Hintergrund der rechtlichen Neuregelung sowie der Aufhebung des Geräte- und Produktsicherheitsgesetzes war die Rechtsentwicklung durch Inkrafttreten der Verordnung (EG) Nr. 765/2008 zur Akkreditierung und Marktüberwachung, da diese unmittelbar gilt und teilweise konkurrierende Regelungen zum bis dato geltenden Rechtsrahmen enthält. Aus Gründen der Rechtsklarheit und besseren Verständlichkeit sollten durch diese gesetzliche Anpassung die konkurrierenden Regelungen bereinigt werden.[112] Darüber hinaus werden die erweiterten Bestimmungen der neuen Spielzeugrichtlinie 2009/48/EG[113] und der Richtlinie 2009/127/EG über Maschinen zur Ausbringung von Pestiziden[114] umgesetzt.[115]

---

108 *Klindt*, PHi 2011, S. 42 (42).

109 Vgl. Generaldirektion Gesundheit und Verbrauchersicherheit, Sicherheit für europäische Verbraucher, Jahresbericht 2010, S. 39; *Kapoor/ Klindt*, EuZW 2008, S. 649 (652).

110 Gesetz über die Neuordnung des Geräte- und Produktsicherheitsrechts vom 08.11.2011, BGBl. I 2011 Nr. 57 vom 11.11.2011, S. 2178.

111 Gesetz über die Bereitstellung von Produkten auf dem Markt (Produktsicherheitsgesetz – ProdSG) vom 08.11.2011, BGBl. I 2011 Nr. 57 vom 11.11.2011, S. 2179.

112 Beschlussempfehlung und Bericht des Ausschusses für Arbeit und Soziales, BT-Drs. 17/7063 vom 21.09.2011, S. 1 Teil A.

113 Richtlinie 2009/48/EG des Europäischen Parlamentes und des Rates vom 18. Juni 2009 über die Sicherheit von Spielzeug, ABl. EU Nr. L 170 vom 30.6.2009, S. 1.

114 Richtlinie 2009/127/EG des Europäischen Parlamentes und des Rates vom 21. Oktober 2009 zur Änderung der Richtlinie 2006/42/EG betreffend Maschinen zur Ausbringung von Pestiziden, ABl. EU Nr. L 310 vom 25.11.2009, S. 29.

115 Beschlussempfehlung und Bericht des Ausschusses für Arbeit und Soziales, BT-Drs. 17/7063 vom 21.09.2011, S. 1 Teil A.

Neben den weiteren Informations- und Meldepflichten beziehungsweise -verfahren[116] wird das Schnellinformationssystem RAPEX in § 30 ProdSG geregelt. Gerade im Rahmen der Informations- und Meldeverfahren wird die Information und Unterstützung zwischen Marktüberwachungsbehörden und der Bundesanstalt für Arbeitsschutz und Arbeitsmedizin postuliert, vgl. § 29 Abs. 1 ProdSG. Durch das Produktsicherheitsgesetz werden die bislang in § 9 GPSG zusammengefassten Informations- beziehungsweise Meldeverfahren durch eigenständige Normierungen getrennt behandelt. Das bislang in § 9 Abs. 1 S. 1 GPSG geregelte Schutzklauselverfahren[117] findet sich nunmehr in § 29 ProdSG wieder, während Art. 114 Abs. 10 AEUV seine europarechtliche Grundlage bildet.[118] Das daneben in § 9 GPSG geregelte RAPEX-Schnellmeldeverfahren ist im neuen § 30 ProdSG aufgegangen.

116 Vgl. Abschnitt 7 §§ 29 ff. ProdSG.

117 Instruktiv dazu: *Klindt*, GPSG Kommentar, § 9 Rn. 2 f.

118 Noch zur Vorgängerregelung Art. 15 Abs. 1 EGV: *Klindt*, GPSG Kommentar, § 9 Rn. 3; Art. 114 AEUV übernahm mit mandatsbedingten redaktionellen Änderungen den Text von Art. 95 EGV: *Fischer*, Der Vertrag von Lissabon, S. 288; instruktiv zu Art. 114 Abs. 10: *Leible/Schröder*, in: Streinz, EUV/AEUV, Art. 114 AEUV Rn. 122 f.

C. Rechtliche Voraussetzungen einer RAPEX-Meldung

§ 30 Abs. 1 S. 1 ProdSG sieht eine Unterrichtung der Bundesanstalt für Arbeitsschutz und Arbeitsmedizin durch die Marktüberwachungsbehörde vor, wenn diese eine Maßnahme nach § 26 Abs. 4 ProdSG trifft oder dies beabsichtigt. Damit nimmt diese Ermächtigungsgrundlage, die eine gebundene Verwaltungsentscheidung[119] vorsieht, eine zentrale Bedeutung für die Frage, ob eine RAPEX-Meldung erfolgt oder nicht, ein. § 26 Abs. 4 S. 1 ProdSG sieht vor, dass die Marktüberwachungsbehörden den Rückruf oder die Rücknahme von Produkten anzuordnen oder die Bereitstellung von Produkten auf dem Markt zu untersagen haben, wenn diese ein ernstes Risiko insbesondere für die Sicherheit und Gesundheit von Personen bedeuten.

I. Begriffsbestimmungen

Nachfolgend soll eine Erläuterung und Auseinandersetzung der für die vorliegende Bearbeitung wesentlichen Begriffsbestimmungen kursorisch und der Verständlichkeit dienend erfolgen.

1. Produkt

Das ProdSG definiert in § 2 Nr. 22 Produkte als Waren, Stoffe oder Zubereitungen, die durch einen Fertigungsprozess hergestellt worden sind. Dem neuen Produktsicherheitsgesetz liegt also ein sehr weiter Produktbegriff zugrunde. Der weite Produktbegriff wird durch die Konkretisierung, dass diese „durch einen Fertigungsprozess hergestellt worden sind" eingeschränkt. Die Begrifflichkeit „Fertigung" beschreibt den industriellen oder handwerklichen Produktionsprozess.[120] Die Begrifflichkeit „Fertigung" hat keine andere Wortbedeutung als „Herstellung".[121] Die Legaldefinition ist in dem Passus, wonach ein Produkt durch einen Fertigungsprozess hergestellt sein muss, redundant. Durch den Hinweis auf das Erfordernis eines Fertigungsprozesses wird beispielsweise die

119 Zur Begrifflichkeit: *Detterbeck*, Öffentliches Recht, Rn. 683 ff.

120 Im Internet abrufbar unter: www.duden.de/suchen/dudenonline/fertigung (zuletzt abgerufen am: 24.02.2014).

121 Im Internet abrufbar unter: www.duden.de/suchen/dudenonline/fertigung (zuletzt abgerufen am: 24.02.2014).

Rohstoffgewinnung von Bodenschätzen beziehungsweise landwirtschaftlichen Natur- und Rohprodukten ausgenommen.[122]

Das Geräte- und Produktsicherheitsgesetz legaldefinierte Produkte als technische Arbeitsmittel und Verbraucherprodukte, § 2 Abs. 1 GPSG. Nach alter Rechtslage waren Produkte denkbar und tatsächlich auf dem Markt erhältlich, die weder der Begrifflichkeit des „technischen Arbeitsmittels“ noch der eines „Verbraucherproduktes“ zuzuordnen waren, und damit als „gesetzlose“ Komponenten keiner behördlichen Überwachung unterlagen.[123] Diese Lücke wird nunmehr durch die weite Definition der Begrifflichkeit „Produkt“ geschlossen.[124]

Die Begrifflichkeiten „Ware“ und „Produkt“ unterliegen einer synonymen Verwendung, wobei bei einem „Produkt“ der Herstellungsprozess im Vordergrund steht, währenddessen bei einer „Ware“ der Bestimmungszweck „für den Handel“ betont wird.[125] Die gesetzgeberische Intention lag jedoch darin, den Begriff „Produkt“ aus dem bisherigen GPSG zu übernehmen und alleine dem Umstand Rechnung zu tragen, dass im Sinne einer größeren Rechtsklarheit auf die Begrifflichkeit der „technischen Arbeitsmittel“ verzichtet werden sollte.[126] Auch hier wird die beabsichtigte Rechtsangleichung zur Verordnung (EG) Nr. 765/2008 verwirklicht, da dort in Art. 15 Abs. 4 bereits der Begriff „Produkt“ als ein Stoff, eine Zubereitung oder eine Ware, der beziehungsweise die durch einen Fertigungsprozess hergestellt worden ist, außer Lebensmitteln, Futtermitteln, lebenden Pflanzen und Tieren, Erzeugnissen menschlichen Ursprungs und Erzeugnissen von Pflanzen und Tieren, die unmittelbar mit ihrer künftigen Reproduktion zusammenhängen, definiert wird. Die Produktdefinition umfasst zwar auch Stoffe oder Zubereitungen, dabei gilt es jedoch zu beachten, dass mit der europäischen Verordnung (EG) Nr. 1907/2006, der sogenannten REACH-Verordnung[127], eine speziellere Rechtsvorschrift im Sinne des § 1 Abs. 4 ProdSG

---

122 *Wilrich*, Das neue Produktsicherheitsgesetz, Rn. 62.

123 *Klindt*, GPSG Kommentar, § 2 Rn. 6.

124 *Wilrich*, Das neue Produktsicherheitsgesetz, Rn. 64.

125 *Wilrich*, Das neue Produktsicherheitsgesetz, Rn. 66.

126 BT-Drs. 17/6276 vom 24.06.2011, S. 41.

127 Verordnung (EG) Nr. 1907/2006 des Europäischen Parlamentes und des Rates vom 18. Dezember 2006 zur Registrierung, Bewertung, Zulassung und Beschränkung chemischer Stoff (REACH) zur Schaffung einer europäischen Agentur für chemische Stoffe, zur Änderung der Richtlinie 1999/45/EG und zur Aufhebung der Verordnung (EWG) Nr. 793/93/ des Rates, der Verordnung (EG) Nr. 1488/94 der Kommission, der Richtlinie 76/769/EWG des Rates sowie der Richtlinie 91/155/ EWG, 93/67/EWG, 93/105/EG und 2000/21/EG der Kommission, ABl. EU Nr. L 396 vom 30.12.2006, S. 1.

besteht und somit die Regelungen des Produktsicherheitsgesetzes allenfalls ergänzend zum Tragen kommen.[128]

2. Verbraucherprodukt

Gemäß § 2 Nr. 26 ProdSG sind Verbraucherprodukte „neue, gebrauchte oder wieder aufgearbeitete Produkte, die für Verbraucher bestimmt sind oder unter Bedingungen, die nach vernünftigem Ermessen vorhersehbar sind, von Verbrauchern benutzt werden könnten, selbst wenn sie nicht für diese bestimmt sind; als Verbraucherprodukte gelten auch Produkte, die dem Verbraucher im Rahmen einer Dienstleistung zur Verfügung gestellt werden". Ein Verbraucherprodukt ist also eine Teilmenge der unter dem Oberbegriff zusammengefassten Kategorie „Produkte".[129] Die bereits im Geräte- und Produktsicherheitsgesetz verankerte Sonderstellung von „Verbraucherprodukten" lässt sich darauf zurückführen, dass es sich um einen besonders sensiblen und schutzbedürftigen Bereich handelt.

Das Produktsicherheitsgesetz knüpft an das Vorhandensein eines „Verbraucherproduktes" zusätzliche Anforderungen, wenn diese auf dem Markt bereitgestellt werden.[130] Insofern hat der Hersteller, der Bevollmächtigte oder der Einführer[131] im Rahmen seiner Geschäftstätigkeit bei der Bereitstellung eines Verbraucherproduktes auf dem Markt sicherzustellen, dass der Verwender die Information erhält, die er benötigt, um die Risiken, die mit dem Verbraucherprodukt während der üblichen oder vernünftigen vorhersehbaren Gebrauchsdauer verbunden sind und die ohne entsprechende Hinweise nicht unmittelbar erkennbar sind, beurteilen und sich gegen sie schützen zu können, § 6 Abs. 1 Nr. 1 ProdSG. Des Weiteren hat das Verbraucherprodukt den Namen und die Kontaktanschrift des Herstellers oder, sofern dieser nicht im europäischen Wirtschaftsraum ansässig ist, den Namen und die Kontaktanschrift des Bevollmächtigten oder des Einführers zu tragen, § 6 Abs. 1 Nr. 2 ProdSG. Darüber hinaus muss auf dem Produkt eine eindeutige Kennzeichnung zur Identifikation des Verbraucherproduktes aufgebracht sein (gemeint ist wohl die so genannte Chargenkennzeichnung), § 6 Abs. 1 Nr. 3 ProdSG. Weitergehende Anforderungen

---

128 BT-Drs. 17/6276 vom 24.06.2011, S. 41; so auch *Honnacker*, BPUVZ 2012, S. 554 (555).

129 *Wilrich*, BPUVZ 2012, S. 560 (560).

130 So auch *Polly/Lach*, BB 2012, S. 71 (72).

131 Instruktiv zu den Pflichten der einzelnen Wirtschaftsakteure *Wilrich* BPUVZ, 2012, S. 560 (561f.).

sind die Etablierung eines Krisenmanagementsystems[132], die Durchführung von Stichprobenkontrollen der Verbraucherprodukte,[133] die Einrichtung eines Kundenreklamationsmanagements[134] sowie die Beachtung von Mitteilungs- und Übermittlungspflichten.[135]

Bei der Frage, was genau unter einem Verbraucherprodukt zu verstehen ist, kommt es maßgeblich auf das Verständnis an, wer „Verbraucher" im Sinne der Vorschrift ist. Dies wird weder im Produktsicherheitsgesetz noch in der europäischen Produktsicherheitsrichtlinie 2001/95/EG legaldefiniert. Der Begriff des „Verbrauchers" wird in der „Landschaft der Rechtsnormen" in unterschiedlicher Ausprägung legaldefiniert und gehandhabt.

Der Europäische Gerichtshof hat zur Richtlinie 93/13/EWG über missbräuchliche Klauseln in Verbraucherverträgen[136] klargestellt, dass eine andere als eine natürliche Person nicht als „Verbraucher" im Sinne der Richtlinie angesehen werden kann.[137] Jedenfalls vom Grundsatz her lässt sich die Klarstellung des Europäischen Gerichtshofes auch auf den Begriff des „Verbrauchers" im Sinne der Produktsicherheitsrichtlinie und des Produktsicherheitsgesetzes übertragen, weshalb eine juristische Person kein Verbraucher sein kann.[138] Als „Verbraucher" im Sinne des Produktsicherheitsgesetzes werden natürliche Personen angesehen, wobei es für die Verbrauchereigenschaft nicht auf den Abschluss eines Rechtsgeschäftes, sondern die tatsächliche Nutzung eines Produktes ankommt und das Produkt zumindest „auch privat" genutzt wird, unabhängig davon, ob neben der privaten Nutzung das Produkt auch gewerblichen Zwecken dient.[139] Im Sinne eines umfassenden Verbraucherschutzes ist es ohnehin angebracht, den Begriff des „Verbrauchers" und damit auch die Erweiterung der Schutzanforderungen und -bestimmungen weit auszulegen.

Wann es sich um ein Verbraucherprodukt im Sinne des Produktsicherheitsgesetzes handelt, wird von unterschiedlichen Tatbestandsalternativen umschrieben. Jedenfalls handelt es sich dann um ein Verbraucherprodukt, wenn dieses für

---

132 Vgl. § 6 Abs. 2 ProdSG.

133 Vgl. § 6 Abs. 3 Nr. 1 ProdSG.

134 Vgl. § 6 Abs. 3 Nr. 2 ProdSG.

135 Vgl. § 6 Abs. 3 Nr. 3, Abs. 4 ProdSG.

136 Richtlinie 93/13/EWG des Rates vom 5. April 1993 über missbräuchliche Klauseln in Verbraucherverträgen, ABl. EG Nr. L 95 vom 21.04.1993, S. 29.

137 EuGH, Urteil vom 22.11.2001, verb. Rs. C-541/99 und C-542/99, Slg. 2002, I-9049, Rn. 17.

138 *Klindt*, GPSG Kommentar, § 2 Rn. 23.

139 *Schäffler*, Produktinformationen durch Hersteller als öffentlich-rechtliches Verbraucherschutzinstrument, S. 105.

einen „Verbraucher" bestimmt ist. Primär obliegt es also dem Hersteller, den Adressaten seines Produktes durch Widmung festzulegen.[140] Für die Bejahung eines Verbraucherproduktes ist jedoch nicht nur die Produktbestimmung ausschlaggebend, sondern alternativ dazu gelten auch solche Produkte als Verbraucherprodukte, die unter nach vernünftigem Ermessen vorhersehbaren Bedingungen von Verbrauchern benutzt werden können, selbst für den Fall, dass diese nicht ausdrücklich für diese bestimmt sind. Umfasst werden also solche Produkte, bei denen gerade keine Produktwidmung durch den Hersteller vorgenommen worden ist beziehungsweise eine gleichzeitige Nutzung für private und berufliche Zwecke naheliegt.[141] Unter diese Tatbestandsalternative – und somit den Begriff der „Verbraucherprodukte" – sind auch die so genannten „Produkt-Migrationen" zu fassen, also solche Produkte, die vorhersehbar von dem bestimmungsgemäßen gewerblichen Nutzungsbereich in den von privaten Verbrauchern übergehen.[142]

Als weitere und letzte Alternative gelten auch solche Produkte als „Verbraucherprodukte", die dem Verbraucher im Rahmen einer Dienstleistung zur Verfügung gestellt werden. Die Sicherheit von Dienstleistungen ist zwar nicht vom Geltungsbereich der Produktsicherheitsrichtlinie 2001/95/EG umfasst, um aber ein hohes Maß an Verbraucherschutz zu gewährleisten, ist die Richtlinie auf solche Produkte anwendbar, die dem Verbraucher im Rahmen einer Dienstleistung geliefert oder zur Verfügung gestellt werden.[143] Der Richtlinie unterfallen beispielsweise solche Produkte, die der Verbraucher in den Geschäftsräumen eines Dienstleistungserbringers verwendet, wie Haartrockner für Gäste in Hotelzimmern oder Sonnenliegen in Solarien.[144]

3. Bereitstellung auf dem Markt/Inverkehrbringen

Gemäß der Begriffsbestimmung in § 2 Nr. 4 ProdGS ist die Bereitstellung auf dem Markt jede entgeltliche oder unentgeltliche Abgabe eines Produktes zum

140 So auch: *Klindt*, GPSG Kommentar, § 2 Rn. 26.

141 *Klindt*, GPSG Kommentar, § 2 Rn. 31f.

142 Hierzu: *Mölle/Mecklenbrauck*, Phi 2003, S. 210 (211).

143 Bericht der Kommission an das Europäische Parlament und den Rat über die Umsetzung der Richtlinie 2001/95/EG des Europäischen Parlamentes und des Rates vom 03.12.2001 über die allgemeine Produktsicherheit, KOM(2008) 905 endg. vom 14.1.2009, Ziffer 1.2.1., S. 4.

144 Bericht der Kommission an das Europäische Parlament und den Rat über die Umsetzung der Richtlinie 2001/95/EG des Europäischen Parlamentes und des Rates vom 03.12.2001 über die allgemeine Produktsicherheit KOM(2008) 905 endg. vom 14.1.2009, Ziffer 1.2.1., S. 4.

Vertrieb, Verbrauch oder zur Verwendung auf dem Markt der europäischen Union im Rahmen einer Geschäftstätigkeit.

Dem gegenüber wird das Inverkehrbringen als die erstmalige Bereitstellung eines Produktes auf dem Markt definiert und die Einfuhr in den europäischen Wirtschaftsraum dem Inverkehrbringen eines neuen Produktes gleichgestellt, § 2 Nr. 15 ProdSG.

Der Begriff „Bereitstellung auf dem Markt" findet sich erstmalig im Produktsicherheitsgesetz wieder und tritt an die Stelle des bisherigen Begriffes „Inverkehrbringen".[145] Die Legaldefinition für „Bereitstellung auf dem Markt" wurde wortgleich aus Art. 2 Nr. 1 Verordnung (EG) Nr. 765/2008 übernommen. Der Austausch der Begrifflichkeit „Bereitstellung auf dem Markt" anstelle von „Inverkehrbringen" hat jedoch keine inhaltlichen Änderungen zur Folge, da es in beiden Fällen um „jede Abgabe, (jedes Überlassen) eines Produktes" geht.[146]

Die Begrifflichkeit „Inverkehrbringen" gemäß § 2 Nr. 15 ProdSG wurde nahezu wortgleich aus Art. 2 Nr. 2 Verordnung (EG) Nr. 765/2008 übernommen. Lediglich die Gleichstellung der Einfuhr in den europäischen Wirtschaftsraum mit dem Inverkehrbringen eines neuen Produktes wurde ergänzt.[147] Diese Ergänzung fand sich bereits in § 2 Abs. 8 Satz 2 GPSG wieder und wurde in das jetzt geltende Recht transportiert. Die Einfuhr in den Europäischen Wirtschaftsraum im Sinne des ProdSG wird entsprechend dem Außenwirtschaftsgesetz[148] als der Prozess der Überführung eines Produktes in den zollrechtlich freien Verkehr verstanden.[149]

Die Begrifflichkeit „Bereitstellung auf dem Markt" umfasst jede Abgabe eines Produktes, die zusätzliche Konkretisierung „entgeltlich oder unentgeltlich" besitzt rein deklaratorischen Charakter. Gemeint ist, dass jede Form der Abgabe eines Produktes zu den in der Begriffsbestimmung gem. § 2 Abs. 4 ProdSG genannten Zwecken ein Bereitstellen auf dem Markt ist. In örtlicher Hinsicht wird „die Bereitstellung auf dem Markt" auf den Markt der europäischen Union begrenzt.

---

145 Vgl. BT-Drs. 17/6276 vom 24.06.2011, S. 40; *Polly/Lach*, BB 2012, S. 71; *Klindt*, PHi 2011, S. 42 (43).

146 Vgl. BT-Drs. 17/6276 vom 24.06.2011, S. 40.

147 Instruktiv zur rechtlichen Bewertung von Import/Einfuhr *Wiebauer*, EuZW 2012, S. 14 ff.

148 Außenwirtschaftsgesetz in der Fassung der Bekanntmachung vom 27. Mai 2009, BGBl. I. S. 1150, das zuletzt durch Art. 1 der Verordnung vom 15. Dezember 2011 (BAnz. 2011, 4653) geändert worden ist.

149 *Moritz/Geiß*, Das Produktsicherheitsgesetz, S. 59.

Die Begriffsbestimmung des Bereitstellens erfasst unterschiedliche Zweckrichtungen, namentlich den „Vertrieb, Verbrauch oder Verwendung". Der „Vertrieb" als Ziel des Bereitstellens knüpft dabei nicht an die Absicht des Bereitstellers sondern des Abnehmers an, weshalb das Ziel des Bereitstellens der Weitervertrieb sein muss.[150] Entsprechend verhält es sich mit dem weiter in der Begriffsbestimmung genannten Ziel namentlich des „Verbrauchs und der Verwendung". Auch diese beziehen sich hinsichtlich ihrer Absicht auf den zukünftigen Produktinhaber, der das Produkt indes auch ungenutzt stehen lassen kann.[151] Der weitergehenden Benennung des Zwecks der Bereitstellung hätte es innerhalb der Begriffsbestimmung nicht bedurft, da letztlich ausschließlich entscheidend sein kann, dass ein Wirtschaftsakteur im Rahmen seiner Geschäftstätigkeit – also aus der Sicht des Übergebers – ein Produkt abgibt.[152] Dies ist auch im Hinblick auf die Gefahrenverlagerung und den eintretenden Gefahrenübergang nachvollziehbar. Der Bereitstellende entledigt sich durch die „Bereitstellung auf dem Markt" des Produktes und somit auch von seiner unmittelbaren Möglichkeit steuernd und gefahrenabwehrend Einfluss nehmen zu können. Entscheidend für das Vorliegen einer „Abgabe" ist die Veränderung der Sachherrschaft in tatsächlicher Hinsicht, wobei es auf den Besitz- beziehungsweise Eigentumsübergang im bürgerlich-rechtlichen Sinne nicht ankommt.[153]

Interessant an diesem neuetablierten Begriff „Bereitstellung auf dem Markt" ist, dass hierdurch zumindest formal eine Abgrenzung zu anderen spezialgesetzlichen Regelungen herbeigeführt wird, in denen bislang jedenfalls großteilig ein gleichlaufendes Begriffsverständnis bestand. So wird beispielsweise der Begriff „Inverkehrbringen" in Art. 3 Nr. 8 Verordnung (EG) Nr. 178/2002[154] definiert als das Bereithalten von Lebensmitteln oder Futtermitteln für Verkaufszwecke einschließlich des Anbietens zum Verkauf oder jede andere Form der Weitergabe,

---

150 *Wilrich*, Das neue Produktsicherheitsgesetz, Rn. 152.

151 *Wilrich*, Das neue Produktsicherheitsgesetz, Rn. 152.

152 *Wilrich*, Das neue Produktsicherheitsgesetz, Rn. 152.

153 Noch zum Begriff des Inverkehrbringens: Vgl. *Klindt*, GPSG Kommentar, § 2 Rn. 59; so für den Eigentumsübergang: *Littbarski*, VersR 2005, S. 448 (452); vgl. *Schäffler*, Produktinformationen durch Hersteller als öffentlich-rechtliches Verbraucherschutzinstrument, S. 108; wohl auch *Moritz/Geiß*, Das Produktsicherheitsgesetz, S. 57, wo als Normalfall der Besitzwechsel im Sinne des BGB angesehen wird.

154 Verordnung (EG) Nr. 178/2002 des europäischen Parlamentes und des Rates, ABl. EG Nr. L 31 vom 01.02.2002, S. 1.

gleichgültig ob unentgeltlich oder nicht, sowie den Verkauf, den Vertrieb oder andere Formen der Weitergabe selbst.[155]

Eine Unterscheidung besteht durch das Merkmal „Abgabe" gegenüber dem lebensmittelrechtlichen Begriff des „Inverkehrbringens". Für ein „Inverkehrbringen" im Sinne der Verordnung (EG) 178/2002 reicht bereits das Bereithalten von Lebensmitteln für Verkaufszwecke einschließlich des Anbietens zum Verkauf aus, wohingegen das Produktsicherheitsgesetz ausdrücklich – in Zusammenschau der Definitionen „Bereitstellung auf dem Markt" und „Inverkehrbringen" – eine Abgabe fordert. Die lebensmittelrechtlichen Bestimmungen knüpfen neben dem Produktsicherheitsgesetz bereits an die vorausgelagerte Stufe des Anbietens an. Beispielsweise ist ein Lebensmittel, das in einer Filiale des Einzelhandels dem Verbraucher zum Kauf angeboten wird, bereits in-den-Verkehr gebracht. Ein Produkt, im Sinne des Produktsicherheitsgesetzes, das sich in einer gleichgelagerten Situation befindet, gilt nach der Begriffsbestimmung in § 2 Nr. 4 ProdSG noch nicht als auf dem Markt bereitgestellt, da es an der notwendigen Abgabe fehlt.

4. Marktüberwachung/Marktüberwachungsbehörde

Im Kontext der Geräte- und Produktsicherheit sind die Begriffe „Marktüberwachung" und „Marktüberwachungsbehörde" von zentraler Bedeutung und finden sich deshalb entsprechend der Definition in der Verordnung (EG) Nr. 765/2008, dort in Art. 2 Nr. 17 und Nr. 18, in § 2 Nr. 18 und Nr. 19 ProdSG wieder.[156] Gemäß § 2 Nr. 18 ProdSG ist „Marktüberwachung" jede von den zuständigen Behörden durchgeführte Tätigkeit und von ihr getroffene Maßnahme, durch die sichergestellt werden soll, dass die Produkte mit den Anforderungen dieses Gesetzes übereinstimmen und die Sicherheit und Gesundheit von Personen oder andere öffentliche Interessen und schützenswerte Bereiche nicht gefährden. „Marktüberwachungsbehörde" im Sinne von § 2 Nr. 19 ProdSG ist jede Behörde, die für die Durchführung der Marktüberwachung zuständig ist. In der Regel sind dies die Gewerbeaufsichtsämter der jeweils zuständigen Länderbehörden beziehungsweise in der Automobilbranche das Kraftfahrtbundesamt.[157]

155 Vgl. grundlegend zu der Begrifflichkeit des Inverkehrbringens im Lebensmittelrecht gemäß Verordnung (EG) Nr. 178/2002, *Zipfel/Rathke*, Lebensmittelrecht, C 101, Art. 3 Rn. 43 ff; sowie *Meyer/Streinz*, LFGB, BasisVO, HCVO, Art. 3 BasisVO Rn. 8 ff.

156 BT-Drs. 17/6276 vom 24.06.2011, S. 41.

157 *Polly/Lach*, BB 2012, S. 71 (73).

5. Rücknahme/Rückruf

Was unter einer „Rücknahme" im Sinne des Produktsicherheitsgesetzes zu verstehen ist, wird in § 2 Nr. 24 ProdSG legaldefiniert. Danach ist Rücknahme jede Maßnahme, mit der verhindert werden soll, dass ein Produkt, das sich in der Lieferkette befindet, auf dem Markt bereitgestellt wird.

Demgegenüber ist als „Rückruf" im Sinne von § 2 Nr. 25 ProdSG jede Maßnahme zu verstehen, die darauf abzielt, die Rückgabe eines dem Endverbraucher bereitgestellten Produktes zu erwirken.[158]

Mit der Rücknahme eines Produktes soll also erreicht werden, dass dieses nicht an den Endverbraucher gelangt. Zwingende und denklogische Voraussetzung dafür ist jedoch, dass sich das Erzeugnis noch innerhalb der Lieferkette befindet und noch nicht auf dem Markt bereitgestellt wurde. Eine Abgabe an den Verbraucher darf noch nicht erfolgt sein. In der Vorgängerregelung § 2 Abs. 18 GPSG sollte mit der Maßnahme „Rücknahme" verhindert werden, dass ein Produkt vertrieben, ausgestellt oder dem Verwender angeboten wird. Die jetzige sprachliche Überarbeitung der Begriffsbestimmung im Rahmen des neuen ProdSG ist der Definition „Bereitstellung auf dem Markt" in der Verordnung (EG) Nr. 765/2008 geschuldet. Die Legaldefinition ist inhaltlich – so auch die Legaldefinition für die Maßnahme „Rückruf" – an diese Verordnung angepasst.[159]

Inhaltlich grenzen sich die Maßnahmen Rücknahme und Rückruf dahingehend voneinander ab, dass im Falle der Rücknahme das Produkt dem letztlichen Verwender (z. B. Verbraucher) noch nicht bereitgestellt worden ist, dass sich das Erzeugnis also noch im Einflussbereich der Wirtschaftsakteure befindet.[160] Die Rücknahme versucht also die Warendistribution durch Zwischen- und Endhändler zu verhindern.[161] Eine Rücknahme ist dann nicht mehr – als alleinige Maßnahme – ausreichend, wenn ein Produkt z. B. den Verbraucher bereits erreicht hat.

In seiner Art ist der Rückruf also an den Verbraucher adressiert.[162] Gerade der Rückruf stellt eine für den Wirtschaftsakteur äußerst einschneidende Maßnahme dar, die mitunter existenzvernichtende Auswirkungen haben kann. Weshalb es

158 Vgl. zur Begrifflichkeit gem. dem Geräte- und Produktsicherheitsgesetz *Littbarski*, VersR 2005, S. 448 (454).

159 Vgl. BT-Drs. 17/6276 vom 24.06.2011, S. 41, Nr. 24, 25; siehe auch *Wilrich*, BPUVZ 2012, S. 560 (560) der das ProdSG vor allen Dingen als Anpassung an die Verordnung (EG) Nr. 765/2008 begreift.

160 *Moritz/Geiß*, Das Produktsicherheitsgesetz, S. 68.

161 *Klindt*, GPSG Kommentar, § 2 Rn. 108.

162 *Moritz/Geiß*, Das Produktsicherheitsgesetz, S. 63.

selbstverständlich sein muss, dass derartig starke Grundrechtseingriffe – in die unternehmerischen Freiheiten – einer sorgfältigen Prüfung bedürfen, bei der insbesondere auch der Verhältnismäßigkeitsgrundsatz maßgeblich berücksichtigt werden muss. Die Maßnahme Rückruf kann also dazu führen, dass ein Hersteller oder Händler gegebenenfalls auch durch öffentlichkeitswirksame Medien wie z. B. Funk, Fernsehen, Printmedien, Internet sowie E-Mail-Aktionen ein Produkt zurückbeordern muss.[163] Für den Fall, dass durch entsprechende Rückverfolgbarkeitssysteme der Wirtschaftsakteur die Empfänger des Produktes lückenlos feststellen kann, kommt als – milderes und gleichsam effektiveres Mittel – auch ein Rundschreiben in Betracht, das letztlich als weniger einschneidend anzusehen ist.[164]

Eine vergleichbare Differenzierung der Maßnahmen ist auch aus anderen Rechtsgebieten bekannt, geübte und bereits etablierte Praxis. Für die Produktpalette der Lebensmittel sieht die Verordnung (EG) Nr. 178/2002 in Art. 19 Abs. 1 ebenfalls eine Differenzierung und Darstellung der marktbezogenen Maßnahmen Rücknahme und Rückruf als Mittel zur Gewährleistung des Verbraucherschutzes vor. Danach ist ein Lebensmittelunternehmer, der erkennt oder Grund zur Annahme hat, dass ein von ihm eingeführtes, erzeugtes, verarbeitetes, hergestelltes oder vertriebenes Lebensmittel den Anforderungen an die Lebensmittelsicherheit nicht entspricht, dazu verpflichtet, unverzüglich Verfahren einzuleiten, um das betreffende Lebensmittel vom Markt zu nehmen, sofern das Lebensmittel nicht mehr unter der unmittelbaren Kontrolle des ursprünglichen Lebensmittelunternehmers steht, und die zuständigen Behörden darüber zu unterrichten. Wenn das Produkt hingegen den Verbraucher bereits erreicht haben könnte, unterrichtet der Unternehmer die Verbraucher effektiv und genau über den Grund für die Rücknahme und ruft erforderlichenfalls bereits an diese gelieferte Produkte zurück, wenn andere Maßnahmen zur Erzielung eines hohen Gesundheitsschutzniveaus nicht ausreichen, Art. 19 Abs. 1 Satz 2 Verordnung (EG) Nr. 178/2002.

Neben der mit dem Produktsicherheitsgesetz vergleichbaren Unterscheidung zwischen Rücknahme und Rückruf ist insbesondere die in der Norm bereits angelegte Vorgabe, resultierend aus dem Verhältnismäßigkeitsgrundsatz, besonders interessant, dass derartig einschneidende Maßnahmen ausschließlich „zur Erzielung eines hohen Gesundheitsschutzniveaus" in Betracht kommen. Danach kann der Lebensmittelunternehmer nur dann zu einem öffentlichen Rückruf

163 *Klindt*, GPSG Kommentar, § 2 Rn. 106.
164 *Klindt*, GPSG Kommentar, § 2 Rn. 106.

eigenverantwortlich verpflichtet sein, wenn ein unsicheres, weil gesundheitsschädliches, Lebensmittel, im Sinne von Art. 14 Abs. 1, Abs. 2 a) der Verordnung, den Verbraucher erreicht hat.[165]

In Art. 14 Abs. 3 der Verordnung werden diverse Aspekte vorgegeben, die bei der Entscheidung der Frage, ob ein Lebensmittel sicher ist oder nicht, zu berücksichtigen sind.[166] Bei der Beantwortung der Frage, ob ein unsicheres Lebensmittel gegeben ist, sind immer gem. Art. 14 Abs. 3 a) die normalen Bedingungen einer Verwendung durch den Verbraucher und auf allen Produktions-, Verarbeitungs- und Vertriebsstufen sowie nach b) die dem Verbraucher vermittelten Informationen einschließlich der Angabe auf dem Etikett oder sonstige ihm normalerweise zugänglichen Informationen über die Vermeidung bestimmter, die Gesundheit beeinträchtigender, Wirkung eines bestimmten Lebensmittels oder einer bestimmten Lebensmittelkategorie zu berücksichtigen.

Speziell für die Entscheidung, ob es sich um ein gesundheitsschädliches Lebensmittel handelt, sind zudem die weiteren Vorgaben von Art. 14 Abs. 4 Verordnung (EG) Nr. 178/2002 maßgeblich. Zu berücksichtigen sind nach Art. 14 Abs. 4 a) der Verordnung die wahrscheinlichen, sofortigen und/oder kurzfristigen und/oder langfristigen Auswirkungen des Lebensmittels nicht nur auf die Gesundheit des Verbrauchers, sondern auch auf nachfolgende Generationen sowie nach b) die wahrscheinlichen, kumulativen toxischen Auswirkungen und c) die besondere gesundheitliche Empfindlichkeit einer bestimmten Verbrauchergruppe, falls das Lebensmittel für diese Verbrauchergruppe bestimmt ist.

6. Ernstes Risiko

Gerade die in § 26 Abs. 4 Satz 1 ProdSG genannten Maßnahmen – Rücknahme und Rückruf – kommen nicht in jedweder Konstellation in Betracht. Diese intensiven Maßnahmen sind besonders „prekären" Konstellationen vorbehalten. Welche Maßnahmen produktsicherheitsrechtlich zu veranlassen sind, hängt entscheidend von dem jeweils ermittelten Risikograd ab.[167] Die Entscheidung, ob ein Produkt ein ernstes Risiko darstellt, ist auf Grundlage einer angemessen Risikobewertung unter Berücksichtigung der Art der Gefahr und der Wahrscheinlichkeit ihres Eintritts zu treffen, wobei die Möglichkeit einen höheren

165 Hierzu grundlegend und ausführlich zur öffentlichen Warnung vor Lebensmitteln *Grube*, LMuR 2011, S. 21 (21 ff.); sowie: Voit, LMuR 2012, S. 9 (9 ff.); *David/Grube*, Krisenmanagement in der Lebensmittelwirtschaft, S. 28 f.

166 Instruktiv hierzu: *Meyer/Streinz*, LFGB, BasisVO, HCVO, Art. 14 BasisVO Rn. 7.

167 *Polly*, StoffR 2012, S. 190 (190).

Sicherheitsgrad zu erreichen oder die Verfügbarkeit anderer Produkte, die ein geringeres Risiko darstellen, kein ausreichender Grund im Sinne des Gesetzes ist, um anzunehmen, dass ein Produkt ein ernstes Risiko darstellt, § 26 Abs. 4 Satz 2 ProdSG.

Gem. § 2 Abs. 9 ProdSG ist ein ernstes Risiko jedes Risiko, das ein rasches Eingreifen der Marktüberwachungsbehörden erfordert, auch wenn das Risiko keine unmittelbare Auswirkung hat. Diese Begriffsbestimmung kommt jedenfalls vor dem Hintergrund, dass der Begrifflichkeit „ernstes Risiko" eine zentrale Bedeutung im Sinne des Produktsicherheitsgesetzes zukommt doch eher konturenlos daher. Für sich allein genommen erscheint eine derartige Begriffsbestimmung zu unbestimmt und eröffnet offenkundig Schwierigkeiten in der Rechtsanwendung und Auslegung, weshalb gerade im föderalen System der Bundesrepublik Deutschland eine uneinheitliche Rechtsauslegung und Anwendung zu befürchten ist. Gravierend erscheint daran, dass an die Bejahung einer ernsten Gefahr intensive ordnungsbehördliche Maßnahmen geknüpft werden. Dem Gesetzgeber ist allerdings zuzugestehen, dass es nahezu unmöglich sein dürfte, mit einer aussagekräftigen und konturierten Begriffsbestimmung die unüberschaubare Vielzahl an denkbaren produktsicherheitsrechtlichen Konstellationen erfassbar zu machen. Die begriffliche Definition des ernsten Risikos ist neu im Produktsicherheitsgesetz und übernimmt die Definition der Produktsicherheitsrichtlinie 2001/95/EG wörtlich. Der Zusatz „auch wenn das Risiko keine unmittelbaren Auswirkungen hat" betrifft dabei insbesondere solche Risiken, die von chemischen Stoffen ausgehen können, da der mögliche gesundheitliche Schaden, der von einem chemischen Stoff ausgeht, oft erst mit einem erheblichen Zeitverzug eintritt.[168] Im Rahmen der Risikobewertung und anschließenden Entscheidung, ob ein ernstes Risiko vorliegt oder nicht, ist somit der zeitliche Eintritt eines Schadens unerheblich.[169]

Ebenfalls im Produktsicherheitsgesetz, dort § 2 Nr. 23, legaldefiniert ist die Begrifflichkeit „Risiko", das als eine Kombination aus der Eintrittswahrscheinlichkeit einer Gefahr und der Schwere des möglichen Schadens festgelegt wird. Der Begriff des „Risikos" wurde inhaltsgleich aus der Spielzeugrichtlinie 2009/48/EG übernommen. Ein „Risiko" im Sinne des Produktsicherheitsgesetzes entspricht dem Begriff der „Gefahr" im Sinne des Geräte- und Produktsicherheitsgesetzes.[170]

---

168 Vgl. BT-Drs. 17/6276 vom 24.06.2011, S. 40.

169 Vgl. BT-Drs. 17/6276 vom 24.06.2011, S. 40.

170 *Polly/Lach*, BB 2012, S. 71 (72); *Polly*, StoffR 2012, S. 190 (190).

Was unter einer „Gefahr“ im Sinne des Produktsicherheitsgesetzes vom Gesetzgeber verstanden wird, findet sich in § 2 Nr. 10 ProdSG, wonach Gefahr die mögliche Ursache eines Schadens ist. Auch der Begriff „Gefahr“ befand sich in der bisherigen gesetzlichen Fassung des Geräte- und Produktsicherheitsgesetzes nicht. Der Begriff „Gefahr“ wird durch das Produktsicherheitsgesetz eingeführt und inhaltlich ebenfalls aus der Spielzeugrichtlinie 2009/48/EG übernommen.

Durch den Verweis von § 30 Abs. 1 Satz 1 ProdSG auf § 26 Abs. 4 ProdSG (hinsichtlich der Voraussetzungen für eine RAPEX-Meldung) könnte der Eindruck entstehen, dass bei jedem ernsten Risiko, das eine marktbezogene Maßnahme – Rückruf oder Rücknahme – nach sich zieht, eine Einstellung in das RAPEX-System vorzunehmen ist. Für welches Rechtsgut das ernste Risiko bestehen muss, wird im Produktsicherheitsgesetz nicht ausdrücklich formuliert. Auch die gesetzlichen Definitionen von Rücknahme und Rückruf führen hier zu keiner Klärung.

Missverständlich ist auch die gesetzliche Formulierung in § 26 Abs. 4 Satz 1 ProdSG. Dort heißt es „wenn dies ein ernstes Risiko insbesondere für Sicherheit und Gesundheit von Personen darstellt“. Nach der gesetzgeberischen Begründung handelt es sich zwar in den meisten Fällen um solche, in denen es um den Schutz der Sicherheit und der Gesundheit von Personen gehe, es sei jedoch nicht auszuschließen, dass auch der Schutz anderer Rechtsgüter, wie z. B. Umwelt, Haustiere oder Sachgüter relevant sein könne.[171] Unter streng formaler Betrachtung hätte diese Auslegung zur Folge, dass auch ernste Risiken für z. B. Umwelt, Haustiere und Sachgüter eine RAPEX-Meldung nach sich ziehen könnten. Gerade dies ist jedoch so nicht zutreffend. Der aus der gesetzgeberischen Verweisung von § 30 ProdSG auf § 26 Abs. 4 ProdSG entstehenden Mehrdeutigkeit ist daher durch europarechtskonforme Auslegung, insbesondere vor dem Hintergrund der europarechtlichen Regelungen sowohl der Produktsicherheitsrichtlinie 2001/95/EG als auch der RAPEX-Leitlinie, formuliert in der Entscheidung 2010/95/EU, zu entgegnen. Einen besonderen Teilaspekt der europarechtskonformen Auslegung stellt die richtlinienkonforme Auslegung dar.[172] Als Kehrseite zu der Frage, wann es sich um ein „unsicheres Produkt“ handelt, legaldefiniert die Produktsicherheitsrichtlinie 2001/95/EG in Art. 1 Abs. 2 b) den Begriff des „sicheren Produktes“. Ein sicheres Produkt ist jedes Produkt, das bei normaler oder vernünftig vorhersehbarer Verwendung, was

171 Vgl. BT-Drs. 17/6276 vom 24.06.2011, S. 49 zu § 26 Abs. 4.

172 *Müller/Christensen*, Juristische Methodik, S. 441.

auch die Gebrauchsdauer sowie gegebenenfalls die Inbetriebnahme, Installation und Wartungsanforderung einschließt, keine oder nur geringe, mit seiner Verwendung zu vereinbarende und unter Wahrung eines hohen Schutzniveaus für die Gesundheit und Sicherheit von Personen vertretbare Gefahren birgt, insbesondere im Hinblick auf die Eigenschaften des Produktes unter anderem seine Zusammensetzung, seine Verpackung, die Bedingungen für seinen Zusammenbau, sowie gegebenenfalls seine Installation und seine Wartung; seine Einwirkung auf andere Produkte, wenn eine gemeinsame Verwendung mit anderen Produkten vernünftigerweise vorhersehbar ist; seine Aufmachung, seine Etikettierung, gegebenenfalls Warnhinweise und seine Gebrauchs- und Bedienungsanleitung und Anweisungen für seine Beseitigung sowie alle sonstigen produktbezogenen Angaben oder Informationen; die Gruppen von Verbrauchern, die bei der Verwendung des Produkts einem Risiko ausgesetzt sind, vor allem Kinder und ältere Menschen.

Aus der Formulierung geht hervor, dass es zentrales Anliegen der Produktsicherheitsrichtlinie 2001/95/EG ist, ein hohes Schutzniveau für die Gesundheit und Sicherheit von Personen zu gewährleisten.

Ferner stellt die Europäische Kommission in Ziffer 2.3.1 der Entscheidung 2010/95/EU zu der Begrifflichkeit des „ernsten Risikos“ folgendes klar: „Bevor eine mitgliedstaatliche Behörde beschließt, eine RAPEX-Meldung zu übermitteln, nimmt sie stets eine angemessene Risikobewertung vor, um zu beurteilen, ob ein zu meldendes Produkt ein ernstes Gesundheits- und Sicherheitsrisiko für Verbraucher darstellt und ob die RAPEX-Meldekriterien somit erfüllt sind.“

Da RAPEX nicht für den Austausch von Informationen über Produkte gedacht ist, von denen kein ernstes Risiko ausgeht, dürfen solche Maßnahmen nicht nach dem RAPEX-Verfahren gem. Art. 12 der Produktsicherheitsrichtlinie 2001/95/EG gemeldet werden. Die Richtlinie ist hinsichtlich ihrer Ziele normativ verbindlich.[173] Ausgehend von Art. 288 AEUV und Art. 4 Abs. 3 EUV müssen sämtliche Träger öffentlicher Gewalt in ihren Mitgliedstaaten entsprechend dem jeweiligen Zuständigkeitsbereich alle Maßnahmen treffen, um die verpflichtenden Vorgaben einer Richtlinie zu erfüllen.[174] Widersprüchen zwischen

173 *Ruffert*, in: Calliess/Ruffert, EUV/AEUV, Art. 288 AEUV Rn. 23.

174 EuGH, Rs. 14/83, Slg. 1984, 1891, Rn. 15 – „von Colson und Kamann/Land Nordrhein-Westfalen“; Rs. 79/83, Slg. 1984, 1921, Rn. 15 – „Harz/Deutsche Tradax“; Rs. 222/84, Slg. 1986, 1651, Rn. 53 – „Johnston/Chief Constable oft he Royal Ulster Constabulary“; Rs. C-91/92, Slg. 1994, I-3325, Rn. 26 – „Faccini Dori/

Europäischem Richtlinienrecht und dessen nationalem Umsetzungsakt ist durch richtlinienkonforme Auslegung abzuhelfen.[175] Dabei sind über den Wortlaut der Richtlinie hinaus auch die allgemeinen Rechtsgrundsätze des Europarechts sowie die europäischen Grundrechte zu beachten.[176]

Die Entscheidung 2010/95/EU stellt klar, dass RAPEX-relevante Maßnahmen, veranlasst durch die Marktüberwachungsbehörden, im Wesentlichen sehr engen Voraussetzungen unterliegen. Die europarechtskonforme Auslegung des nationalen Produktsicherheitsgesetzes insbesondere § 30 Abs. 1 in Verbindung mit § 26 Abs. 4 Satz 1 ProdSG führt dazu, dass eine RAPEX-Meldung nur dann in Betracht kommt, wenn ein ernstes Gesundheits- und Sicherheitsrisiko für den Verbraucher besteht. Anders als es auf den ersten Blick – unter Hinzuziehung der Gesetzesbegründung zum Produktsicherheitsgesetz – (miss)verstanden werden könnte, reicht ein Risiko für Umwelt-, Haustier- und Sachschäden für eine RAPEX-Meldung nicht aus.

Eine andere Auffassung widerspräche auch der historischen Entwicklung des RAPEX-Systems, das von Beginn an ernsten Gesundheitsgefahren für Verbraucher vorbehalten war.

Eine zentrale Rolle für die Entscheidung, ob ein ernstes Risiko gegeben ist, nimmt die sogenannte Risikobewertung ein. Um herauszufinden, ob es sich bei einer Produktgefahr um ein ernstes Risiko handelt, führt die unter der Verordnung (EG) Nr. 765/2008[177] einbezogene Marktüberwachungsbehörde eine angemessene Risikobewertung durch.[178] Unterlässt es die Marktüberwachungsbehörde eine dokumentierte und nachvollziehbare Risikobewertung durchzuführen oder vorzuhalten, so ist die dennoch eingeleitete RAPEX-Meldung bereits aus diesem Grund rechtswidrig.

Die Leitlinie der Europäischen Kommission 2010/15/EU ermöglicht eine europaweit einheitliche Einschätzung der Frage, ob die von einem Produkt ausgehende Gefährdung so erheblich ist, dass sie ein rasches Einschreiten und damit eine Einstellung in das RAPEX-System erfordert und gibt somit den

---

Recreb"; Rs. 80/86, Slg. 1987, 3969, Rn. 12 – „Kolpinghuis Nijmegen"; Rs. 31/87, Slg. 1988, 4635, Rn. 39 – „Beentjes/Niederländischer Staat"; Rs. 125/88, Slg. 1989, 3533, Rn. 6 – „Nijam"; Rs. 106/89, Slg. 1990, I-4135, Rn. 8 – „Marleasing/Comercial Internacional de Alimentación".

175 *Pitzer*, ZLR 2012, S. 31 (36).

176 *Böhm*, JA 2008, S. 838 (844).

177 Kapoor/Klindt, EuZW 2008, S. 649.

178 *Klindt*/*Wende*, NVwZ 2011, S. 602 (602).

Marktüberwachungsbehörden ein Werkzeug für die Durchführung der Risikobewertung an die Hand.[179] Die Risikobewertung wird durch ein eigenes IT-Programm unterstützt, das mittlerweile bereits in 22 Sprachfassungen genutzt werden kann.[180]

Die Risikobewertung entfällt in den originären Pflichtenkreis der mitgliedstaatlichen Marktüberwachungsbehörden, die die Untersuchung durchgeführt und geeignete Maßnahmen ergriffen, oder die freiwilligen Maßnahmen eines Herstellers oder Händlers beaufsichtigt haben.[181] Wie die Risikobewertung von Verbraucherprodukten durchzuführen ist, wird im Anhang zur Entscheidung 2010/15/EU Anlage 5 im Rahmen eines Leitfadens wiedergegeben. Die in diesem Leitfaden vorgesehenen Methoden der Risikobewertung sind deutlich komplexer als die in der früheren Leitlinie der Europäischen Kommission, die nur einzelne Aspekte der Risikobewertung erfasst haben.[182] Die Risikobewertung vollzieht sich in drei Schritten.[183] Ausgangsbasis der Risikobewertung und damit zentrales Element[184] ist das Verletzungsszenario, denn das Verletzungsszenario in diesem Sinne beschreibt die inhärente Produktgefahr, die zu einer Schädigung des Verbrauchers führt.[185] Maßgeblich hierfür gilt es den Schweregrad der Verletzung darzustellen. Dabei wird die zuständige Marktüberwachungsbehörde den potenziellen Unfall, den der Verbraucher aufgrund des fraglichen Produktes erleidet, und den Schweregrad, der durch den Unfall verursachten Verletzung, skizzieren.[186]

---

179 So auch *Schucht*, BPUVZ 2012, S. 564 (567).

180 Siehe dazu, Europäische Kommission, Sicherheit für europäische Verbraucher, Jahresbericht 2012 über das Schnellwarnsystem für gefährliche Produkte ausgenommen Lebensmittel RAPEX, S. 41.

181 Vgl. Anhang zur Entscheidung der Kommission 2010/15/EU Anlage 5 Ziffer 2.3.3.

182 *Klindt/Wende*, NVwZ 2011, S. 602 (602).

183 *Polly*, StoffR 2012, S. 190 (192).

184 *Klindt/Wende*, NVwZ 2011, S. 602 (603); ähnlich *Schucht*, BPUVZ 2012, S. 564 (567).

185 Vgl. Anhang zur Entscheidung der Kommission 2010/15/EU Anlage 5 Ziffer 2.2 Nr. 1.

186 Vgl. Anhang zur Entscheidung der Kommission 2010/15/EU Anlage 5 Ziffer 2.2 Nr. 1 Abs. 2.

Schematischer Ablauf der Risikoberwertung

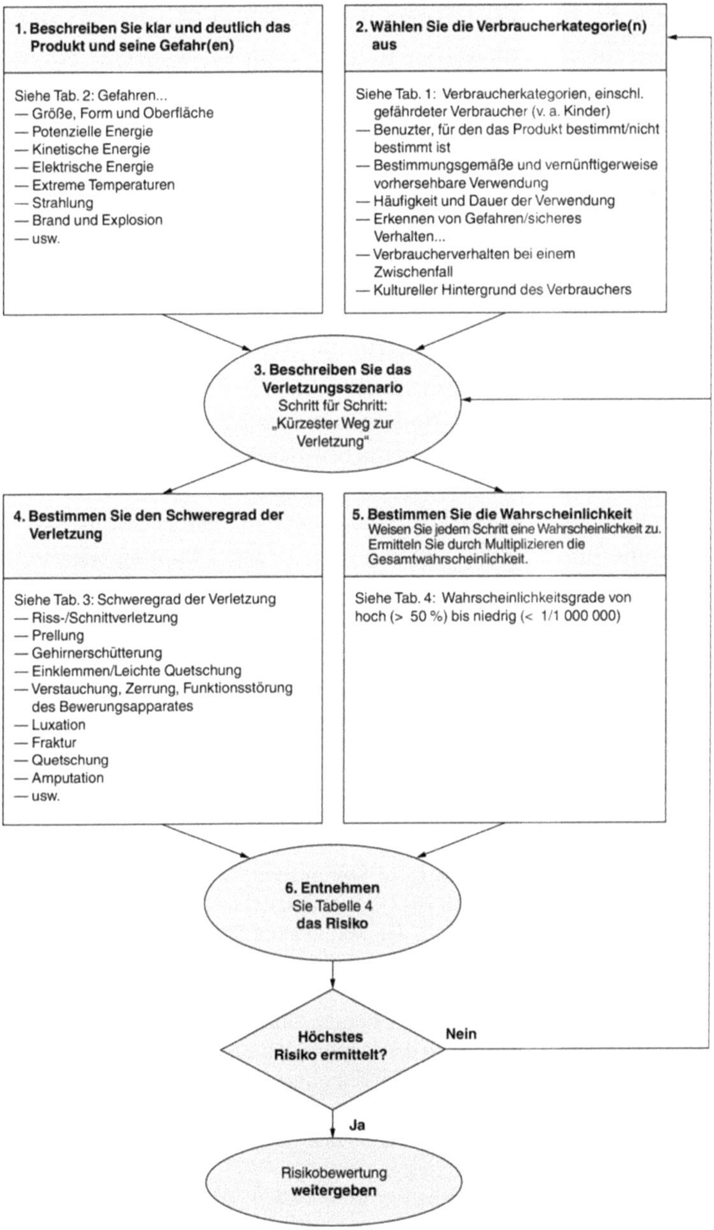

Quelle: Leitlinien der Europäischen Kommission 2010/15/EU, S. 50.

Nach Ermittlung des Verletzungsszenarios gilt es sodann die Wahrscheinlichkeit, mit der die inhärente Produktgefahr tatsächlich zu einer Verletzung des Verbrauchers führen kann, zu bestimmen.[187] Danach findet eine Kombination aus Gefahr und deren Eintrittswahrscheinlichkeit statt, um das letztliche, mit dem Produkt verbundene, Risiko zu ermitteln.[188]

Ausgangspunkt der Risikobewertung – insbesondere bei der Entwicklung von Verletzungsszenarien – stellt das Produkt selbst dar.[189] Bei der rein formalen Zuordnung eines Produktes beispielsweise zur Identifizierung (der Produktbezeichnung, der Marke, der Modellbezeichnung usw.) stellt sich die Frage, ob von dem Produkt in seiner Gesamtheit oder von einzeln abgrenzbaren Teilen eine Gefahr ausgeht. Relevant kann dabei auch sein, ob es sich bereits um ein verwendungsfertiges Erzeugnis handelt oder der Verbraucher dieses z. B. vor der Verwendung selbst zusammenbauen muss.[190] Bei der Klassifizierung des Produktes spielt auch der dem Produkt immanente Zeitfaktor eine Rolle, da die Risikobewertung immer die gesamte Lebensdauer eines Produktes berücksichtigen sollte.[191]

Bei der Beschreibung des Verletzungsszenarios gilt es schrittweise darzustellen, ob und inwieweit das Produkt einen Mangel hat oder während seiner vorhersehbaren Lebensdauer zu einer gefährlichen Situation führen kann.[192] Ausgehend von dem Mangel beziehungsweise der gefährlichen Situation gilt es sodann den möglichen Unfall darzustellen,[193] der wiederum zu einer Verletzung führt.[194] Zutreffend erkennt die Entscheidung 2010/15/EU, dass im Rahmen der Risikobewertung mehrere Verletzungsszenarien möglich sind, die letztlich bei der Bestimmung des Produktrisikos berücksichtigt werden müssen.[195] In Tabelle 2 Anhang zur Entscheidung 2010/15/EU werden dem Risikobewerter diverse

---

187 Vgl. Anhang zur Entscheidung der Kommission 2010/15/EU Anlage 5 Ziffer 2.2 Nr. 2; siehe auch Polly, StoffR 2012, S. 190 (192).

188 Vgl. Anhang zur Entscheidung der Kommission 2010/15/EU Anlage 5 Ziffer 2.2 Nr. 3; siehe auch Polly, StoffR 2012, S. 190 (192).

189 Schucht, BPUVZ 2012, S. 564 (567).

190 Vgl. Anhang zur Entscheidung der Kommission 2010/15/EU Anlage 5 Ziffer 3.1.

191 Vgl. Anhang zur Entscheidung der Kommission 2010/15/EU Anlage 5 Ziffer 3.1.

192 Vgl. Anhang zur Entscheidung der Kommission 2010/15/EU Anlage 5 Ziffer 3.4 Nr. 1.

193 Vgl. Anhang zur Entscheidung der Kommission 2010/15/EU Anlage 5 Ziffer 3.4 Nr. 2.

194 Vgl. Anhang zur Entscheidung der Kommission 2010/15/EU Anlage 5 Ziffer 3.4 Nr. 3.

195 Vgl. Anhang zur Entscheidung der Kommission 2010/15/EU Anlage 5 Ziffer 3.4.

Verletzungsszenarien an die Hand gegeben, die als „solides Gerüst“[196] für die Risikobewertung herangezogen werden können.

Eine herausragende Bedeutung für die Bestimmung des Verletzungsszenarios nimmt zusätzlich die einschlägige Verbraucherkategorie ein.[197] Gerade die Fähigkeiten und das Verhalten des Verbrauchers, der das Produkt verwendet, können einen großen Einfluss auf den zu ermittelnden Risikograd haben.[198] Die Leitlinie unterscheidet dabei zwischen drei Verbraucherkategorien,[199] namentlich „stark gefährdeten Verbrauchern“ (Kleinstkinder und sonstige Personen mit schweren Behinderungen oder Mehrfachbehinderung), gefährdeten Verbrauchern (Kleinkinder, Kinder und sonstige Personen mit eingeschränkten körperlichen, sensorischen oder geistigen Fähigkeiten z. B. teilbehinderte Menschen, ältere Menschen über 65 Jahre, Menschen mit gewissen körperlichen und geistigen Einschränkungen) oder Personen mit mangelnder Erfahrung oder mangelnden Kenntnissen, und „sonstigen Verbrauchern“ (also Verbraucher, die nicht der Gruppe der stark gefährdeten oder gefährdeten Verbraucher zuzurechnen sind).[200] In den Schutzbereich und die Bewertung innerhalb des Verletzungsszenarios werden nicht nur die Verbraucher einbezogen, die ein bestimmtes Produkt unmittelbar benutzen, sondern auch solche, die sich möglicherweise in der Nähe des Benutzers aufhalten und von der Gefahrenlage gleichsam betroffen sein können[201] – sogenannte Announced Bystander.[202]

Gerade was die Berücksichtigung der Verbraucher anbelangt, appelliert die Leitlinie an eine klare und lebensnahe Herangehensweise durch den Risikobewerter, wenn in Ziffer 3.3 des Anhangs zur Entscheidung 2010/15/EU in Anlage 5 ausdrücklich ausgeführt wird, dass grundsätzlich davon ausgegangen werden kann, dass z. B. Kinder von ihren Eltern beaufsichtigt werden, so dass sie nicht

---

196 So *Klindt/Wende*, NVwZ 2011, S. 602 (603).

197 Vgl. Anhang zur Entscheidung der Kommission 2010/15/EU Anlage 5 Ziffer 3.3.

198 Vgl. Anhang zur Entscheidung der Kommission 2010/15/EU Anlage 5 Ziffer 3.3; zustimmend ebenfalls *Klindt/Wende*, NVwZ 2011, S. 602 (603)

199 Vgl. Anhang zur Entscheidung der Kommission 2010/15/EU Anlage 5 Tabelle 1.

200 Vgl. Anhang zur Entscheidung der Kommission 2010/15/EU Anlage 5 Tabelle 1; siehe hierzu *Polly*, StoffR 2012, S. 190 (192); siehe auch *Böhm*, ZLR 2000, S. 241 (243) zum Vorsorgeprinzip im Lebensmittelrecht, die gerade diesen Verbrauchergruppen einen besonderen Schutz durch die Verfassung zuspricht.

201 Vgl. Anhang zur Entscheidung der Kommission 2010/15/EU Anlage 5 Ziffer 3.3.

202 So bezeichnet von *Klindt/Wende*, NVwZ 2011, S. 602 (603).

von vornherein allen möglichen Produktgefahren ausgesetzt sind und demnach besonders berücksichtigt werden müssen.[203]

Steht das denkbare beziehungsweise die denkbaren Verletzungsszenarien fest, so gilt es in einem weiteren Schritt die Wahrscheinlichkeit, mit der das Verletzungsszenario während der voraussichtlichen Lebensdauer des Produktes tatsächlich eintreten kann, zu bestimmen. Hierbei erkennt der Leitfaden an, dass es schwer ist die Wahrscheinlichkeit einzuschätzen.[204] Praktisch wird für die Festlegung der Lebensdauer eines Produktes neben tatsächlichen Daten zum Nutzungsverhalten auch der steuerrechtliche Grundsatz der Absetzung für Abnutzung (AfA) als Anhaltspunkt herangezogen.[205] Um sich einer möglichst aussagekräftigen Wahrscheinlichkeitsangabe zu nähern, soll für die einzelnen Szenarien in Einzelschritten geschrieben werden, welche bestimmten Wahrscheinlichkeiten diesen zuzuordnen sind, um dann durch Multiplikation der einzelnen Wahrscheinlichkeitswerte die Gesamtwahrscheinlichkeit des Szenarios zu ermitteln.[206] Die schrittweise Beschreibung der einzelnen Risikobewertungsstufen und die rechnerische Berücksichtigung der Einzelwahrscheinlichkeiten für die Bestimmung der Gesamtwahrscheinlichkeit dienen dem Ziel, diesen ohnehin sehr komplexen Vorgang nachvollziehbar zu halten und letztlich zu einem validen und objektivierbaren Ergebnis zu führen. In der Praxis gelangen die Marktüberwachungsbehörden dennoch häufig zu teilweise erheblich differierenden Ergebnissen. Auch wenn die Risikobewertung unter Zuhilfenahme objektiver Kriterien erfolgt, liegen die Einzelbewertungen bei dem jeweiligen Risikobewerter und sind somit subjektive Momentaufnahmen. Allein für Deutschland mit seiner föderalen Struktur – von einer gesamteuropäischen Betrachtung einmal ganz abgesehen – kann dies zur Folge haben, dass ein und dasselbe Produkt einmal als RAPEX-relevant risikobewertet wird und im Einzugsbereich einer anderen Marktüberwachungsbehörde nicht. Eine einheitliche Rechtsanwendung wäre zwar, allen voran für den Verbraucherschutz, aber auch zur Wahrung der berechtigten Interessen der Wirtschaftsakteure, wünschenswert, dürfte jedoch praktisch kaum realisierbar sein.

So lässt sich auch erklären, dass immer wieder RAPEX-Meldungen eingestellt werden, die allerdings die rechtlichen Voraussetzungen dafür nicht einhalten. Häufig ist sogar eine gewisse Tendenz beziehungsweise ein gewisses Einstellmuster für die einzelnen Mitgliedstaaten zu erkennen.

---

203 Hierzu *Klindt/Wende*, NVwZ 2011, S. 602 (603), der hier davon spricht, dass der Leitfaden insoweit Augenmaß beweist.

204 Vgl. Anhang zur Entscheidung der Kommission 2010/15/EU Anlage 5 Ziffer 3.6.

205 *Polly*, StoffR 2012, S. 190 (193).

206 Vgl. Anhang zur Entscheidung der Kommission 2010/15/EU Anlage 5 Ziffer 3.6.

Steht nach Durchführung dieser Schritte nunmehr der mögliche Schweregrad der Verletzung und die Wahrscheinlichkeit des Eintritts fest, kann der Risikograd Tabelle 4 der Entscheidung 2010/15/EU entnommen werden.[207] Diese sieht eine Kombination aus dem Schweregrad der Verletzung und der Wahrscheinlichkeit des Eintritts vor, wobei das letztlich höchste Risiko dann das Risiko des Produktes ist.[208] Der Risikograd als Resultat der Kombination aus der Schwere der Verletzung und der Wahrscheinlichkeit des Eintritts wird in 4 Stufen unterschieden. Aufsteigend ist dies das „niedrige Risiko", das „mittlere Risiko", das „hohe Risiko" und letztlich – das RAPEX-relevante – „ernste Risiko". Nur für den Fall, dass ein „ernstes Risiko" – als höchste Risikokategorie – erreicht wird, kommt eine RAPEX-Meldung in Betracht.

Auffällig ist an der Formulierung des Leitfadens zur Risikobewertung in der Entscheidung 2010/15/EU, dass dieser vordergründig auf mechanische und physikalische Risiken zugeschnitten ist. Eine Anwendung auf „chemische Risiken" scheint an vielen Stellen unpassend. Bei chemischen Risiken ist es schwer möglich, etwaige Auswirkungen auf den Verbraucher einer Risikobewertung zu unterziehen. Dies hängt zum einen mit der weitreichenden Komplexität der chemischen Zusammensetzung von Produkten zusammen und zum anderen mit der teilweise unzureichenden Datenlage für z. B. eine toxikologische Bewertung und eine Expositionsabschätzung einzelner Stoffe.

Gleichwohl erscheint die Erstellung eines entsprechenden Risikobewertungsleitfadens auch für die chemischen Risiken zwingend geboten, da die bislang auf Grundlage eines chemischen Risikos gemeldeten Produkte doch einen erheblichen Anteil an RAPEX-Meldungen ausmachen.[209] So wurden beispielsweise für das Jahr 2010 insgesamt 439 RAPEX-Meldungen wegen eines chemischen Risikos abgesetzt, was einem Prozentsatz von 19 % aller RAPEX-Meldungen

---

207 *Polly*, StoffR 2012, S. 190 (192).

208 Vgl. Anhang zur Entscheidung der Kommission 2010/15/EU Anlage 5 Ziffer 3.7.

209 So auch das Bundesinstitut für Risikobewertung (BfR) in seiner Stellungnahme Nr. 010/2013 vom 4. Juni 2012, Vorschläge zum Leitfaden zur Bewertung chemischer Risiken im europäischen Schnellwarnsystem RAPEX, im Internet abrufbar unter: http://www.bfr.bund.de/cm/343/vorschlaege-zum-leitfaden-zur-bewertung-chemischer-risiken-im-europaeischen-schnellwarnsystem-rapex.pdf (zuletzt abgerufen am 24.04.2014). Gegründet wurde das BfR als rechtsfähige Bundesbehörde im Geschäftsbereich des BMELV. Neben dem BfR-Gründungsgesetz wird die Arbeit des BfR in noch weiteren Gesetzen festgeschrieben. Dieses und mehr unter: www.bfr.bund.de.

entspricht.[210] Im Bereich der chemischen Parameter fehlt es oftmals an gesetzlich verbindlich formulierten Grenzwerten. Zudem erscheinen die rechtlich vorherrschenden Regelungen lückenhaft. Selbst für den Fall, dass gesetzliche Grenzwerte festgelegt wurden, bleibt für viele chemische Parameter offen, vor welchem Hintergrund ein bestimmter Grenzwert durch den europäischen oder nationalen Gesetzgeber fixiert wurde. Interessant und allein maßgeblich für eine dezidierte Aussage darüber, ob ein ernstes Risiko auf Grundlage der durchgeführten Risikobewertung möglicherweise anzunehmen ist, ist letztlich der Hintergrund der Grenzwertfestlegung. Rein die Produktqualität betreffende Regelungen sind hierfür allerdings unerheblich. Einzig die toxikologischen – weil gesundheitsrelevanten – gesetzlichen Grenzwerte sind in diesem Zusammenhang zu beachten. Rechtsunsicherheit und tatsächliche wie rechtliche Fehlentscheidungen sind die Folge, die entweder zu Lasten des Verbraucherschutzes oder der Wirtschaftsakteure gehen. Insoweit ist es im Sinne des Verbraucherschutzes wie auch zum Schutz der einzelnen Wirtschaftsakteure dringend geboten, die Arbeit, wie sie mit dem Leitfaden gemäß der Entscheidung 2010/15/EU geleistet worden ist, weiter fortzusetzen, um letztlich auch den Marktüberwachungsbehörden ein solides und belastbares System für die Risikobewertung an die Hand zu geben.

II. Unterrichtungspflicht der Marktüberwachungsbehörden gemäß § 30 ProdSG

Eine Unterrichtungspflicht der Marktüberwachungsbehörden – also die Speisung des Schnellinformationssystems RAPEX – an die Bundesanstalt für Arbeitsschutz und Arbeitsmedizin kommt in mehreren tatbestandlichen Alternativen in Betracht. Die Unterrichtung der Marktüberwachungsbehörden initiiert das „RAPEX-Verfahren“. Nachfolgend sollen die unterschiedlichen tatbestandlichen Alternativen kurz dargestellt werden.

1. Unterrichtungspflicht der Marktüberwachungsbehörden gemäß § 30 Abs. 1 Satz 1, 1. Alt. ProdSG

Sind die Voraussetzungen nach § 26 Abs. 4 ProdSG erfüllt und die Marktüberwachungsbehörde trifft eine Maßnahme im Sinne von § 26 Abs. 4 ProdSG, so

210 Vgl. Generaldirektion Gesundheit und Verbraucherschutz, Sicherheit für europäische Verbraucher, Jahresbericht 2010, S. 23 Ziffer 2.1.4., im Internet abrufbar unter: http://ec.europa.eu/consumers/safety/rapex/docs/2010_rapex_report_de.pdf (zuletzt abgerufen am 24.02.2014).

unterrichtet sie hierüber die Bundesanstalt für Arbeitsschutz und Arbeitsmedizin. Ausgangspunkt der Unterrichtungspflicht ist also die verwaltungsrechtliche Anordnung einer marktbezogenen Maßnahme (Rücknahme, Rückruf, Untersagungsverfügung), weil von einem Produkt ein ernstes Risiko für den Verbraucher ausgeht. Derartige marktbezogene Maßnahmen im Sinne von § 26 Abs. 4 ProdSG sind Verwaltungsakte gemäß § 35 Satz 1 Verwaltungsverfahrensgesetz (VwVfG)[211]. Ein Rückruf wird nicht von den Marktüberwachungsbehörden selbst durchgeführt, sondern hoheitlich angeordnet.[212] Bei marktbezogenen Maßnahmen wird die Anordnung der sofortigen Vollziehung nach § 80 Abs. 2 Satz 1 Nr. 4 Verwaltungsgerichtsordnung (VwGO)[213] wegen der besonderen Schutzrichtung – Gesundheitsschutz vor ernsten Risiken – veranlasst sein.[214] Gegen die Anordnung einer marktbezogenen Maßnahme kommt von daher verwaltungsrechtlicher Rechtsschutz in Gestalt von Anfechtungswiderspruch und Anfechtungsklage in Betracht. Gegen die Anordnung der sofortigen Vollziehung kann sich der Wirtschaftsakteur mit einem Antrag auf Wiederherstellung der aufschiebenden Wirkung gemäß § 80 Abs. 5 Satz 1 VwGO wehren.

2. Unterrichtungspflicht der Marktüberwachungsbehörden gemäß § 30 Abs. 1 Satz 1, 2. Alt. ProdSG

Ergänzend zu der Unterrichtungspflicht der Marktüberwachungsbehörde an die BAuA für den Fall, dass eine marktbezogene Maßnahme bereits angeordnet wurde, besteht eine solche Pflicht auch dann, wenn lediglich Maßnahmen gemäß § 26 Abs. 4 ProdSG beabsichtigt sind. Wenn auch aufgrund des Schutzgedankens eine zeitliche Vorverlagerung und damit Ausdehnung des Anwendungsbereiches der Unterrichtungspflichten nachvollziehbar erscheint, so sind jedoch unter rechtsstaatlichen Gesichtspunkten weitergehende Anforderungen notwendig. Art. 12 Abs. 1 Satz 1 der Produktsicherheitsrichtlinie 2001/95/EG formuliert wie folgt: „*Trifft ein Mitgliedstaat Maßnahmen oder Vorkehrungen oder beschließt er Maßnahmen zu treffen, zu empfehlen oder mit Herstellern oder Händlern auf zwingender oder freiwilliger Basis zu vereinbaren, welche die etwaige*

---

211 Verwaltungsverfahrensgesetz in der Fassung der Bekanntmachung vom 23. Januar 2003 (BGBl. I, S. 102), das zuletzt durch Art. 2 Abs. 1 des Gesetzes vom 14. August 2009 (BGBl. I, S. 2827) geändert worden ist.

212 *Klindt*, GPSG Kommentar, § 8 Rn. 85.

213 Verwaltungsgerichtsordnung in der Fassung der Bekanntmachung vom 19. März 1991 (BGBl. I, S. 686), die zuletzt durch Art. 6 des Gesetzes vom 21. Juli 2012 (BGBl. I, S. 1577) geändert worden ist.

214 *Klindt*, GPSG Kommentar, § 8 Rn. 89.

Vermarktung oder Verwendung von Produkten in seinem Hoheitsgebiet unterbinden, einschränken oder besonderen Bedingungen unterwerfen, weil die Produkte eine ernste Gefahr darstellen, so meldet er dies unverzüglich der Kommission mit Hilfe von RAPEX. [...]"

Die Produktsicherheitsrichtlinie 2001/95/EG regelt klar, dass eine Unterrichtung von beabsichtigten Maßnahmen engen rechtsstaatlichen Grenzen und Voraussetzungen unterliegt. Keinesfalls genügt es, dass beispielsweise irgendeine Gefahr bloß vermutet wird. Ausweislich dem zugrundeliegenden Richtlinien-Recht – Art. 12 Abs. 1 Satz 1 Produktsicherheitsrichtlinie 2001/95/EG – ist es vielmehr notwendig, dass von dem betroffenen Produkt eine ernste Gefahr ausgeht. Auch die Unterrichtung einer beabsichtigten Maßnahme setzt voraus, dass eine ernste Gefahr (nach durchgeführter Risikobewertung durch die Marktüberwachungsbehörde) bereits ermittelt wurde. Sämtliche tatbestandlichen Voraussetzungen für eine Maßnahme im Sinne von § 26 Abs. 4 ProdSG müssen vorliegen. Steht (noch) nicht fest, ob überhaupt die tatbestandlichen Voraussetzungen für derartige marktbezogene Maßnahmen erfüllt sind, hat auch die hoheitliche Maßnahme (Unterrichtung) zu unterbleiben. In derart sensiblen Bereichen ist es den Marktüberwachungsbehörden durchaus abzuverlangen, erst nach Abschluss und Aufklärung des Sachverhaltes und vollständiger Rechtmäßigkeitskontrolle des Verwaltungshandelns tätig zu werden. Dies sieht auch der insoweit eindeutige Wortlaut des europäischen Gesetzgebers vor. Diese rechtsstaatliche Notwendigkeit drängt sich besonders in folgendem Fallbeispiel auf, wenn eine marktbezogene Maßnahme deshalb noch nicht angeordnet werden kann, weil es an einer vollständig durchgeführten und abgeschlossenen Risikobewertung fehlt, es also gar nicht feststeht, ob und wenn ja welches Risiko von einem Produkt ausgeht. In derartigen Konstellationen will der Europäische Gesetzgeber auch keine RAPEX-Meldung abgesetzt wissen. Der Wortlaut von Art. 12 Abs. 1 Satz 1 Produktsicherheitsrichtlinie 2001/95/EG verlangt vielmehr, dass der Mitgliedstaat bereits beschlossen haben muss, Maßnahmen zu treffen. Der Beschluss, eine marktbezogene Maßnahme zu treffen, steht also – nach gedanklicher Rechtmäßigkeitskontrolle – schon fest. Hier fehlt es also nur noch an der Unterschrift unter der schriftlichen Anordnung. Alle anderen Voraussetzungen liegen jedoch vor.

§ 30 Abs. 1 Satz 1, 2. Alt. ProdSG ist also dahingehend zu verstehen, dass zwar sämtliche Voraussetzungen für eine marktbezogene Maßnahme im Sinne von § 26 Abs. 4 ProdSG und somit auch für eine RAPEX-Meldung bereits vorliegen und positiv festgestellt wurden, es aber z. B. wegen der besonderen Eilbedürftigkeit eines bestimmten Sachverhaltes, es letztlich an dem formalen Akt, also der Anordnung einer marktbezogenen Maßnahme (noch) fehlt. Auch derartige

– vorgreifende – Maßnahmen müssen rechtlich voll überprüfbar und einer vollständigen gerichtlichen Rechtmäßigkeitskontrolle zugänglich sein.

3. Unterrichtungspflicht der Marktüberwachungsbehörden gemäß § 30 Abs. 2 ProdSG

Unter der Voraussetzung, dass ein Produkt bereits auf dem Markt bereitgestellt wurde, von dem ein ernstes Risiko ausgeht, ist die Marktüberwachungsbehörde dazu verpflichtet, die BAuA ferner über alle Maßnahmen zu unterrichten, die ein Wirtschaftsakteur freiwillig getroffen hat, § 30 Abs. 2. ProdSG. Gemäß Art. 12 Abs. 1 Produktsicherheitsrichtlinie 2001/95/EG sind aber nur bestimmte freiwillige Maßnahmen des Herstellers beziehungsweise des Wirtschaftsakteurs RAPEX-meldepflichtig. Dies wurde bereits durch die Vorgängerregelung, § 9 Abs. 1 Satz 3 GPSG, in nationales Recht umgesetzt. Rechtspolitisch hat diese Ausweitung auf freiwillige Maßnahmen zu einiger Kritik geführt.[215]

Eine RAPEX-Meldung setzt nicht voraus, dass zwingend eine verwaltungsrechtliche Anordnung vorliegt oder beabsichtigt ist. Auch die von einem Wirtschaftsakteur lediglich gemeldete Maßnahme ist für die Begründung einer Unterrichtungspflicht unter Umständen im Sinne von § 30 Abs. 2 ProdSG ausreichend. Der Unterrichtungstatbestand knüpft also nicht länger an einen Verwaltungsakt an, sondern erweitert den Katalog um freiwillige Maßnahmen des Wirtschaftsakteurs.

Wenn es sich auch um eine freiwillige Maßnahme des Wirtschaftsakteurs handelt, wird die Marktüberwachung dadurch nicht von ihrer Verantwortung entbunden. Die Marktüberwachungsbehörde muss auch in diesen Fällen eigenständig prüfen und insbesondere das Risiko bewerten. § 30 Abs. 2 ProdSG ersetzt die hoheitliche Anordnung einer marktbezogenen Maßnahme durch die freiwillige des Wirtschaftsakteurs. Die weiteren Voraussetzungen, allen voran das ernste Risiko, sind weiterhin zu prüfen.

Diese Prüfung hat auch vor Initiierung des RAPEX-Verfahrens zu erfolgen. Gerade weil der Wirtschaftsakteur bereits die erforderlichen Maßnahmen veranlasst hat, könnte man dazu geneigt sein, die „vertiefte" Prüfung auf einen späteren Zeitpunkt zu verlegen. Dies kann allerdings nicht richtig sein. Retrospektive Rechtmäßigkeitsprüfungen sind nicht erwünscht, da sämtliche Voraussetzungen der Gefahrenabwehrmaßnahme sowie der Initiierung des RAPEX-Meldeverfahrens zum Zeitpunkt der Veranlassung gegeben sein müssen.

---

215 Zum Meinungsstand nur: *Klindt*, GPSG Kommentar, § 9 Rn. 13 m.w.N.

Die Unterrichtungspflicht der Marktüberwachungsbehörde gem. § 30 Abs. 2 ProdSG korrespondiert mit den möglicherweise bestehenden Mitteilungspflichten des Wirtschaftsakteurs im Sinne von § 6 Abs. 4 ProdSG. Demgemäß sind die Wirtschaftsakteure nach Maßgabe von Anhang I der Produktsicherheitsrichtlinie 2001/95/EG dazu verpflichtet, unverzüglich die in ihrem Geschäftssitz zuständige Marktüberwachungsbehörde zu unterrichten, wenn sie wissen oder aufgrund der ihnen vorliegenden Information oder ihrer Erfahrung wissen müssen, dass ein Verbraucherprodukt, das sie auf dem Markt bereitgestellt haben, ein Risiko für die Sicherheit und Gesundheit von Personen darstellt; insbesondere haben sie die Marktüberwachungsbehörden über Maßnahmen zu unterrichten, die sie zur Vermeidung dieses Risikos getroffen haben.

Für eine RAPEX-Meldung reicht auch bei derartigen freiwilligen Mitteilungen des Wirtschaftsakteurs nicht jedwedes Risiko für die Sicherheit und Gesundheit von Personen aus. Auch in dieser Konstellation muss ein ernstes Risiko bestehen. Die Mitteilungspflicht des Wirtschaftsakteurs erfordert, ebenso wie die Initiierung des RAPEX-Verfahrens durch die Marktüberwachungsbehörden, das Vorliegen eines ernsten Risikos.

4. Grenzüberschreitender Sachverhalt

Eine RAPEX-Schnellwarnmeldung, und damit auch die Initiierung des Verfahrens durch die Marktüberwachungsbehörden, kommt nur dann in Betracht, wenn ein grenzüberschreitender Sachverhalt vorliegt.[216] Die nationalen Behörden der Mitgliedstaaten nutzten das RAPEX-System also nur dann zum Austausch von Informationen über gefährliche Produkte, wenn ein Beweis oder ein begründeter Verdacht dafür vorliegt, dass diese Produkte in mindestens 2 der in das System eingebundenen Länder auf dem Markt sind.[217] Für eine RAPEX-Meldung ist es also nicht ausreichend, wenn ein Produkt erwiesenermaßen ausschließlich auf dem z. B. nationalen deutschen Markt vorhanden ist.[218] Liegt ein grenzüberschreitender Sachverhalt nicht vor, muss auch – allein aus diesem Grund – eine RAPEX-Meldung unterbleiben.

---

216 Zum grenzüberschreitenden Handel im Zusammenhang mit der Warenverkehrsfreiheit siehe: Böhm, JA 2009, S. 328 (329).

217 Vgl. Generaldirektion Gesundheit und Verbrauchersicherheit, Sicherheit für europäische Verbraucher, Jahresbericht 2010, S. 55, im Internet abrufbar unter: http://ec.europa.eu/consumers/safety/rapex/docs/2010_rapex_report_de.pdf (zuletzt abgerufen am 24.02.2014).

218 Anderswohl noch: *Klindt*, GPSG Kommentar, § 9 Rn. 14.

D. Ablauf des RAPEX-Meldeverfahrens

Das RAPEX-Meldeverfahren ist ein komplexer Vorgang, an dem eine Vielzahl nationaler wie europäischer Institutionen mit unterschiedlichen inhaltlichen Aufgaben beteiligt ist. Zur besseren Verständlichkeit soll daher nachfolgend ein kurzer Überblick über den Gang einer RAPEX-Meldung aufgezeigt werden. Entscheidend soll dabei eine erste Einordnung beziehungsweise Abgrenzung der gegebenen Verantwortlichkeitssphären für auf den Weg gebrachte beziehungsweise übermittelte Erklärungsinhalte vorgenommen werden.

I. Initiierung des RAPEX-Meldeverfahrens durch die Marktüberwachungsbehörden

Das RAPEX-Meldeverfahren beginnt mit Kenntniserlangung der Marktüberwachungsbehörden von einem RAPEX-relevanten Sachverhalt. Dafür ist es gem. § 30 Abs. 1 und Abs. 2 ProdSG unerheblich, ob die Kenntniserlangung auf Grundlage eigener Kontrolltätigkeiten beruht oder im Rahmen der den Wirtschaftsbeteiligten obliegenden Unterrichtungspflichten zuteil geworden ist. Soweit also – zumindest aus Sicht der Marktüberwachungsbehörde – die Voraussetzungen gem. § 30 Abs. 1 beziehungsweise Abs. 2 ProdSG vorliegen, insbesondere die durchgeführte Risikobewertung ein ernstes Risiko ergeben hat, unterrichtet sie die BAuA entweder über die bereits getroffenen oder noch beabsichtigten Maßnahmen sowie über alle Maßnahmen, die ein Wirtschaftsakteur freiwillig getroffen und der Marktüberwachungsbehörde mitgeteilt hat. Im Rahmen dieses ersten Unterrichtungsschrittes ist die Marktüberwachungsbehörde gesetzlich dazu verpflichtet, alle verfügbaren Informationen insbesondere die erforderlichen Daten für die Identifizierung, zur Herkunft und der Lieferkette des Produktes, zu den mit dem Produkt verbundenen Gefahren sowie zur Art und Dauer der getroffenen Maßnahmen sowie zu den von den Wirtschaftsakteuren freiwillig getroffenen Maßnahmen zu übermitteln, § 30 Abs. 3 ProdSG.

Für die RAPEX-Meldung stellt die BAuA auf ihrer Internet-Präsenz[219] den „RAPEX-Meldebogen“ zur Verfügung. Dieser entspricht dem Standardformular

219 Im Internet abrufbar unter: www.baua.de/de/Produktsicherheit/Marktueberwachung/doc/Rapex-Meldungen.doc?__blob=publicationFile&v=3 (zuletzt abgerufen am 24.04.2014).

für Meldungen der Europäischen Kommission[220]. Der RAPEX-Meldebogen soll zur Vereinheitlichung aller RAPEX-relevanten Daten beitragen und steht den jeweiligen Marktüberwachungsbehörden (Gewerbeaufsichtsämtern) zum „Download“ bereit. Der RAPEX-Meldebogen dient der Erfassung einer Vielzahl obligatorischer und fakultativer Angaben.

In Abschnitt 1: „Allgemeine Angaben zum RAPEX-Meldebogen“ werden z. B die Übermittlungsnummer, das Datum der Erstellung der RAPEX-Meldung, das Datum der Validierung und Verarbeitung genannt. Wesentliches Element ist auch die Festlegung, welche Art der Meldung, also ob es sich um eine „Art. 12 Produktsicherheitsrichtlinie/Art. 22 Verordnung (EG) Nr. 765/2008“- oder um eine „Art. 11 Produktsicherheitsrichtlinie/Art. 23 Verordnung (EG) Nr. 765/2008“-Meldung handelt, abgesetzt wird. Der Marktüberwachungsbehörde werden mehrere Möglichkeiten zur Klassifizierung anheimgestellt. Die Auswahl reicht von einer „Meldung gemäß Artikel 12, die Sofortmaßnahmen erfordern“ bis hinunter zu einer „Informationsmeldung“. Meldungen, die Sofortmaßnahmen nach sich ziehen, bleiben selbstredend besonders schwerwiegenden Sachverhalten vorbehalten. Schließlich wird dann auch der Absender und „Autor“ der RAPEX-Meldung des meldenden Mitgliedstaates der meldenden Stelle sowie der validierende Staat angegeben.

Abschnitt 2: „Beschreibung des Produktes“ beinhaltet eine Vielzahl produktbestimmender und beschreibender Elemente und dient im Wesentlichen der exakten Identifizierung des Produktes.

Abschnitt 3: „Anwendbare Vorschriften und Normen“ eröffnet die Möglichkeit, die einschlägigen Rechtsvorschriften oder Normen anzugeben, gegen die das Erzeugnis verstoßen haben soll.

Abschnitt 4: „Rückverfolgbarkeit“ beschäftigt sich mit dem Produktursprung sowie den absehbaren Bestimmungsländern des Produktes. Dadurch wird der grenzüberschreitende Sachverhalt dokumentiert und festgestellt, in welchen Ländern ein bestimmtes Produkt bekanntermaßen vertrieben wurde. Dieser Umstand dürfte tragend – für die veranlassten Marktüberwachungstätigkeiten – sein. Die Kontaktdaten der Wirtschaftsakteure werden in Abhängigkeit zu ihrer Position in der Wertschöpfungskette (Hersteller, Importeur, Großhändler und Einzelhändler) geführt.

Abschnitt 5: „Beschreibung des Risikos“ widmet sich dem Produktrisiko. Hier werden die Ergebnisse der durchgeführten Risikobewertung angegeben

220 Anhang, Teil IV – Anlagen Ziff. 1 der Entscheidung 2010/15/EU der Kommission vom 16. Dezember 2009, ABl. EU Nr. L 22 vom 26.01.2010, S. 1 (29).

sowie die konkrete Risikokategorie. Der aufgetretene Mangel, der letztlich zu dem möglichen Risiko führt, ist dort zu beschreiben. Eine sehr wichtige und ernste Information ist auch die Frage, ob es bereits zu Zwischenfällen oder gar Unfällen gekommen ist.

Abschnitt 6: „Maßnahmen" bleibt der Angabe vorbehalten, ob der Wirtschaftsakteur freiwillig Maßnahmen getroffen hat oder diese obligatorisch, also von Behörden, veranlasst worden sind. Des Weiteren ist die konkret zu treffende Maßnahme wie z. B. die marktbezogene Maßnahme „Rücknahme oder Rückruf" zu benennen. Diese Maßnahmenunterscheidung korrespondiert mit § 30 Abs. 1 sowie Abs. 2 ProdSG.

Abschnitt 7: „Vertraulichkeit" eröffnet die Möglichkeit, die Meldung selbst als vertraulich einzustufen.

Abschnitt 8: „Sonstiges" lässt ergänzende Auskünfte und weitere interessante Anlagen zu.

Die Anlage enthält Auswahlmenüs. Diese dienen der Orientierung und Vereinheitlichung der Meldungsinhalte. Den Marktüberwachungsbehörden werden beispielsweise Produkt- und Risikokategorien vorgegeben.

II. Die Rolle der BAuA im RAPEX-Meldeverfahren

Die RAPEX-Meldung wird sodann an die BAuA übermittelt. Die BAuA als zuständige nationale Kontrollstelle überprüft die eingegangene Meldung in einem ersten Schritt auf Vollständigkeit und in einem weiteren Schritt auf Schlüssigkeit, § 30 Abs. 4 Satz 1 ProdSG. Im Rahmen dieser hoheitlichen Aufgabe im Bereich der Produktsicherheit sieht die BAuA sich als zentraler nationaler RAPEX-Meldeknoten.[221] In der Tat nimmt die BAuA gemäß ihrer gesetzlichen Aufgabenzuweisung und der geschaffenen Kompetenzen durch die ausdrückliche Regelung im ProdSG[222] eine zentrale Rolle im nationalen RAPEX-Meldeverfahren ein, wenn auch ihr inhaltlicher und materieller Prüfauftrag und

221 BAuA Bundesanstalt für Arbeitsschutz und Arbeitsmedizin, Jahresbericht 2011, S. 56, im Internet abrufbar unter: http://www.baua.de/de/Publikationen/Broschueren/Infomaterial/I12.pdf?__blob=publicationFile&v=6 (zuletzt abgerufen am 24.02.2014).

222 Die BAuA bekommt im Bereich der Produktsicherheit – neben ihren zahlreichen anderen Aufgaben verschiedentliche gesetzliche Aufgaben. Diese gesetzlichen Aufgaben der BAuA im Bereich der Produktsicherheit werden weiter in § 32 ProdSG zusammengefasst: s. hierzu informativ: BAuA, Bundesanstalt für Arbeitsschutz und Arbeitsmedizin, Jahresbericht 2011, S. 59.

ihre Kompetenz durchaus eingeschränkt sind. Primäre Aufgabe ist die Bündelung und Administration eingehender Meldungen. Dazu kommt eine formelle Vollständigkeitsprüfung. Diese sichert eine sachgerechte, schnelle und möglichst umfassende Information der anderen Mitgliedstaaten über die europäische Kontaktstelle, also die Europäische Kommission.

Die gesetzlich vorgesehene Formalprüfung und administrative Aufgaben dürften vordergründig so gut wie keine eigenständige Verantwortung der BAuA für übermittelte RAPEX-Meldungen (vorausgesetzt die Übermittlung war vollständig und richtig) begründen. In diesem Falle scheidet die BAuA als zutreffende Antrags- beziehungsweise Klagegegnerin aus. Anders dürfte es sich dann verhalten, wenn die Grenzen der formalen Prüfkompetenz beschränkt auf die Vollständigkeits- und Schlüssigkeitsprüfung im Einzelfall überschritten werden. Wenn also die BAuA die ursprüngliche RAPEX-Meldung der Marktüberwachung materiell/inhaltlich abwandelt, die so ursprünglich nicht vorgesehen war und auch nicht durch die Marktüberwachungsbehörden z. B. im Rahmen der Risikobewertung überprüft wurde. Die Überschreitung der formalen Prüfkompetenz kann Auswirkungen auf die materielle Verantwortungsübernahme haben. Ebenso sind Fälle denkbar, in denen zwar inhaltlich eine RAPEX-Meldung nicht bewusst auf Grundlage einer eigenen Prüfung modifiziert und in veränderter Form zur Ursprungsmeldung der Marktüberwachungsbehörden an die europäische Kommission weitergegeben wird, die ursprünglich richtige und vollständige Meldung aber innerhalb der Verantwortungssphäre unvollständig oder unrichtig weitergeleitet wird, die BAuA also einer Art Erklärungsirrtum[223] erlegen ist.

Grundsätzlich folgt Verantwortlichkeit der (gesetzlichen) Zuständigkeit. Wird diese Zuständigkeit bewusst überschritten, muss die die kompetenzverkennende Stelle ebenfalls für ihre eigenwillige Handlung verantwortlich sein. Handelt es sich hingegen um eine versehentliche/unbeabsichtigte Handlung, muss gleichwohl die Verantwortlichkeit bei der verursachenden Stelle liegen.

Das Verwaltungsrecht kennt, anders als dies im Strafrecht der Fall ist, erst einmal keine Verschuldenskomponente. Unabhängig davon, ob eine bestimmte Handlung beabsichtigt oder unbeabsichtigt vorgenommen wird, ist die veranlassende Stelle richtiger Adressat eventueller Abwehrmaßnahmen.

Grundsätzlich dürfte die BAuA – genauer ihr Rechtsträger – als richtige Klage-/Antragsgegnerin ausscheiden. Etwas anderes gilt nur dann, wenn sie ihre gesetzliche Aufgabe nicht oder nicht richtig erledigt oder die ihr zugewiesene

223 Vgl. § 119 Abs. 1 2. Alternative BGB Bürgerliches Gesetzbuch.

Zuständigkeit überschreitet. Diese Konstellation dürfte praktisch so gut wie nie vorkommen. Grundsätzlich liegt die Verantwortung für das Ob und Wie einer RAPEX-Meldung weiterhin bei der zuständigen Marktüberwachungsbehörde.

Soweit die Vollständigkeits- und Schlüssigkeitsprüfung abgeschlossen ist, gibt die BAuA die von der Marktüberwachungsbehörde eingegangene RAPEX-Meldung in eine Internetdatenbank ein und übermittelt die RAPEX-Meldung an die Europäische Kommission.[224]

III. Die Rolle der Europäischen Kommission im RAPEX-Meldeverfahren

Nunmehr prüft die Europäische Kommission die von der BAuA als nationale Kontaktstelle übermittelten Informationen auf ihre Übereinstimmung mit der Produktsicherheitsrichtlinie 2001/95/EG, der Verordnung (EG) Nr. 765/2008, der Entscheidung 2010/15/EU sowie auf deren Vollständigkeit.[225]

Die Europäische Kommission bekleidet eine weitere Kontrollinstanz innerhalb des RAPEX-Meldeverfahrens. Gemäß der Produktsicherheitsrichtlinie 2001/95/EG[226] leitet die Europäische Kommission die RAPEX-Meldung an die anderen Mitgliedstaaten weiter, sofern sie nicht nach einer Überprüfung auf der Grundlage der in der Meldung enthaltenen Informationen zu dem Schluss kommt, dass die Maßnahme gegen Gemeinschaftsrecht verstößt. Diese Vorschrift für Meldungen gemäß Art. 11 der Produktsicherheitsrichtlinie 2001/95/EG wird durch Art. 12 Abs. 2 ergänzt. Gemäß Art. 12 Abs. 2 der Richtlinie überprüft die Europäische Kommission eingehende Meldungen auf deren Übereinstimmung mit diesem Artikel und mit den Vorschriften für die Funktionsweise von RAPEX und übermittelt sie den übrigen Mitgliedstaaten, die ihrerseits der Europäischen Kommission unverzüglich mitteilen, welche Maßnahmen sie ergriffen haben. Diese Prüfkompetenz und -pflicht wird in Anhang II Nr. 5 der Richtlinie konkretisiert. Danach prüft die Europäische Kommission so schnell

---

224 Im Internet abrufbar unter: http://www.bvl.bund.de/DE/03_Bedarfsgegenstaende/01_Aufgaben/02_Ueberwachungsprogramme/03_Schnellwarnsysteme/lm_schnellwarnsystem_rapex_node.html (zuletzt abgerufen am 24.02.2014).

225 Vgl. Generaldirektion Gesundheit und Verbrauchersicherheit, Sicherheit für europäische Verbraucher, Jahresbericht 2011 über das Schnellwarnsystem für gefährliche Produkte ausgenommen Lebensmittel, RAPEX, S. 55, im Internet abrufbar unter: http://ec.europa.eu/consumers/safety/rapex/docs/2011_rapex_report_de.pdf (zuletzt abgerufen am 24.02.2014).

226 Art. 11 Abs. 2 Richtlinie 2001/95/EG.

wie möglich die Übereinstimmung der im Rahmen von RAPEX erhaltenen Informationen mit den Bestimmungen der Richtlinie. Wenn sie es für erforderlich hält, kann sie eine eigene Untersuchung zur Feststellung der Produktsicherheit durchführen. Im Falle einer solchen Untersuchung haben die Mitgliedstaaten der Europäischen Kommission die angeforderten Informationen zu übermitteln, soweit sie dazu in der Lage sind. Die Prüfkompetenzen und -pflichten werden in der Entscheidung 2010/15/EU unter Ziffer 3.4 erneut aufgegriffen und für die praktische Anwendung konkretisiert. Dort heißt es: *„Vor der Weiterleitung an die Mitgliedstaaten prüft die Kommission alle über die RAPEX-Anwendung eingegangen Meldungen daraufhin, ob sie formal richtig und vollständig sind.“*

Diese Prüfung gemäß der Entscheidung 2010/15/EU ähnelt doch stark der Formulierung in § 30 Abs. 4 S. 1 ProdSG hinsichtlich der Prüfung durch die BAuA als nationale RAPEX-Kontaktstelle.

Bei genauer vergleichender Betrachtung der Wortlaute von Art. 12 Abs. 2 Produktsicherheitsrichtlinie 2001/95/EG mit der Ziffer 3.4 der Entscheidung 2010/15/EU fällt ein erheblicher Unterschied der Voraussetzungen auf. Der Prüfumfang und letztlich auch die damit möglicherweise einhergehende Verantwortungsübernahme der Europäischen Kommission sollte ersichtlich mit Erlass der Entscheidung 2010/15/EU eingeschränkt werden. Letztlich dürfte es für die Frage der Verantwortung für bestimmte Inhalte einer RAPEX-Meldung aus rechtsstaatlichen Gründen nicht auf die rein formale Wiedergabe in entsprechenden Leitlinien ankommen. Vielmehr gilt es, im jeweiligen Einzelfall die genauen Arbeitsschritte, das heißt Prüfung und Behandlung der eingegangenen Meldung, Einstellung der Meldung, zu sezieren, um herauszufinden, wer für die letztlich validierte und veröffentlichte Information in ihrer konkreten Erscheinung verantwortlich zeichnet. Was die Europäische Kommission unter einer Prüfung auf „formale Richtigkeit“[227] und „Vollständigkeit“[228] versteht, wird in der Entscheidung 2010/15/EU dargelegt.

Die Verantwortlichkeitenverteilung ist mit der zwischen den Marktüberwachungsbehörden und der BAuA vergleichbar. Nur im Falle einer Änderung der ursprünglichen RAPEX-Meldung kommt eine Verantwortlichkeit der Europäischen Kommission in Betracht.

Als Zwischenergebnis ist also festzuhalten, dass die meldende Marktüberwachungsbehörde für das Ob und (inhaltliche) Wie einer RAPEX-Meldung verantwortlich ist. Etwaige Abwehr- oder Regressansprüche sind also an die

227 Vgl. Ziffer 3.4.1 Entscheidung der Kommission 2010/15/EU.

228 Vgl. Ziffer 3.4.2 Entscheidung der Kommission 2010/15/EU.

Marktüberwachungsbehörden beziehungsweise an deren Rechtsträger zu richten.

Sollte die Prüfung der Europäischen Kommission weiteren Klärungsbedarf ergeben und sollten einzelne offene Fragestellungen auftauchen, so ist die Europäische Kommission mit der entsprechenden Kompetenz ausgestattet, die Validierung der Meldung auszusetzen und den meldenden Mitgliedstaat um ergänzende Auskünfte oder Klarstellungen zu ersuchen.[229] Der meldende Mitgliedstaat ist sodann innerhalb der von der Europäischen Kommission gesetzten Frist verpflichtet, ergänzende Auskünfte zu erteilen.[230]

Meldungen, die sich nach Prüfung der Europäischen Kommission als richtig und vollständig herausgestellt haben, werden von der Europäischen Kommission innerhalb der vorgesehenen Fristen[231] über die RAPEX-Anwendung verbreitet. Dieser Vorgang wird als „Validierung" bezeichnet.[232]

IV. Die Rolle der empfangenden Mitgliedstaaten im RAPEX-Meldeverfahren

Nachdem die nationalen Kontaktstellen über RAPEX unterrichtet wurden, ist das formale Verfahren keinesfalls abgeschlossen. Vielmehr ist es jetzt Aufgabe und Pflicht der Mitgliedstaaten (koordiniert durch die jeweiligen RAPEX-Kontaktstellen) den Inhalt der RAPEX-Meldung zu prüfen und abhängig von der Art der Meldung geeignete Maßnahmen zu ergreifen.[233] Während auf Art. 11 und Art. 12 Produktsicherheitsrichtlinie 2001/95/EG-Meldungen Folgemaßnahmen sowie eine fristgerechte Rückmeldung[234] an die Europäische Kommission vorgesehen sind, gilt dies nicht für Informationsmeldungen,[235] hier werden

---

229 Vgl. Ziffer 3.4.3 S. 1 Entscheidung der Kommission 2010/15/EU.

230 Vgl. Ziffer 3.4.3 S. 2 Entscheidung der Kommission 2010/15/EU.

231 Die Bearbeitungsfristen werden ebenfalls tabellarisch in der Entscheidung der Kommission 2010/15/EU unter Teil IV Ziffer 4 vorgegeben. Die Fristen für Meldungen und Rückmeldungen fallen je nach Art der Meldung (Art. 11 oder Art. 12 der Richtlinie 2001/95/EG) unterschiedlich aus und tragen letztlich dem Risikopotenzial der Vorgänge Rechnung.

232 Vgl. Ziffer 3.5.1 Entscheidung der Kommission 2010/15/EU.

233 Vgl. Ziffern 3.7.1 und 3.7.2 Entscheidung der Kommission 2010/15/EU.

234 Auch für die Rückmeldung der Mitgliedstaaten sieht die RAPEX-Leitlinie in Teil IV Ziffer 3 normierte Fristen vor, die abhängig von der Art der Meldung verschieden lang beziehungsweise kurz ausfallen, vgl. auch Ziffer 3.7.1 Entscheidung der Kommission 2010/15/EU.

235 Vgl. Ziffer 3.7.1 Abs. 2 Entscheidung der Kommission 2010/15/EU.

die Mitgliedstaaten nur gebeten, der Europäischen Kommission auch zu melden, wie sie gegebenenfalls auf die informationshalber verbreitete Meldung reagiert haben.

Die für die „echten" RAPEX-Meldungen obligatorische Rückmeldung wird für reine Informationsmeldungen gleich in mehrerlei Hinsicht eingeschränkt und relativiert. Unter zutreffender Beachtung des Anwendungsbereichs von „Informationsmeldungen" ist diese Unterscheidung wichtig. Es gilt zu beachten, dass es sich bei reinen Informationsmeldungen nicht um „RAPEX-Meldungen" im rechtstechnischen Sinne handelt, sondern die jeweilige Kontaktstelle lediglich dazu berechtigt ist, zur Verbreitung dieser Informationsmeldung die RAPEX-Anwendung zu nutzen. Die näheren Fälle, in denen eine Informationsmeldung in Betracht kommt, werden ebenfalls in der Entscheidung 2010/15/EU[236] konkretisiert.

Einer der Anwendungsfälle für eine Informationsmeldung ist dann gegeben, wenn zwar die RAPEX-Meldekriterien gemäß Art. 12 der Produktsicherheitsrichtlinie 2001/95/EG erfüllt sind, aber eine Meldung nicht alle Informationen (hauptsächlich in Bezug auf die Produktidentifizierung und die Vertriebswege) enthält, die andere Mitgliedstaaten benötigen, um aufgrund einer solchen Meldung Folgemaßnahmen zu ergreifen.[237] Gerade in der praktischen Anwendung ist zu beobachten, dass diese Bestimmung entweder verkannt oder nicht beachtet wird. So findet sich eine Vielzahl – selbst auf der RAPEX-Website der Europäischen Kommission – veröffentlichter Meldungen, die beispielsweise die Produktbezeichnung, den Markennamen oder ein entsprechendes Bild nicht enthalten. Gerade diese Angabe dürfte jedoch für die Produktidentifizierung maßgeblich sein.

RAPEX ist nicht als einseitiges Informationssystem der Europäischen Kommission ausgestaltet, sondern setzt einen wechselseitigen Kommunikationsprozess zwischen den einzelnen Mitgliedstaaten sowie der Europäischen Kommission in Gang. Um eine effektive Marktüberwachung gewährleisten zu können und den erklärten Zielen von RAPEX zu entsprechen, ist es notwendig, dass eine durch die Europäische Kommission validierte RAPEX-Meldung nicht nur von den einzelnen Mitgliedstaaten zur Kenntnis genommen, sondern auch aktiv bearbeitet wird. Neben dem Ergreifen geeigneter Maßnahmen durch die Marktüberwachung der Mitgliedstaaten ist es für das RAPEX-System dienlich, eigene Erkenntnisse und Veranlassungen ebenfalls zu kommunizieren.

---

236 Vgl. Ziffer 3.1.2 „Informationsmeldung" Entscheidung der Kommission 2010/15/EU.

237 Vgl. Ziffer 3.1.2 Buchst. a) Entscheidung der Kommission 2010/15/EU.

Die an die Europäische Kommission mitgeteilten Ergebnisse von Folgemaßnahmen werden als Rückmeldungen bezeichnet.[238] Die Entscheidung 2010/15/EU[239] enthält von der Europäischen Kommission aufgestellte Regelbeispiele, also Fälle, in denen eine Rückmeldung der Mitgliedstaaten vorgesehen und vorgeschrieben ist. Auch die Rückmeldungsinhalte werden skizziert. Sinn und Zweck dessen ist die Harmonisierung der Informationen und eine Beschränkung des Aufwandes der übermittelnden Mitgliedstaaten.[240]

Einer der wesentlichen Rückmeldungsinhalte betrifft die Information „Produkt gefunden“, also ob ein über das RAPEX-System gemeldetes Produkt auf dem Markt des jeweiligen Mitgliedstaates ausfindig gemacht werden konnte.[241] Zugleich bestimmt die Voraussetzung „Produkt gefunden“ auch einen Ausnahmetatbestand für die ansonsten geltende grundsätzliche Rückmeldepflicht bei RAPEX-Meldungen der Mitgliedstaaten. Ein Mitgliedstaat muss die Europäische Kommission dann nicht über die Ergebnisse von Folgemaßnahmen informieren, wenn das gemeldete Produkt nicht auf dem Markt gefunden worden ist, es sei denn, die Europäische Kommission bittet ausdrücklich auch für diese Konstellation um eine Information.[242] Im Rahmen der Rückmeldung wird den rückmeldenden Mitgliedstaaten ebenfalls die Kompetenz eingeräumt, eine von der Ursprungsmeldung abweichende Risikobewertung, vorausgesetzt es handelt sich nachweisbar um das gleiche Produkt, zu übermitteln, sich also mit einer eigenen Risikobewertung der Ursprungsmeldung entgegenzustellen.[243] Eine unterschiedliche Risikobewertung ist sowohl für den Fall einer Einstufung als höheres Risiko denkbar, insbesondere dann, wenn beispielsweise im rückmeldenden Mitgliedstaat Unfälle oder Zwischenfälle eingehen, als auch für den Fall der Herabstufung des Risikos, wenn also der rückmeldende Mitgliedstaat auf Grundlage eigener Testergebnisse und einer eigenen Risikobewertung zu dem Ergebnis kommt, dass das der RAPEX-Meldung zugrunde liegende Risiko als zu hoch eingestuft wurde. Besonders interessant stellen sich die Fälle dar, in denen der rückmeldende Mitgliedstaat auf Grundlage einer Risikobewertung von der Ursprungsmeldung zu dem Ergebnis kommt, dass auf Grundlage eines niedriger

238 Vgl. Ziffer 4.2.1 Entscheidung der Kommission 2010/15/EU.
239 Vgl. Ziffer 4.2.1 Entscheidung der Kommission 2010/15/EU.
240 Vgl. Ziffer 4.2.1 Entscheidung der Kommission 2010/15/EU.
241 Vgl. Ziffer 4.2.1 Entscheidung der Kommission 2010/15/EU.
242 Vgl. Ziffer 4.2.1 Entscheidung der Kommission 2010/15/EU.
243 Vgl. Ziffer 4.2.1 Entscheidung der Kommission 2010/15/EU „unterschiedliche Risikobewertung“.

zu bewertenden Risikos die Voraussetzungen einer RAPEX-Meldung („ernstes Gesundheitsrisiko") nicht (mehr) gegeben sind.

Rückmeldungen können auch Informationen über veranlasste Folgemaßnahmen enthalten, was ebenfalls für die restlichen Mitgliedstaaten von Interesse ist.[244] Ergänzende Maßnahmen kommen beispielsweise bei zusätzlichen Informationen über die Herkunft des Produktes (z. B. Ursprungsland, Hersteller und/oder Exporteur) und über die Vertriebswege (z. B. Bestimmungsländer, Importeure und Händler) in Betracht.[245]

Formal ist die Übermittlung der Rückmeldung mit dem Weg der Ursprungsmeldung vergleichbar. Auch die Rückmeldung durchläuft zunächst die formale Richtigkeits- und Vollständigkeitsprüfung[246] der Europäischen Kommission, bevor diese dann validiert wird. Auch in diesem Zusammenhang wird nochmals unter Verweis auf Anhang II Nr. 10 der Produktsicherheitsrichtlinie 2001/95/EG, namentlich, dass der meldende Mitgliedstaat für die mitgeteilten Informationen verantwortlich ist, durch die Entscheidung 2010/15/EU klargestellt, dass mit der Bearbeitung der Rückmeldung, z. B. bei der Prüfung der Validierung, die Europäische Kommission keinerlei Verantwortung für die übermittelten Informationen (die Verantwortung soll hier weiterhin bei dem rückmeldenden Mitgliedstaat liegen) übernimmt.[247]

V. Veröffentlichung der RAPEX-Meldung auf der Website der Europäischen Kommission

Ein weiterer Baustein des RAPEX-Systems ist die RAPEX-Website.[248] Auf der RAPEX-Website werden Zusammenfassungen von RAPEX-Meldungen veröffentlicht.[249] Mittels dieser Website kann sich die interessierte Öffentlichkeit Woche für Woche über Produkte informieren, von denen ernste Gesundheitsgefahren ausgehen.[250] Gesetzliche Grundlage der Veröffentlichung

244 Vgl. Ziffer 4.2.1 Entscheidung der Kommission 2010/15/EU „ergänzende Informationen".

245 Vgl. Ziffer 4.2.1 Entscheidung der Kommission 2010/15/EU „ergänzende Informationen".

246 Vgl. Ziffer 4.4.1 Entscheidung der Kommission 2010/15/EU.

247 Vgl. Ziffer 4.2.4 Entscheidung der Kommission 2010/15/EU.

248 http://ec.europa.eu/consumers/dyna/rapex/create_rapex.cfm?rx_id=515 (zuletzt abgerufen am 24.02.2014).

249 Vgl. Generaldirektion Gesundheit und Verbrauchersicherheit, Sicherheit für europäische Verbraucher, Jahresbericht 2011, S. 57.

250 *Schucht*, BPUVZ 2012, S. 564 (565 f.).

von RAPEX-Meldungen auf der oben genannten Website ist Art. 16 Abs. 1 Produktsicherheitsrichtlinie 2001/95/EG. Danach können die der Europäischen Kommission zur Verfügung stehenden Informationen über von Produkten ausgehende Gefahren für die Gesundheit und Sicherheit der Verbraucher im Allgemeinen gemäß den Anforderungen der Transparenz und unbeschadet der für die Überwachung und Untersuchung erforderlichen Einschränkungen der Öffentlichkeit zugänglich gemacht werden. Inhaltlich ist der Öffentlichkeit insbesondere gemäß Art. 16 Abs. 1 S. 2 Zugang zu Informationen über die Produktidentifizierung, die Art des Risikos und die getroffenen Maßnahmen zu verschaffen. Zudem sind Informationen bezüglich der Reaktionen der Mitgliedstaaten auf Produktmeldungen zugänglich zu machen.[251] Dem Verbraucher soll eine Prüfmöglichkeit dahingehend eröffnet werden, ob die Produkte, die er bereits verwendet oder noch erwerben möchte, bereits Gegenstand von RAPEX-Meldungen waren.[252]

Auf der Website der Europäischen Kommission wird ausschließlich eine Übersicht über RAPEX-Meldungen, das heißt Meldungen gemäß Art. 12 und Meldungen gemäß Art. 12, die Sofortmaßnahmen erfordern, veröffentlicht.[253] In der Entscheidung 2010/15/EU wird zudem klargestellt, dass eine derartige Information grundsätzlich auch in anderer Form erfolgen kann, sich die Europäische Kommission aber für eine Veröffentlichung über die RAPEX-Website entschieden hat, um ihrer Informationspflicht nachzukommen.[254]

Eine Veröffentlichung auf der Website der Europäischen Kommission gemäß Art. 16 Abs. 1 Produktsicherheitsrichtlinie 2001/95/EG kommt allerdings nicht ausnahmslos in Betracht. Dies ergibt sich bereits aus Art. 16 Abs. 1 der Richtlinie selbst, in dem formuliert wird, dass eine Information der Verbraucher *„im Allgemeinen gemäß den Anforderungen der Transparenz und unbeschadet der für die Überwachung und Untersuchung erforderlichen Einschränkungen“* erfolgt.[255] Sowohl den Marktüberwachungsbehörden der Mitgliedstaaten als auch der Europäischen Kommission wird die eigenständige Möglichkeit zugestanden, von einer Veröffentlichung abzusehen, wenn diese Einschränkung im Rahmen von (laufenden) Überwachungs- oder Untersuchungsverfahren erforderlich ist. Eine

251 Generaldirektion Gesundheit und Verbrauchersicherheit, Sicherheit für europäische Verbraucher, Jahresbericht 2011, S. 57.

252 Generaldirektion Gesundheit und Verbrauchersicherheit, Sicherheit für europäische Verbraucher, Jahresbericht 2011, S. 57.

253 Vgl. Ziffer 3.3.1 Abs. 1 Entscheidung der Kommission 2010/15/EU.

254 Vgl. Ziffer 3.3.1 Entscheidung der Kommission 2010/15/EU.

255 Vgl. auch Ziffer 3.3.2 Entscheidung der Kommission 2010/15/EU.

Nicht-Information der Öffentlichkeit kann beispielsweise dem Schutz eines Gerichtsverfahrens oder Monitoring- und Untersuchungsverfahrens dienen.[256] Diese Konstellation ist restriktiv zu behandeln. Die Ausnahme dient nicht dem Schutz des von der RAPEX-Meldung betroffenen Wirtschaftsakteurs während eines anhängigen gerichtlichen Verfahrens, sondern dem Gerichtsverfahren selbst. An anderen Stellen der Entscheidung 2010/15/EU[257] wird nämlich hervorgehoben, dass obligatorische Maßnahmen über RAPEX unverzüglich gemeldet werden müssen, unabhängig davon, ob gegen sie auf nationaler Ebene Einspruch eingelegt werden könnte oder bereits eingelegt worden ist oder wenn sie Veröffentlichungsvorschriften unterliegen.

Gemeint ist z. B., dass eine RAPEX-Meldung unabhängig von der etwaigen Bestandskraft[258] der ihr zugrundeliegenden Maßnahme, also der Frage, ob der Verwaltungsakt grundsätzlich noch mit ordentlichen Rechtsbehelfen angreifbar ist oder nicht, abgesetzt werden muss.

Ordnet die Marktüberwachungsbehörde eine marktbezogene Maßnahme per Verwaltungsakt an und wendet sich der Rechtsunterworfene gegen diesen Verwaltungsakt mit einer Anfechtungsklage oder einem Anfechtungswiderspruch, so kommt diesem Rechtsbehelf grundsätzlich aufschiebende Wirkung gemäß § 80 Abs. 1 S. 1 VwGO zu. Der Verwaltungsakt muss zunächst nicht befolgt werden und die Behörde darf ihn nicht zwangsweise durchsetzen.[259] Die Entscheidung 2010/15/EU stellt ausdrücklich klar, dass die RAPEX-Meldung unabhängig von der ihr möglicherweise vorausgehenden Maßnahme der Marktüberwachungsbehörde ist. Eine aufschiebende Wirkung für die RAPEX-Meldung besteht unabhängig davon, ob gegen die Maßnahmen der Marktüberwachungsbehörde Rechtsmittel eingelegt wurde, nicht. Hieraus wird die Wertentscheidung der Europäischen Kommission deutlich. Die aufschiebende Wirkung[260] dient dem Rechtsunterworfenen und soll gleich einem vorläufigen Rechtsschutz vorübergehend seine Rechte sichern. Übertragen auf die Ausnahmeregelung gemäß Art. 16 Abs. 1 Produktsicherheitsrichtlinie 2001/95/EG i. V. m. Ziffer 3.3.2 der Entscheidung der Kommission 2010/15/EU bedeutet dies, dass die Regelung allein dem hoheitlichen Verfahren dient und nicht den unternehmerischen Interessen.

256 Vgl. Ziffer 3.3.2 Abs. 2 Entscheidung der Kommission 2010/15/EU.

257 Ziffer 2.2.5 Entscheidung der Kommission 2010/15/EU.

258 Zur Bestandskraft von Verwaltungsakten *Kopp/Schenke*, VwGO, § 70 Rn. 17; *Kopp/Ramsauer*, VwVfG, § 43 Rn. 29.

259 *Detterbeck*, Öffentliches Recht, Rn. 1000.

260 *Detterbeck*, Öffentliches Recht, Rn. 1000, der ausführt: „Diese aufschiebende Wirkung ist eine Form vorläufigen Rechtsschutzes."

Zwar ist dieser Überlegung im Hinblick auf das Wechselspiel zwischen der Produktsicherheitsrichtlinie 2001/95/EG und der Entscheidung 2010/15/EU einiges an Stringenz abzugewinnen, sie verfängt jedoch letztlich nicht. Die oben geschilderte Konstellation der Meldung einer getroffenen Maßnahme durch einen Mitgliedstaat an die Europäische Kommission über das RAPEX-System ist von der darüber hinausgehenden Veröffentlichung über die Website der Europäischen Kommission zumindest gedanklich zu trennen. Die Information der Öffentlichkeit bedeutet eine Intensivierung und Ausweitung der ursprünglich getroffenen und durch die Marktüberwachungsbehörde veranlassten Maßnahmen. Im Vordergrund der Ausnahmevorschrift zur Veröffentlichung i. S. v. Art. 16 Abs. 1 Produktsicherheitsrichtlinie 2001/95/EG steht die Veröffentlichung selbst und gerade nicht die für die Veröffentlichung mitverantwortliche Ursprungsmaßnahme des Mitgliedstaates.

Art. 16 Abs. 1 Unterabs. 2 der Richtlinie sieht zudem eine Geheimhaltungspflicht für Informationen, die ihrem Wesen nach in hinreichend begründeten Fällen dem Geschäftsgeheimnis unterfallen, vor. Der Schutz des Geschäftsgeheimnisses gilt allerdings nicht ausnahmslos. *„Bestimmte Informationen über sicherheitsrelevante Eigenschaften von Produkten müssen unter Berücksichtigung der Gesamtumstände veröffentlicht werden, um den Schutz der Gesundheit und Sicherheit der Verbraucher zu gewährleisten"*, Art. 16 Abs. 1 Unterabs. 2 am Ende Produktsicherheitsrichtlinie 2001/95/EG. Art. 16 Abs. 2 S. 2 der Richtlinie stellt klar, dass der Schutz des Geschäftsgeheimnisses der Weitergabe von Informationen, die für die Gewährleistung der Wirksamkeit der Überwachungsmaßnahmen und der Marktüberwachung relevant sind, an die zuständigen Behörden nicht entgegenstehen darf. Gedanklich wird in diesem Zusammenhang also zwischen der Veröffentlichung auf der RAPEX-Website und der Information der Behörden über das RAPEX-System unterschieden. Die Veröffentlichung selbst beziehungsweise die damit einhergehenden Informationen können in hinreichend begründeten Fällen dem Ausschlussgrund des Geschäftsgeheimnisses unterfallen. Das Vorliegen eines Betriebs- oder Geschäftsgeheimnisses kommt dann in Betracht, wenn Tatsachen, die im Zusammenhang mit dem Geschäftsbetrieb stehen, nur einem begrenzten Personenkreis bekannt sind und nach dem Willen des Unternehmens geheim gehalten werden sollen.[261] Darüber hinaus

---

261 So BGH, Urteil v. 10.05.1995 – 1 StR 764/94, NJW 1995, S. 2301 (2301) für die Definition der Begrifflichkeit „Betriebs- und Geschäftsgeheimnis" i. S. v. § 17 Abs. 2 Nr. 2 UWG; sowie *Grube/Weyland*, VIG-Kommentar, § 2 Rn. 11, für die Auslegung der Ausschluss- und Beschränkungsgründe („Betriebs- und Geschäftsgeheimnisse") i. S. d. alten Verbraucherinformationsgesetzes.

muss ein berechtigtes Interesse an der Geheimhaltung bestehen.[262] Geschäftsgeheimnisse betreffen den kaufmännischen Geschäftsverkehr.[263]

Auf den ersten Blick partizipiert das Betriebsgeheimnis von diesem Ausnahmetatbestand hingegen nicht. Das Betriebsgeheimnis umfasst den technischen Betriebsablauf.[264]

Ausgehend von dem Wortlaut der Produktsicherheitsrichtlinie 2001/95/EG, der ausdrücklich nur die „Geschäftsgeheimnisse" schützen will, könnte man die Auffassung vertreten, dass auch nach „deutschem Verständnis" und der begrifflichen Unterscheidung nur das Geschäftsgeheimnis als Element des Kaufmännischen Geschäftsverkehrs von einer Information ausgenommen werden sollte.

Ein Zusammenhang mit einem Geschäftsbetrieb besteht dann, wenn eine Tatsache ihm zuzuordnen ist.[265] Das Merkmal der „Zugänglichkeit für einen begrenzten Personenkreis" wird auch mit dem Merkmal „fehlende Offenkundigkeit" umschrieben. Die Offenkundigkeit einer Tatsache ist dann anzunehmen, wenn sie allgemein bekannt oder doch leicht zugänglich ist beziehungsweise wird.[266] Subjektiv ist der Geheimhaltungswille des Unternehmensinhabers notwendig, der gleichzeitig erklärt oder zumindest erkennbar sein muss.[267]

Der nicht in der Produktsicherheitsrichtlinie 2001/95/EG legaldefinierte Begriff „Geschäftsgeheimnis" dürfte allerdings richtigerweise dergestalt auszulegen sein, dass hierunter die nach deutschem Verständnis im Sinne von § 17 UWG unterschiedenen Begrifflichkeiten Betriebs- und Geschäftsgeheimnisse fallen. Die Entscheidung 2001/15/EU liefert einige Beispiele dafür, was nach dem Verständnis des europäischen Gesetzgebers dem Geschäftsgeheimnis unterfallen soll und somit als vertrauliche Information geschützt werden muss. Hierzu wird ausgeführt: *„Als Information wird der Öffentlichkeit eine Zusammenfassung der RAPEX-Meldung bereitgestellt, die nur die Angaben gemäß Artikel 16 der RaPS enthält, d. h. Informationen zur Beschreibung des Produktes, zur Art des Risikos*

---

262 So BGH, Urteil v. 10.05.1995 – 1 StR 764/94, NJW 1995, S. 2301 (2301) für die Definition der Begrifflichkeit „Betriebs- und Geschäftsgeheimnis" i. S. v. § 17 Abs. 2 Nr. 2 UWG; sowie *Grube/Weyland*, VIG-Kommentar, § 2 Rn. 11, für die Auslegung der Ausschluss- und Beschränkungsgründe („Betriebs- und Geschäftsgeheimnisse") i. S. d. alten Verbraucherinformationsgesetzes.

263 BGH WRP 1999, S. 912 (914); BGH GRUR 2003, S. 356 (358); BayObLG, WRP 2001, S. 285 (285).

264 BAG, NJW 1988, S. 1686 (1686).

265 *Köhler/Bornkamm*, UWG, § 17 Rn. 5.

266 *Köhler/Bornkamm*, UWG, § 17 Rn. 6.

267 BGH, GRUR 1969, S. 341 (343); *Köhler/Bornkamm*, UWG, § 17 Rn. 10.

und zu den ergriffenen präventiven und restriktiven Maßnahmen. Den vollständigen Inhalt von Meldungen, insbesondere die ausführlichen Risikobeschreibungen mit Testberichten und Bescheinigungen oder die detaillierten Listen mit den Vertriebswegen, geben die Kommission und die Mitgliedstaaten nicht an die Öffentlichkeit weiter, weil einige dieser Informationen ihrem Wesen nach vertraulich sind (Geschäftsgeheimnisse) und geschützt werden müssen."[268]

Die Beispiele betreffen Informationen, die nach dem deutschen Definitionsverständnis sowohl dem Geschäftsgeheimnis (z. B. Vertriebswege) als auch dem Betriebsgeheimnis (z. B. interne Testberichte) unterfallen. Des Weiteren bringt die Europäische Kommission durch das den Beispielen voran gestellte Wort „insbesondere" zum Ausdruck, dass es sich um eine demonstrative Enumeration handelt. Mithin findet das Geschäftsgeheimnis im europäischen Sinne einen weiten Anwendungsbereich, der die im deutschen Gesetz über unlauteren Wettbewerb normierte Unterscheidung[269] zwischen Betriebs- und Geschäftsgeheimnis insgesamt erfasst.

Die Produktsicherheitsrichtlinie gibt in Art. 16 Abs. 1 Unterabs. 1 S. 2 vor, welche Informationen der Öffentlichkeit zugänglich gemacht werden. Insbesondere sind dies Informationen über die Produktidentifizierung, die Art des Risikos und die getroffenen Maßnahmen. Wie die bereits zitierte RAPEX-Leitlinie unter Ziffer 3.3.1 verdeutlicht, dient der umschriebene Informationsgehalt der Abgrenzung zu den Informationen, die einem Geschäftsgeheimnis unterliegen und somit nicht veröffentlicht werden dürfen. Dem Verbraucher sollen so viele Informationen wie nötig und so wenig wie möglich zur Verfügung gestellt werden. Dem zulässigen Informationsinhalt sind ein gesetzgeberischer Ausgleich und eine Abwägungsentscheidung zwischen den Rechten der Wirtschaftsakteure und dem Informationsinteresse der Verbraucher immanent.

Eine Überschreitung des rechtlich vorgegebenen Informationsgehaltes i. S. d. Art. 16 Abs. 1 Unterabs. 1 S. 2 Produktsicherheitsrichtlinie 2001/95/EG hat gleichzeitig einen Verstoß zur Folge. Die veröffentlichte Information, unabhängig davon, ob sie den umschriebenen Informationsinhalt i. S. d. Produktsicherheitsrichtlinie per se überschreitet oder aufgrund eines Geschäftsgeheimnisses geschützt ist, wäre dann nicht mehr von der Ermächtigungsgrundlage gedeckt. Eine gleichwohl veröffentlichte Information, die über den gesetzlich zulässigen

268 Ziffer 3.3.1 Unterabs. 2 Entscheidung der Kommission 2010/15/EU.

269 Die Unterscheidung zwischen Betriebs- und Geschäftsgeheimnis wird bereits im Lauterkeitsrecht als rechtlich bedeutungslos angesehen, hierzu: *Köhler/Bornkamm*, UWG, § 17 Rn. 4 a; *Fezer*, UWG, § 17 Rn. 8; *Harte-Bavendamm/Henning-Bodewig*, UWG, § 17 Rn. 1.

Informationsgehalt hinausgeht, stellt demzufolge einen Verstoß gegen europäisches Richtlinienrecht dar.

Wenn auch die Marktüberwachungsbehörden stets den (noch) zulässigen Informationsinhalt berücksichtigen, sind praktisch doch einige Fallkonstellationen denkbar, in denen es häufiger zu europarechtswidrigen Veröffentlichungen kommen kann. Für eine Überschreitung der gesetzlich vorgesehenen Informationsgehalte genügt es bereits, dass auf der Website der Europäischen Kommission nicht nur das Produkt, sondern auch der Einzelhändler namentlich benannt wird, der dieses Produkt für den Verbraucher auf dem Markt bereitgestellt hat. Ersichtlich soll – zumindest aus Gründen des Schutzes von Geschäftsgeheimnissen – eine Benennung der Vertriebswege, und hierzu gehört letztlich auch der Einzelhändler, nicht öffentlich zugänglich gemacht werden. Immer wenn es um den sensiblen Bereich der Betriebs- und Geschäftsgeheimnisse geht, ist eine gründliche Prüfung angebracht.

Der Schutz von Geschäftsgeheimnissen sowie die Einschränkung der Informationsinhalte unterliegen jedoch einer Erweiterungsmöglichkeit, die so ausdrücklich in Art. 16 Abs. 2 Unterabs. 2 Produktsicherheitsrichtlinie 2001/95/EG normiert ist. Danach sind die eingeschränkten Informationsgehalte, z. B. aus Gründen des Geheimnisschutzes, dann nicht mehr geheim zu halten, wenn bestimmte Informationen über sicherheitsrelevante Eigenschaften von Produkten unter Berücksichtigung der Gesamtumstände veröffentlicht werden müssen, um den Schutz der Gesundheit und die Sicherheit der Verbraucher zu gewährleisten. Dies setzt wiederum eine Abwägung zwischen den Interessen des Verbraucherschutzes und den Interessen des Geheimnisschutzes voraus. Allerdings zählt nicht jedes Ziel und schützenswerte Rechtsgut des Verbrauchers, sondern nur dessen Gesundheits- und Sicherheitsschutz.

Gleichwohl dürfte auch diese Einschränkung des Geheimnisschutzes äußerst restriktiv auszulegen sein. Beachtlich ist, dass eine RAPEX-Meldung und eine Veröffentlichung auf der Website der Europäischen Kommission ausschließlich im Falle eines ernsten Gesundheitsrisikos für den Verbraucher überhaupt erst zum Tragen kommen. Eine RAPEX-Meldung und die Veröffentlichung auf der Website der Europäischen Kommission dienen also per se dem Schutz der Gesundheit und Sicherheit des Verbrauchers. Die Information der Öffentlichkeit trotz eines bestehenden Geschäftsgeheimnisses kommt ersichtlich nur dann in Betracht, wenn besondere Umstände im jeweiligen Einzelfall vorliegen, die es aus Gründen eines besonderen Schutzes der Gesundheit und Sicherheit der Verbraucher erforderlich machen, eine bestimmte zusätzliche Information, die ansonsten dem Geschäftsgeheimnis unterläge, zu veröffentlichen. Für den Fall einer wörtlichen Anwendung der Ausnahme- beziehungsweise Erweiterungsvorschrift wäre eine Einschränkung der Information der Öffentlichkeit aus Gründen des Schutzes von Geschäftsgeheimnissen schlichtweg überflüssig, da RAPEX-Meldungen und anstehende Veröffentlichungen über die Website der Europäischen Kommission immer dem Schutzzweck der Gesundheit und Sicherheit des Verbrauchers dienen.

Wie oben verdeutlicht, führt die Überschreitung des noch von der Ermächtigungsgrundlage gedeckten Informationsgehaltes durch die öffentliche Zugänglichmachung der Informationen auf der Website der Europäischen Kommission zu einer Überschreitung der rechtlichen Grenzen der Ermächtigungsgrundlage und letztlich zur Rechtswidrigkeit der über das zulässige Maß hinausgehenden Informationen.

E. Rechtsschutz auf nationaler Ebene

I. Einleitung

Die Frage, ob einzelne Bestandteile beziehungsweise Maßnahmen einer RAPEX-Meldung dem Rechtsschutz zugänglich sind, lässt sich nicht pauschal beantworten. Es ist eine trennscharfe Sektion der einzelnen Elemente und Varianten einer RAPEX-Meldung notwendig. Zu einer RAPEX-Meldung gehören bei genauer und detaillierter Betrachtung gleich mehrere Bestandteile beziehungsweise Maßnahmen, die kumulativ getroffen und veranlasst werden können. Dementsprechend stellt sich die Frage, ob und inwieweit rechtstheoretisch gegen diese einzelnen Maßnahmen im Zusammenhang mit RAPEX eine beziehungsweise gesonderte Rechtsschutzmöglichkeiten bestehen. Sollte eine Rechtsschutzmöglichkeit gegen eines der Bestandteile beziehungsweise eine der Maßnahmen einer RAPEX-Meldung zu bejahen sein, dürfte in der Praxis häufig eine ganzheitliche Abwehrstrategie verfolgt werden.

Ausgangspunkt einer RAPEX-Meldung ist insbesondere die Anordnung von marktbezogenen Maßnahmen durch die Marktüberwachungsbehörden im Sinne von § 26 Abs. 4 ProdSG. Sind die weiteren Voraussetzungen, insbesondere von § 30 Abs. 1 Satz 1 ProdSG, erfüllt, wird die RAPEX-Meldung über die Marktüberwachungsbehörden an die BAuA und von dort an die Europäische Kommission übermittelt, die ihrerseits die Maßnahme dann an die übrigen Mitgliedstaaten validiert. Abschließend kommt sodann unter bestimmten – bereits oben detailliert dargelegten Voraussetzungen – zusätzlich eine Veröffentlichung auf der Website der Europäischen Kommission in Betracht. Im Nachfolgenden soll deshalb die Möglichkeit wirksamen Rechtsschutzes gegen die einzelnen Bestandteile beziehungsweise Maßnahmen gesondert insbesondere vor verfassungsrechtlichen Grundsätzen beleuchtet werden.

II. Rechtsschutz gegen die ursprünglichen marktbezogenen Maßnahmen

Zunächst kommt verwaltungsgerichtlicher Rechtsschutz gegen eine marktbezogene Maßnahme im Sinne von § 26 Abs. 4 ProdSG selbst in Betracht. Diese Maßnahmen stellen zugleich – zumindest im Falle des § 30 Abs. 1 Satz 1 ProdSG – eine tatbestandliche Voraussetzung der Ermächtigungsgrundlage für eine RAPEX-Meldung dar. Verwaltungsgerichtlicher Rechtsschutz kann also gegen die angeordneten marktbezogenen Maßnahmen ersucht werden. Der verwaltungsgerichtliche Rechtsschutz in der Hauptsache richtet sich gegen eine bereits bestehende Rücknahme- oder Rückrufanordnung. Für den Fall, dass die sofortige Vollziehung angeordnet wird, kann zusätzlich einstweiliger Rechtsschutz in Anspruch genommen werden.

1. Rechtsschutz gegen marktbezogene Maßnahmen in der Hauptsache

Sowohl die Rücknahme- als auch die Rückrufanordnung sind als Verwaltungsakte gem. § 35 Satz 1 VwVfG zu qualifizieren.[270] Der Adressat einer Rücknahme- oder Rückrufanordnung kann die Aufhebung des Verwaltungsaktes durch Anfechtungsklage[271] gem. § 42 Abs. 1, 1. Alt. VwGO vor die Verwaltungsgerichte bringen.

2. Einstweiliger Rechtsschutz gegen marktbezogene Maßnahmen

Häufig wird – gerade für den Fall zumindest angenommener Gesundheitsrisiken, die von einem Verbraucherprodukt ausgehen sollen – auch die Anordnung der sofortigen Vollziehung gem. § 80 Abs. 2 Satz 1 Nr. 4 VwGO erfolgen. Soweit die sofortige Vollziehung im öffentlichen Interesse oder im überwiegenden Interesse eines Beteiligten von der Marktüberwachungsbehörde im Sinne von § 80 Abs. 2 Satz 1 Nr. 4, Abs. 3 VwGO angeordnet worden ist, kann das Verwaltungsgericht die aufschiebende Wirkung von Widerspruch oder Anfechtungsklage ganz oder teilweise wieder herstellen, § 80 Abs. 5 Satz 1, 2. Halbsatz VwGO.[272]

3. Gesamtbetrachtung

Die primär auf die Verhinderung einer marktbezogenen Maßnahme (Rücknahme/Rückruf) gerichtete Anfechtungsklage beziehungsweise Inanspruchnahme einstweiligen Rechtsschutzes stellt jedoch – anders als auf den ersten Blick anzunehmen ist – alleine keinen umfassenden und effektiven Rechtsschutz gegen RAPEX-Meldungen und deren Veröffentlichung dar. Nachfolgend sollen von daher gleich mehrere Konstellationen aufgezeigt werden, in denen der Verweis auf ein Rechtsmittel gegen die ursprüngliche (marktbezogene) Maßnahme zu kurz greift.

---

270 *Klindt*, GPSG Kommentar, § 8 Rn. 85; so auch für Maßnahmen nach § 39 LFGB im Bereich der Lebens- und Futtermittel: *Wehlau*, LFGB, § 39 Rn. 108.

271 Zur Anfechtungsklage allgemein: *Kopp/Schenke*, VwGO, § 42 Rn. 1 ff.; *Würtenberger*, Verwaltungsprozessrecht, § 21 Rn. 269 ff.

272 *Würtenberger*, Verwaltungsprozessrecht, § 28 Rn. 529.

1. Konstellation (Rechtsmittel gegen die ursprüngliche Maßnahme entfaltet gegenüber einer RAPEX-Meldung keine aufschiebende Wirkung):

In der Entscheidung 2010/15/EU[273] wird hervorgehoben, dass obligatorische Maßnahmen über RAPEX unverzüglich gemeldet werden, nachdem sie ergriffen worden sind, beziehungsweise nachdem entschieden worden ist, sie zu ergreifen und zwar auch dann, wenn gegen sie auf nationaler Ebene Einspruch eingelegt werden könnte oder bereits eingelegt worden ist oder wenn sie Veröffentlichungsvorschriften unterliegen.

Die Initiierung des RAPEX-Meldeverfahrens soll unabhängig von dem rechtlichen Schicksal der getroffenen oder beabsichtigten obligatorischen Maßnahme bestehen. Unter Berücksichtigung dessen wäre die Marktüberwachungsbehörde sowie die nationale Kontaktstelle dazu verpflichtet, obligatorische marktbezogene Maßnahmen im Rahmen des RAPEX-Meldeverfahrens auch dann der Europäische Kommission mitzuteilen, wenn gegen die ursprüngliche marktbezogene Maßnahme ein Rechtsmittel eingelegt worden ist. Da eine abschließende Entscheidung darüber, ob die ursprünglich eingeleitete marktbezogene Maßnahme zu Recht ergangen ist oder nicht, noch nicht vorliegt, wäre die Maßnahme gem. der Entscheidung 2010/15/EU zu melden. Da es auch nicht auf eine Bestandskraft der marktbezogenen Maßnahme ankommt, dürfte auch der in Anspruch genommene einstweilige Rechtsschutz, zumindest was die Initiierung des RAPEX-Meldeverfahrens anbelangt, nahezu wirkungslos bleiben.

2. Konstellation (Rechtsmittel gegen eigene „freiwillige" Maßnahmen scheiden ersichtlich aus):

Das RAPEX-Meldeverfahren kommt nicht nur durch obligatorische imperative Maßnahmen der Marktüberwachungsbehörden in Gang, sondern eine Mitteilung der Marktüberwachungsbehörden an die BAuA ist auch dann verpflichtend vorgesehen, wenn der Wirtschaftsakteur freiwillige marktbezogene Maßnahmen, wegen eines von ihm auf dem Markt mit einem ernsthaften Risiko behafteten bereitgestellten Verbraucherproduktes, ergriffen hat, § 30 Abs. 1 ProdSG. Die Einleitung bestimmter – vielleicht doch nur rein vorsorglich getroffener – freiwilliger marktbezogener Maßnahmen durch den Wirtschaftsakteur bedeutet nicht, dass unbedingt ein RAPEX-relevanter Vorgang vorliegen muss. Neben der freiwillig getroffenen marktbezogenen Maßnahme bestehen noch weitere materiell-rechtliche Anforderungen, insbesondere das Vorliegen eines ernsten Risikos, um das RAPEX-Meldeverfahren initiieren zu dürfen. Für

---

273 Vgl. Anhang zur Entscheidung 2010/15/EU Anlage 5 Ziffer 2.2.5.

den Fall, dass sich der Wirtschaftsakteur nunmehr nicht mit der Einleitung des RAPEX-Meldeverfahrens durch die zuständige Marktüberwachungsbehörde nach einer freiwillig durchgeführten marktbezogenen Maßnahme einverstanden zeigt, muss ersichtlich ein anderer Rechtsschutzweg beschritten werden. Die oben dargelegte Möglichkeit einer Anfechtungsklage besteht hier nicht, da die Marktüberwachungsbehörde gerade keinen Verwaltungsakt erlassen, sondern der Wirtschaftsakteur freiwillig gehandelt hat.

3. Konstellation (Verkehrsfähigkeit/Gesundheitsrisiko):

Weiterhin denkbar ist auch, dass sich der jeweilige Wirtschaftsakteur mit einem angeordneten oder freiwillig eingeleiteten Vertriebsstopp eines Produktes deshalb einverstanden zeigt, weil das Produkt unstreitig technisch nicht verkehrsfähig ist. Technisch nicht verkehrsfähig meint in diesem Zusammenhang, dass das Produkt einem Inverkehrbringungs- beziehungsweise Bereitstellungsverbot unterliegt. Die von dem Wirtschaftsakteur freiwillig durchgeführten Maßnahmen, die sich auf die Rückholung der auf dem Markt befindlichen Produkte (allerdings nicht vom Verbraucher) beziehen, gehen nicht zwingend mit der Unsicherheit, also Gesundheitsschädlichkeit, des Produktes einher.[274] Eine solche Differenzierung wird auch in anderen Produktbereichen, wie z. B. dem Lebensmittelrecht, angestellt. Zutreffend wird dort zwischen einer marktbezogenen Maßnahme (Rücknahme/Rückruf), die ausschließlich aus sicherheitsrechtlichen Gründen in Betracht zu ziehen ist, und dem Vertriebsstopp aus Gründen der technischen Nichtverkehrsfähigkeit unterschieden. Gedanklich lassen sich diese grundlegenden und absolut überzeugenden Ausführungen auch auf den Bereich der Verbraucherprodukte übertragen.

Für den Fall, dass der Wirtschaftsakteur einen freiwilligen Vertriebsstopp wegen technischer Nichtverkehrsfähigkeit seines Produktes einleitet und die Marktüberwachungsbehörde gleichwohl eine RAPEX-Meldung absetzen möchte, hilft dem Wirtschaftsakteur ein Rechtsschutzverfahren gegen die ursprüngliche Maßnahme nicht weiter. Der Verweis auf die Rechtsschutzmöglichkeit gegen die ursprüngliche Maßnahme greift hier nicht, ließe sich dadurch die RAPEX-Meldung doch nicht verhindern. Zudem erscheint der Verweis auf die Inanspruchnahme von Rechtsschutz gegen die eigene freiwillige Maßnahme perplex. Der Wirtschaftsakteur hat auch nichts gegen die von ihm freiwillig eingeleitete Maßnahme einzuwenden. Vielmehr ist ausschließlich die unzutreffende zusätzliche Bewertung des Vorganges durch die Marktüberwachungsbehörde

274 Vgl. hierzu grundlegend und ausführlich zur öffentlichen Warnung vor Lebensmitteln *Grube*, LMuR 2011, S. 21 (21 ff.).

dergestalt betroffen, dass der Vorgang Gesundheitsrelevanz aufweisen soll. Auch in diesem Fall liefe ein Rechtsschutz gegen die ursprünglich getroffene beziehungsweise veranlasste Maßnahme ins Leere.

4. Konstellation (Das Rechtsschutzbegehren des Wirtschaftsakteurs ist ausschließlich auf eine inhaltliche Korrektur der RAPEX-Meldung gerichtet):

Oben genannter Rechtsschutz wäre auch dann nicht effektiv und vollständig, wenn die Marktüberwachungsbehörde beabsichtigt, einen Sachverhalt an die BAuA mitzuteilen, der inhaltlich – zumindest aus Sicht des Wirtschaftsakteurs – nicht korrekt ist. Dies könnte beispielsweise der Fall sein, wenn einzelne für den Vorgang maßgebliche Feststellungen nicht nur auf die eine tatsächlich betroffene Charge eines Produktes, sondern auch – ohne dass konkrete weitergehende Feststellungen getroffen sind – auf alle von einem Wirtschaftsakteur produzierten und vertriebenen Chargen ausgeweitet würden.

5. Konstellation (Die RAPEX-Meldekriterien – mit Ausnahme der marktbezogenen Maßnahme – sind nicht erfüllt):

Gleiches gilt auch dann, wenn die sonstigen Meldekriterien insbesondere gem. § 30 ProdSG nicht erfüllt sind, weil z. B. die vorgenommene Risikobewertung in unzutreffender Weise ein ernstes Risiko im Sinne von § 30 ProdSG erbracht hat, das Ergebnis so jedoch von dem jeweiligen Wirtschaftsakteur nicht geteilt wird, weil dieser z. B. „nur“ von einem einfachen Risiko ausgeht.

Eine RAPEX-Meldung lässt sich nicht (immer) durch Inanspruchnahme von Rechtsschutz gegen die ursprüngliche (marktbezogene) Maßnahme verhindern. Vielmehr sind einige Konstellationen denkbar, die eine weitergehende Rechtsschutzmöglichkeit erforderlich machen, will man den Wirtschaftsakteur nicht schutzlos stellen. Ohnehin erscheint die Inanspruchnahme von Rechtsschutz gegen die ursprüngliche (marktbezogene) Maßnahme wegen der fehlenden aufschiebenden Wirkung für die Initiierung des RAPEX-Meldeverfahrens zu kurz gegriffen.

III. Rechtsschutz gegen die Weiterleitung einer RAPEX-Meldung

Möglich erscheint auch die Inanspruchnahme von Rechtsschutz gegen die Weiterleitung der RAPEX-Meldung selbst, durch die dann das RAPEX-Meldeverfahren absichtlich initiiert wird. Wie gezeigt reicht der Verweis auf Inanspruchnahme von Rechtsschutz gegen die ursprüngliche Maßnahme nicht aus, um die Interessen der Wirtschaftsbeteiligten hinreichend zu wahren. In weiterer Folge soll also der Frage nachgegangen werden, ob nicht auch gegen die Weiterleitung einer RAPEX-Meldung beziehungsweise die Initiierung des RAPEX-Meldeverfahrens gerichtlich vorgegangen werden kann.

1. Rechtsschutzform und Voraussetzungen

In einem ersten Schritt soll daher beleuchtet werden, welche Rechtsqualität die Weiterleitung einer RAPEX-Meldung beziehungsweise die Initiierung des RAPEX-Meldeverfahrens besitzt, gefolgt von einer Kurzdarstellung der potenziellen Klage- respektive Antragsart. Ersichtlich besitzt die bloße Weiterleitung einer RAPEX-Meldung beziehungsweise die Initiierung des RAPEX-Meldeverfahrens keine Verwaltungsaktqualität.

2. Rechtsschutz in der Hauptsache

Als Rechtsschutz gegen eine bereits weitergeleitete RAPEX-Meldung kommt eine allgemeine Leistungsklage in Betracht. Die allgemeine Leistungsklage wird zutreffend sowohl von der Rechtsprechung[275] als auch in der Literatur[276] als eigenständige Klageart angesehen.[277]

Jede Leistung, die nicht Verwaltungsakt ist, kann Klageziel sein.[278] Mit anderen Worten: Mit der allgemeinen Leistungsklage können Ansprüche verfolgt werden, die auf ein Tun, Dulden oder Unterlassen gerichtet sind, sofern sie nicht die Aufhebung oder den Erlass eines Verwaltungsaktes zum Gegenstand haben und demnach mit der Anfechtungsklage beziehungsweise Verpflichtungsklage als eine „besondere Leistungsklage" zu verfolgen sind.[279] Zwar ist die allgemeine Leistungsklage nicht auf Realakte beschränkt, kommt aber häufig bei diesen zur Anwendung.[280]

---

275 Vgl. BVerwGE 31, S. 301 (303); 36, S. 192 (199); 41, S. 253 (255 ff.); 59, S. 319 (325 ff.); 60, S. 144 (150); 77, S. 268 (275); OVG Lüneburg OVGE 21, S. 370 (372); OVG Münster ZfBR 1986, S. 52 (Leitsatz); VGH Kassel DVBl. 1969, S. 502 (504); VGH München, BayVBl. 1968, S. (251).

276 *Duken*, NVwZ 1993, S. 546 (547 ff); *Gleixner*, Normerlaßklage, S. 23 ff.; *Hartmann*, DÖV 1991, S. 62 (65 ff.); *Hufen*, Verwaltungsprozessrecht, § 17 Rn. 1 ff.; *Kopp/Schenke*, VwGO, Vorb. § 40 Rn. 4; v. *Nikolai*, in: *Redeker/Von Oertzen*, VwGO, § 42 Rn. 32 ff.; *Renck*, JuS 1982, S. 338 (342); *Robbers*, JuS 1988, S. 949 (952); *Schmitt Glaeser/Horn*, Verwaltungsprozeßrecht, Rn. 371 ff.; *Soell/Martin*, BayVBl 1978, S. 649 (657 ff.); *Steiner*, JuS 1984, S. 853 ff.; *Würtenberger*, AöR 105 (1980), S. 382 f.

277 *Sodan/Ziekow*, VwGO, § 42 Rn. 39.

278 *Wolff/Decker*, VwGO /VwVfG, Anhang zu § 43 VwGO Rn. 7.

279 *Sodan/Ziekow*, VwGO, § 42 Rn. 39; mit Verweis auf BVerwGE 31, 301 (303).

280 *Wolff/Decker*, VwGO/VwVfG, Anhang zu § 43 VwGO Rn. 7.

Meldungen in das RAPEX-Schnellwarnsystem sind als Realakte, also auf einen tatsächlichen Erfolg gerichtetes schlichtes Verwaltungshandeln, einzuordnen.[281]

Die allgemeine Leistungsklage kann als Unterlassungsklage erhoben werden, namentlich in Fällen, in denen hoheitliche Äußerungen noch gar nicht vorliegen und verhindert werden soll, dass es überhaupt zu solchen Äußerungen kommt.[282] Richtiger Rechtsschutz ist die Unterlassungsklage dann, wenn eine Erstwarnung, z. B. bei der ersten Einstellung einer RAPEX-Meldung in das Schnellwarnsystem im Hauptsacheverfahren verhindert werden soll.[283] Als Anspruchsgrundlage kommt dabei der öffentlich-rechtliche Unterlassungs- und Abwehranspruch in Betracht.[284] Seine Voraussetzungen sind gegeben, wenn ein hoheitlicher rechtswidriger Eingriff in ein subjektives Recht bevorsteht, andauert oder wiederholt wird.[285] Für den Fall, dass eine Meldung bereits stattgefunden hat, kommt ein Folgenbeseitigungsanspruch, der darauf gerichtet ist, die Folgen des (rechtswidrigen) staatlichen Handelns zu beseitigen, zum Tragen.[286]

Voraussetzung für einen Folgenbeseitigungsanspruch ist, dass durch einen hoheitlichen Eingriff in ein subjektives Recht ein rechtswidriger Zustand herbeigeführt wurde.[287] Allein durch das Hauptsacheverfahren wird häufig jedoch kein effektiver Rechtsschutz gegen (bevorstehende) RAPEX-Meldungen zu erreichen sein, da mangels aufschiebender Wirkung und der langen Verfahrensdauer vor den Verwaltungsgerichten eine Entscheidung vor Weiterleitung der Meldung nicht realistisch erscheint.[288]

3. Vorläufiger Rechtsschutz

Der primäre (vorläufige) Rechtsschutz gem. § 123 VwGO stellt das einzige Verfahren dar, mit dem das Einstellen in das Schnellwarnsystem effektiv verhindert werden kann.[289] Sofern die Unterlassung einer künftig erwarteten Beeinträchtigung begehrt wird, besteht ein Rechtsschutzbedürfnis für die Klage, wenn ein

281 So auch für Meldungen in das RASFF-System: *Schnall*, in: *Streinz*, Lebensmittelrechts-Handbuch, III D Rn. 242.

282 *Zechmeister/van der Schoot*, ZLR 2008, S. 583 (601).

283 *Zechmeister/Van der Schoot*, ZLR 2008, S. 583 (601).

284 *Zechmeister/Van der Schoot*, ZLR 2008, S. 583 (601).

285 *Frenz*, Öffentliches Recht, Rn. 968.

286 *Maurer*, Allgemeines Verwaltungsrecht, § 30 Rn. 1; *Zechmeister/Van der Schoot*, ZLR 2008, S. 583 (601).

287 *Frenz*, Öffentliches Recht, Rn. 1224.

288 So für das RASFF-System: *Zechmeister/Van der Schoot*, ZLR 2008, S. 583 (600).

289 *Zechmeister/Van der Schoot*, ZLR 2008, S. 583 (595).

Eingriff mit hinreichender Wahrscheinlichkeit droht.[290] Die drohende Handlung muss sich derart konkret abzeichnen, dass sie tauglicher Gegenstand eines Unterlassungsurteils sein kann.[291] Der Antrag auf Erlass einer einstweiligen Anordnung gilt nur dann als zulässig, wenn gerichtlicher Rechtsschutz erforderlich erscheint, um dem Schaffen vollendeter Tatsachen vorzubeugen.[292]

4. Eingriff

Unabhängig von dem jeweiligen konkret in Anspruch genommenen Rechtsschutz ist jedenfalls ein „Eingriff" in geschützte Rechtspositionen des Wirtschaftsakteurs erforderlich. Im Kern geht es zunächst um die Frage, ob der Vorgang der Übermittlung einer RAPEX-Meldung einen Eingriff in Rechtsgüter des Wirtschaftsakteurs darstellen kann.[293] Im Falle der Übermittlung einer RAPEX-Meldung kommt es nur zu einer Kommunikation zwischen den unterschiedlichen nationalen behördlichen Stellen, der Europäischen Kommission sowie den meldungsempfangenden behördlichen Stellen anderer Mitgliedstaaten.

Es stellt sich grundlegend die Frage, ob die Weiterleitung einer RAPEX-Meldung beziehungsweise die Initiierung des RAPEX-Meldeverfahrens überhaupt in grundrechtlich geschützte Rechtspositionen der Wirtschaftsakteure eingreifen kann. Dies wäre zu verneinen, wenn der Weiterleitung die Eingriffsqualität, insbesondere wegen des Vorliegens eines rein behördeninternen Verwaltungsvorganges, abzusprechen ist.

Die rechtliche (Eingriffs-)Qualität der Weiterleitung einer RAPEX-Meldung beziehungsweise Initiierung des RAPEX-Meldeverfahrens soll nachfolgend anhand des noch zu bestimmenden Eingriffsbegriffes und dessen Voraussetzung sowie unter Parallelenziehung zu bestehender Rechtsprechung sowie der Auswertung ausgewählter themenspezifischer Literaturquellen betrachtet werden.

a. Eingriffsbegriff

Die Frage, ob und wenn ja unter welchen Voraussetzungen die Weiterleitung einer RAPEX-Meldung beziehungsweise Initiierung des RAPEX-Meldeverfahrens dem Rechtsschutz zugänglich ist, hängt maßgeblich von der Frage ab, welche

290 VG München, Urteil v. 26.09.2011, Akz.: M 18 K 11.1445 Rn. 29 – juris.

291 Vgl. BVerwGE 64, 298.

292 *Würtenberger*, Verwaltungsprozessrecht, § 28 Rn. 544.

293 So zu dieser maßgeblichen Voraussetzung im einstweiligen Rechtsschutzverfahren gegen eine RASFF-Meldung: OVG Lüneburg, ZLR 2008, S. 249 (252).

Voraussetzungen an den geforderten Eingriff zu stellen sind. Der Eingriffsbegriff unterliegt einer historischen Entwicklung. Die unterschiedlichen Eingriffsbegriffe sollen im Nachfolgenden kurz dargestellt werden.

aa. Klassischer Eingriffsbegriff

Der klassische Eingriff kennzeichnet sich dadurch, dass in imperativer Form,[294] also durch Gesetz, Verordnung, Satzung oder Verwaltungsakt in den grundrechtlich geschützten Freiheitsbereich eingegriffen wird.[295] Der klassische Grundrechtseingriff setzt demnach voraus, dass mit Befehl und Zwang gegen den Grundrechtsträger vorgegangen wird.[296] Zusammenfassend lassen sich dem klassischen Eingriffsbegriff insgesamt vier Voraussetzungen zuordnen. Er verlangt, dass ein Eingriff final und nicht bloß unbeabsichtigte Folge eines zielgerichteten staatlichen Handelns, unmittelbar und nicht bloß zwar beabsichtigt aber mittelbare Folge des staatlichen Handelns, Rechtsakt mit rechtlicher und nicht bloß tatsächlicher Wirkung ist und mit Befehl und Zwang angeordnet beziehungsweise durchgesetzt wird.[297]

bb. Zwischenergebnis klassischer Eingriffsbegriff

Unter Heranziehung des klassischen Eingriffsbegriffs wird durch die Weiterleitung einer RAPEX-Meldung beziehungsweise die Initiierung des RAPEX-Meldeverfahrens kein Eingriff begründet. Wie bereits verdeutlicht, handelt es sich hierbei um einen Realakt, weshalb bereits die Voraussetzung, dass es sich um einen Rechtsakt mit rechtlicher und nicht bloß tatsächlicher Wirkung handelt, nicht erfüllt ist. Im Zusammenhang mit der Weiterleitung einer RAPEX-Meldung greift der Staat nicht auf klassisch imperative Handlungsinstrumente zurück. Die Datenübermittlung stellt vielmehr eine tatsächliche Handlungsvornahme dar.

Unter Zugrundelegung des klassischen Eingriffsbegriffes läge ersichtlich kein Eingriff durch die Weiterleitung beziehungsweise Initiierung des RAPEX-Meldeverfahrens ausgehend von den nationalen Marktüberwachungsbehörden vor mit der Folge, dass hiernach jegliche Form des Rechtsschutzes ausscheiden würde.

---

294 So auch *Weber-Dürler*, in: VVDStRL Band 57 (1998), S. 57 (60).

295 *Manssen*, Staatsrecht II, § 7 Rn. 137.

296 *Manssen*, Staatsrecht II, § 7 Rn. 137.

297 BVerfG, NJW 2002, S. 2626 (2628); Überblick zum klassischen Eingriffsbegriff: siehe auch *Wilms*, Staatsrecht II, § 7 Rn. 186 ff.

cc. Erweiterter Eingriffsbegriff

Der klassische Eingriffsbegriff wird jedoch nach modernem Grundrechtsverständnis – zu Recht – als zu eng abgelehnt.[298] Durch den erweiterten Eingriffsbegriff erfahren alle 4 Merkmale des klassischen Eingriffsbegriffes eine Erweiterung.[299] Die Erweiterung zum modernen Eingriffsbegriff ist auf dieselbe Entwicklung vom Liberal- zum Sozialstaat zurückzuführen, die auch die subjektiv-rechtlichen Gewährleistungsgehalte der Grundrechte erweitert und um objektiv-rechtliche ergänzt hat.[300] Die Entwicklung führt dazu, dass der „Bürger" in immer mehr Lebenslagen auf den Staat angewiesen ist und sich in immer mehr Lebenslagen sogar durch sozialstaatliches Handeln erfährt, dass dies nicht nur existenzsichernd, sondern auch gefährdend, nicht nur freiheitsfördernd, sondern auch beeinträchtigend sein kann.[301] Inzwischen besteht deshalb die übereinstimmende Auffassung von Rechtsprechung und Literatur, dass nicht nur Eingriffe im klassischen Sinne dem Gesetzesvorbehalt unterliegen, sondern auch mittelbar faktische Beeinträchtigungen Eingriffscharakter besitzen können mit der daraus resultierenden Folge, dass sie den gleichen rechtlichen Bedingungen unterliegen wie herkömmliche Eingriffe nach klassischem Begriffsverständnis.[302]

---

298 *Pieroth/Schlink*, Grundrechte Staatsrecht II, § 6 Rn. 252.

299 *Seemann*, Behördliche Produktinformation im europäischen und deutschen Lebensmittelrecht, S. 153.

300 *Pieroth/Schlink*, Grundrechte Staatsrecht II, § 6 Rn. 252.

301 *Pieroth/Schlink*, Grundrechte Staatsrecht II, § 6 Rn. 252.

302 Vgl. *Akkermann*, Die Harmonisierung von öffentlichen Warnungen, S. 38, 39. Rechtsprechung: BVerfGE 46, S. 120 (137 ff.); 61, S. 291 (308); 66, S. 39 (57 ff.); 86, S. 122 (128); BVerwGE 71, S. 183 (190 ff.); 82, S. 76 (79); 87, S. 37 (42); 90, S. 112 (119 ff.). Literatur: *Albers*, DVBl 1996, S. 233 (234 ff.); *Bleckmann/Eckhoff*, DVBl 1988, S. 373 (376 ff.); *Borchert*, NJW 1985, S. 2741 (2742); *Brandt*, Umweltaufklärung und Verfassungsrecht, S. 44; *Erichsen*, Jura 1980, S. 551 (554); *Friauf*, DVBl 1971, S. 674 (681); *Heidel*, ZLR 1989, S. 447 (456); *von Heinegg/Schäfer*, DVBI 1991, S. 1341 (1345); *Jarass*, in: Jarass/Pierrot, GG, Vorb. Art. 1 Rn. 28; *Leidinger*, DÖV 1993, S. 925 (928); *Murswiek*, DVBl 1997, S. 1021 (1022 ff.); *Ossenbühl*, Umweltpflege, S. 15 ff.; *Papier*, DVBl 1984, S. 801 (805); *Pieroth/Schlink*, Grundrechte Staatsrecht II, § 6, Rn. 253; *Pietzcker*, in: FS Bachof, S. 131 (143); *Ramsauer*, Faktische Beeinträchtigungen, S. 100 f.; *Ramsauer*, VerwArch 72 (1981), S. 89 (96); *Roth*, Verwaltungshandeln, S. 160; *Sachs*, JuS 1990, S. 496 (496); *Scherzberg*, DVBl 1989, S. 1128 (1128 ff.); *Schoch*, DVBl 1991, S. 667 (670); *Schulte*, Schlichtes Verwaltungshandeln, S. 87 ff.; *Sodan*, DÖV 1987, S. 858 (863 ff.); *Sodan*, Jura 1989, S. 662 (665); *Vahle*, VR 1986, S. 258 (259); *Weber-Dürler*, in: VVDStRL Band 57 (1998), S. 59 (76).

Grundrechte können ebenfalls durch faktische Einwirkungen verletzt werden, insbesondere durch Realakte (wie staatliche Warnung, Wertung und Kritik)[303]. Ein faktischer Eingriff ist eine Beeinträchtigung durch tatsächliches Verwaltungshandeln (Realakte).[304] Dem Wesen des faktischen Eingriffs entspricht es, dass er zwar nicht zu einer verbindlichen Regelung im Grundrechtsbereich führt, aber die Grundrechtsausübung behindert oder gefährdet.[305]

Ferner können auch mittelbare Einwirkungen zu erheblichen Grundrechtsbeeinträchtigungen führen.[306] Diese zeichnen sich dadurch aus, dass sie nicht gezielt auf eine Einschränkung des Grundrechts gerichtet sind, sie aber gleichwohl negative Auswirkungen auf die Grundrechtsausübung haben.[307]

Die Erweiterung des Eingriffsbegriffs bringt die Folgeproblematik mit sich, zwischen einer echten Beeinträchtigung (Eingriff) und einer bloßen Belästigung (kein Eingriff) zu unterscheiden.[308] Ein Eingriff liegt jedoch stets dann vor, wenn dem einzelnen ein grundrechtlich geschütztes Verhalten vom Staat verboten oder zum Anknüpfungspunkt für eine staatliche Sanktion genommen wird.[309]

Somit ist unter einem Eingriff in ein Grundrecht zusammenfassend jedes staatliche Handeln zu verstehen, dass dem Grundrechtsträger ein Verhalten, das in den Schutzbereich eines Grundrechts fällt, ganz oder auch nur teilweise unmöglich gemacht wird.[310] Dabei kommt es weder darauf an, ob die Wirkung final oder unbeabsichtigt, unmittelbar oder mittelbar, rechtlich oder tatsächlich, mit oder ohne Befehl und Zwang erfolgt.[311] Jedenfalls muss die Grundrechtsbeeinträchtigung der öffentlichen Gewalt zurechenbar sein.[312]

dd. Zwischenergebnis erweiterter Eingriffsbegriff

Anders als dies bei Zugrundelegung des klassischen Eingriffsbegriffs der Fall ist, wird die Annahme eines Eingriffs bei Zugrundelegung und Anwendung des erweiterten Eingriffsbegriffs nicht per se auszuschließen sein, da auch

303 *Von Münch*, in: von Münch/Kunig, Grundgesetz, Art. 12 Rn. 49.

304 *Maurer*, Staatsrecht, § 9 Rn. 47; so auch *Wilms*, Staatsrecht II, Rn. 191.

305 *Jarass*, in: Jarass/Pieroth, GG, Vorb. vor Art. 1 Rn. 28; *Wilms*, Staatsrecht II, Rn. 191.

306 *Wilms*, Staatsrecht II, Rn. 190.

307 *Maurer*, Staatsrecht, § 9 Rn. 47; so auch *Wilms*, Staatsrecht II, Rn. 191.

308 *Pieroth/Schlink*, Grundrechte Staatsrecht II, § 6 Rn. 257.

309 *Pieroth/Schlink*, Grundrechte Staatsrecht II, § 6 Rn. 258.

310 *Pieroth/Schlink*, Grundrechte Staatsrecht II, § 6 Rn. 253 m.w.N.; *Katz*, Staatsrecht, Rn. 637 a; *Wilms*, Staatsrecht II, Rn. 192.

311 *Pieroth/Schlink*, Grundrechte Staatsrecht II, § 6 Rn. 253 m.w.N.; *Wilms*, Staatsrecht II, Rn. 192.

312 BVerfGE 66, 39.

tatsächliches Handeln in Form eines Realaktes dem Grunde nach einen Eingriff bedeuten kann. Ein Rechtsakt z. B. in Form eines Verwaltungsaktes wird gerade nicht vorausgesetzt. Ob und inwieweit auch unter Zugrundelegung des erweiterten Eingriffsbegriffes durch die Weiterleitung einer RAPEX-Meldung beziehungsweise Initiierung des RAPEX-Meldeverfahrens ein Eingriff angenommen werden kann, soll nachfolgend noch geklärt werden.

b. Rechtsprechungsauswertung RASFF

Um sich der Frage zu nähern, ob die Weiterleitung einer RAPEX-Meldung beziehungsweise Initiierung des RAPEX-Meldeverfahrens einen Eingriff in rechtlich geschützte Positionen der Wirtschaftsakteure bedeuten kann, soll auf einige sachlich und thematisch angelehnte Entscheidungen der Rechtsprechung zu dem Schnellwarnsystem für Lebens- und Futtermittel (RASFF) zurückgegriffen werden. Die Entscheidungslage ist nicht einheitlich und hat eine rege Diskussion in Wissenschaft und Literatur hervorgerufen, die ebenfalls kontrovers ausfällt. Im Zusammenhang mit dem RASFF-Schnellwarnsystem gem. Art. 50 Verordnung (EG) Nr. 178/2002 sind diverse Entscheidungen[313] der Verwaltungsgerichte ergangen, die hinsichtlich ihres rechtlichen Kernaussagegehaltes und der angeführten rechtlichen Argumentationen dargestellt werden sollen. Da es sich bei dem RASFF-System um ein, zumindest was das Meldeverfahren selbst anbelangt, mit RAPEX vergleichbares System handelt, soll die ergangene Rechtsprechung als Ausgangspunkt einer weiteren rechtlichen Analyse herangezogen werden.

Der Entscheidung des VGH München, wie auch der Entscheidung des OVG Lüneburg lag der gleiche Sachverhalt zugrunde. Im Rahmen einer Planprobenuntersuchung eines Fleischerzeugnisses stellte die amtliche Lebensmittelüberwachung eine mikrobielle Verunreinigung fest. Auf Grundlage des Untersuchungsbefundes wurde das Lebensmittel als gesundheitsschädlich gem. § 5 LFGB i. V. m. Art. 14 Abs. 1 und Abs. 2 a Verordnung (EG) Nr. 178/2002 beurteilt. Gegenüber dem Lebensmittelunternehmen erklärte die amtliche Lebensmittelüberwachung, dass eine Meldung hinsichtlich des beanstandeten Produktes in das europäische Schnellwarnsystem beabsichtigt sei. Gegen dieses Begehren wendete sich das Lebensmittelunternehmen in einem vorläufigen Rechtsschutzverfahren an das Verwaltungsgericht München. Das Verwaltungsgericht

313 VGH München, Beschluss vom 14.11.2007, Az.: 25 CE 07.2990-juris; OVG Lüneburg, ZLR 2008, S. 249; VG Stuttgart, LRE 58, S. 325; VG München, Urteil vom 26.09.2011, Az.: M 18 K 11.1445.

München lehnte den Antrag mit Beschluss[314] ab, der Behörde zu untersagen bezüglich des Lebensmittels selbst eine Meldung in das Schnellwarnsystem der Europäischen Union einzustellen. Die gegen die Entscheidung des Verwaltungsgerichts München eingelegte Beschwerde wurde vom VGH München als zulässig, aber unbegründet zurückgewiesen.

Hinsichtlich desselben Sachverhaltes wendete sich der Lebensmittelunternehmer zudem an das Verwaltungsgericht in Braunschweig, das die Entscheidung auf Gewährung von vorläufigem Rechtsschutz ebenfalls ablehnte.[315] Nach Erhebung der Beschwerde gegen den Beschluss des Verwaltungsgerichts Braunschweig wurde noch am selben Tag durch die zuständigen Behörden die Schnellwarnung an die Europäische Kommission weitergeleitet. Der ursprünglich gegen die Einstellung selbst gerichtete Antrag konnte also allenfalls unter Folgenbeseitigungsgesichtspunkten fortgeführt werden.

Der VGH München maß die Weitergabe beziehungsweise Einleitung der RASFF-Schnellwarnung am Maßstab einer behördlichen Produktwarnung im Sinne von § 40 LFGB.[316] Letztlich wies das Gericht die Beschwerde wegen der Annahme eines gesundheitsschädlichen Lebensmittels im Sinne von Art. 14 Abs. 1, Abs. 2 a Verordnung (EG) 178/2002 jedoch zurück.[317] Unter Verweis auf das verfassungsrechtliche Übermaßverbot wurde aber eine Unzulässigkeit von Produktwarnungen für den Fall konstruiert, dass sie nicht (mehr) zur Zielerreichung erforderlich sind.[318] Diese Ausführung wird als wichtiger Hinweis für künftige Rechtstreitigkeiten angesehen, da inzident klargestellt wird, dass die Weitergabe der Informationen an das BVL nicht in einem rechtsfreien Raum erfolgt, sondern sich an den Maßstäben der Verhältnismäßigkeit messen lassen muss.[319]

Das OVG Lüneburg hingegen bezweifelte bereits, dass die Übermittlung einer RASFF-Meldung an die Europäische Kommission überhaupt einen Eingriff in Rechtsgüter der damaligen Antragstellerin bedeuten könne.[320] Die Zweifel an einer möglichen Beeinträchtigung grundrechtlich geschützter Positionen wurden auf eine fehlende Außenwirkung – die Veröffentlichung der RASFF-Meldung läuft anonym ab – gestützt.[321] Unter Verweis auf die Entscheidung des

314 VG München, Beschluss vom 09.11.2007, Az.: M 18 E 07.5017.

315 Vgl. hierzu VG Braunschweig, Beschluss vom 16.11.2007, Az.: 5 B 273/07.

316 *Voit*, ZLR 2008, 516 (518).

317 Vgl. VGH München, Beschluss vom 14.11.2007, Az.: 25 CE 07.2990, Rn. 10-juris

318 Vgl. VGH München, Beschluss vom 14.11.2007, Az.: 25 CE 07.2990, Rn. 8-juris

319 *Voit*, ZLR 2008, 516 (519)

320 OVG Lüneburg, ZLR 2008, S. 249 (252 f.).

321 OVG Lüneburg, ZLR 2008, S. 249 (252 f.).

VGH München wurde weiter ausgeführt, dass es jeweils in der Verantwortung der mit dem Vollzug konkret betroffenen Behörde läge, die Informationen über das Schnellwarnsystem erhalten habe, darüber zu entscheiden, ob und gegebenenfalls welche Maßnahme zur Gewährleistung der Lebensmittelsicherheit und Gesundheit zu treffen seien und in diesem Rahmen andererseits auch darüber zu befinden, ob und in welchem Umfang die Behörde durch behördliche Produktwarnungen aufgeklärt werden oder aber Vertraulichkeit der Informationen nach den inhaltlichen Maßstäben des Art. 52 Abs. 1 der Verordnung (EG) Nr. 178/2002 gewährleistet werden solle.[322] Dass ein Eingriff nicht vorliege, wurde im Wesentlichen darauf gestützt, dass die betroffenen Wirtschaftskreise über die Information im Internet die Warnung nicht mit einem bestimmten Hersteller in Verbindung bringen könnten, da eine anonymisierte Veröffentlichung stattfinde.[323]

Der Gedanke des fehlenden Eingriffs wurde auch vom Verwaltungsgericht Stuttgart[324] aufgegriffen. Auch das Verwaltungsgericht Stuttgart wies den Antrag auf Gewährung von einstweiligem Rechtsschutz gegen eine Einstellung in das Europäische Schnellwarnsystem RASFF ab, *„weil nicht erkennbar ist, dass die Weiterleitung des festgestellten Befundes durch den Antragsgegner im Wege der Schnellwarnmeldung die von der Antragstellerin befürchteten Nachteile, insbesondere eine Beeinträchtigung ihres geschäftlichen Rufes, mit sich bringen könnte."*[325] Maßgeblich wurde diese Auffassung darauf gestützt, dass es sich zunächst um eine interne Weiterleitung an eine weitere Behörde handele, die erst in die Lage versetzt werde, gegebenenfalls erforderliche weitere Schritte einzuleiten und damit eine zwingenden Veröffentlichung nicht verbunden sei.[326] Das Verwaltungsgericht Stuttgart stützte also seine Begründung maßgeblich auf den Umstand, dass es sich bei der Weiterleitung einer Schnellwarnung über das RASFF-System um einen rein behördeninternen Vorgang handeln soll und diesem keine Eingriffsqualität zuzusprechen sei. Ein potenzieller Eingriff wurde dabei auf eine mögliche Veröffentlichung „heruntergebrochen" und im Ergebnis abgelehnt. Unberücksichtigt blieb allerdings die Betrachtung der Einleitung des RASFF-Meldeverfahrens selbst.

---

322 OVG Lüneburg, ZLR 2008, S. 249 (253) mit Verweis auf VGH München, Beschluss vom 14.11.2007, Az.: 25 CE 07.2990.

323 Vgl. Voit, ZLR 2008, S. 516 (519).

324 VG Stuttgart, LRE 58, S. 325

325 VG Stuttgart, LRE 58, S. 325 (326)

326 VG Stuttgart, LRE 58, S. 325 (327 f.)

Demgegenüber verpflichtete das Verwaltungsgericht München[327] in einer späteren Entscheidung die beklagte Behörde dazu, es zu unterlassen, bezüglich bestimmter Lebensmittel eine Meldung für das Schnellwarnsystem zu erstellen. Bereits mit vorausgegangenem Beschluss hatte das Verwaltungsgerichts München[328] der Behörde durch Zwischenverfügung aufgegeben, es bis zur abschließenden Entscheidung über den Antrag gem. § 123 VwGO zu unterlassen, eine Schnellwarnung in das Europäische Schnellwarnsystem für Lebensmittel und Futtermittel (RASFF) im Sinne des Art. 50 der Verordnung (EG) Nr. 178/2002 einzustellen. Zur Begründung führte das Verwaltungsgericht München aus, dass die Einstellung einer Meldung in das Schnellwarnsystem auch für den betroffenen Unternehmer eine erhebliche Rechtsverletzung darstelle.[329]

Das Gericht sah durch die Einstellung der Schnellwarnmeldung insbesondere wegen erheblicher Imagenachteile und wirtschaftlicher Schäden das Recht am eingerichteten und ausgeübten Gewerbebetrieb im Sinne von Art. 14 Grundgesetz als verletzt an.[330]

c. *Literaturauswertung RASFF*

Auch die Ansichten in der Literatur gehen auseinander. Unter Bezugnahme auf den Beschluss des OVG Lüneburg[331] wird ausgeführt, dass das europäische Schnellwarnsystem für Lebensmittel und Futtermittel zur Verbesserung des Verbraucherschutzes beitrage, indem es die unverzügliche Verbreitung von Warnmeldungen vor potenziell gesundheitsschädlichen Lebensmitteln und Futtermitteln in ganz Europa ermögliche.[332] Derartige Warnmeldungen könnten ebenso schnell und europaweit finanzielle Schäden bei den betroffenen Unternehmen zur Folge haben, so dass sich im Falle eines Fehlalarms die Frage stellen würde, ob und wenn ja gegen wen Unternehmen Schadensersatzansprüche geltend machen könnten.[333] Diese Annahme indiziert das Vorliegen eines rechtfertigungsbedürftigen, grundsätzlich möglichen Eingriffs ausgehend von einer europaweiten Verbreitung einer Warnmeldung über das RASFF-Schnellwarnsystem. Dabei dürften die Überlegungen und Folgen eines Fehlalarms auch auf missverständliche und unvollständige

327 VG München, Urteil vom 26.09.2011, Az.: M 18 K 11.1445.

328 VG München, Beschluss vom 04.08.2011, Az.: M 18 E 11.1443 – juris.

329 VG München, Urteil vom 26.09.2011, Az.: M 18 K 11.1445, Rn. 34-juris.

330 VG München, Urteil vom 26.09.2011, Az.: M 18 K 11.1445, Rn. 35-juris.

331 OVG Lüneburg, ZLR 2008, S. 249 (252 f.).

332 *Gundel*, ZLR 2008, S. 159 (159).

333 *Gundel*, ZLR 2008, S. 159 (159).

Meldungen auszuweiten sein. Gundel verweist in seiner Veröffentlichung zur Haftungsprüfung für fehlerhafte Meldungen im EU-Schnellwarnsystem für Lebensmittel und Futtermittel auch auf das RAPEX-System, aus dem sich das RASFF-System entwickelt hat.[334]

Dem entgegen wird die Frage aufgeworfen, ob es überhaupt rechtlich zulässig sein könne, durch eine vorbeugende Unterlassungsklage in ein europaweit funktionierendes, behördeninternes Informationssystem einzugreifen.[335] Es gelte zu bedenken, dass das RASFF-Schnellwarnsystem zunächst als rein behördeninternes Informationssystem konzipiert worden sei und es erst am Ende der Informationskette gegebenenfalls zu einer Information der Öffentlichkeit komme.[336] Das Informationssystem sei frei von Einflüssen Dritter zu halten, da nur so ein reibungsloses Funktionieren und das Systemziel, sich innerhalb Europas schnell über von Lebensmitteln ausgehenden potenziellen Gefahren auszutauschen, zu gewährleisten sei.

Dem wird entgegen gehalten, dass die Funktionsfähigkeit des RASFF-Schnellwarnsytems ebenso wenig gefährdet sei, wie dies bei Gewährleistung von Rechtsschutz gegen Warnmeldungen deutscher Behörden der Fall ist.[337] Jegliche Rechtsschutzmöglichkeit als „Einflüsse Dritter" allein aus Gründen der Systemfunktionsfähigkeit und Effektivität per se zurückzuweisen, erschiene aus rechtsstaatlicher Sicht und rechtsstaatlichen Gründen insbesondere des Gebotes effektiven Rechtsschutzes bedenklich.[338]

Erwägungen des gesundheitlichen Verbraucherschutzes sind dogmatisch betrachtet doch eher „Schutzgut-Schwergewichte", die im Rahmen der Rechtfertigung eines bestehenden Eingriffes und als Teil einer Abwägung gerade unter Verhältnismäßigkeitsgesichtspunkten, der einzelnen kollidierenden und geschützten Rechtspositionen, zum Tragen kommen. Eine Ablehnung der Eingriffsqualität der Einstellung einer RASFF-Meldung vermag rechtlich nicht zu überzeugen.

Hieran ändert auch das Argument nichts, dass, sollten die Verwaltungsgerichte einen Eingriff von außen in dieses System zulassen, dies dazu führe, dass die Behörden aus anderen Mitgliedstaaten von vornherein der Möglichkeit beraubt würden, einen Sachverhalt eigenständig zu bewerten und gegebenenfalls

334 *Gundel*, ZLR 2008, S. 159 (160 ff.).

335 *Kraft*, ZLR 2008, S. 257 (260).

336 *Kraft*, ZLR 2008, S. 257 (260).

337 *Voit*, ZLR 2008, S. 516 (522).

338 Hierzu *Voit*, ZLR 2008, S. 516 (522), der im Interesse eines effektiven Rechtsschutzes einstweiligen Rechtsschutz gegen die Weitergabe der Information an das Warnsystem befürwortet.

zum Schutz der Verbraucher Maßnahmen zu ergreifen.[339] Sollten die Verwaltungsgerichte nämlich eine RASFF-Meldung ablehnen, steht jedenfalls gerichtlich geprüft fest, dass die Meldekriterien gem. Art. 50 Verordnung (EG) Nr. 178/2002 nicht erfüllt sind, es mit anderen Worten aus Sicht des europäischen Gesetzgebers einer Schnellwarnmeldung nicht bedarf. Der europäische Gesetzgeber hat gerade in der Verordnung (EG) Nr. 178/2002 (bewusst und aus gutem Grunde) strenge Voraussetzungen für eine echte RASFF-Schnellwarnung aufgestellt. Nur für den Fall, dass die tatbestandlichen Meldekriterien auch tatsächlich gegeben sind, besteht überhaupt erst eine Meldenotwenigkeit.

Der „inflationäre“ Umgang mit Schnellwarnmeldungen hat einen negativen Effekt zur Folge.[340] Insoweit ist eine umfassende und sorgfältige Prüfung des Sachverhaltes dahingehend, ob tatsächlich die RASFF-Meldekriterien erfüllt sind, angebracht, um durch sie das effektive Funktionieren des Systems und nicht zuletzt ein hohes Verbraucherschutzniveau zu gewährleisten. Eine sorgfältige Prüfung und Gewährung von Rechtsschutz gegen die Weitergabe von Information im Schnellwarnsystem liegt auch im Interesse des meldenden Mitgliedstaates, da durch sie etwaigen Amtshaftungsansprüchen vorgebeugt werden kann.[341]

Ausgehend von der Annahme, dass eine RASFF-Meldung als behördenintern anzusehen wäre und durch sie hervorgerufene Imageschäden oder Wettbewerbsnachteile nicht zu befürchten wären – zumindest solange die beteiligte Behörde ihrer Verschwiegenheitsplicht nachkommt – könnten gleichwohl Nachteile für das betroffene Unternehmen und mithin ein Eingriff bestehen.[342] Die Warnmeldung ziehe nämlich möglicherweise behördliche Maßnahmen wie z. B. die Information der Öffentlichkeit nach sich.[343] Diese Folgemaßnahmen wiederum seien dazu geeignet erhebliche Nachteile für die betroffenen Lebensmittelunternehmer mit sich zu bringen.[344] Deshalb wird die Frage aufgeworfen und bejaht, ob die Gefahr, dass aufgrund einer Warnmeldung weitere behördliche Maßnahmen, sei es auch nur in einem anderen europäischen Land, veranlasst werden, ausreichend sei, um eine Rechtsverletzung – also einen Eingriff – zu begründen.[345] Für die Qualifizierung als Grundrechtsbeeinträchtigung reiche bereits

339 *Kraft*, ZLR 2008, S. 257 (260).

340 So auch *Grube*, LMuR 2011, S. 21 (23) für das rechtliche Instrumentarium der Öffentlichkeitswarnung.

341 So *Voit*, ZLR 2008, S. 516 (522) unter Verweis auf *Gundel*, ZLR 2008, S. 159 (168 ff.).

342 *Zechmeister/van der Schoot*, ZLR 2008, S. 583 (593).

343 *Zechmeister/van der Schoot*, ZLR 2008, S. 583 (593).

344 *Zechmeister/van der Schoot*, ZLR 2008, S. 583 (593 f.).

345 *Zechmeister/van der Schoot*, ZLR 2008, S. 583 (594).

die Möglichkeit von Nachteilen aus, ohne dass es der gesicherten Feststellung behördlicher Folgemaßnahmen bedürfe.[346]

Soweit gegen eine Grundrechtsbeeinträchtigung ins Feld geführt wird, dass diese rein behördenintern ausgestaltet sei und eine Veröffentlichung lediglich anonym erfolge, wird entgegengehalten, dass es durch die Veröffentlichung der abstrakten Daten auf der Website der Europäischen Kommission und der Fachbehörden häufig möglich sei – zumindest unter Fachkennern in den Behörden und dem Publikum – das betroffene Unternehmen oder Produkt zu identifizieren.[347]

d. Rechtsprechung Finanzgerichtsbarkeit

Über die Rechtsprechung und Literatur zu dem RASFF-Schnellwarnsystem hinaus dürfte auch die Rechtsprechung der Finanzgerichtsbarkeit zum behördenübergreifenden Austausch von Steuerdaten einige interessante Aspekte bieten. Der Blick in dieses eigenständige Rechtsgebiet soll Aufschlüsse über die dort formulierten Voraussetzungen für eine solche Datenübermittlung liefern. Bedeutsam erscheint auch die Frage, ob im Steuerrecht die Datenübermittlung zwischen Behörden als ein rechtfertigungsbedürftiger Eingriff oder als reines Behördeninternum angesehen wird.

aa. Entscheidung Bundesfinanzhof vom 15.02.2006

Dem Bundesfinanzhof (BFH)[348] lag ein Antrag auf Erlass einer einstweiligen Anordnung vor, mit dem die Antragstellerin Rechtsschutz gegen eine Spontanauskunft des Finanzamtes (Deutschland) an die Steuerverwaltung eines anderen EU-Mitgliedstaates (Finnland) begehrte.

Die Antragstellerin verfolgte ihr Ziel mittels eines Rechtsanspruches auf Unterlassen der Auskunft, § 1004 BGB analog i. V. m. § 30 AO.[349] Der Antragstellerin wurde ein Anspruch auf Unterlassen gegen den zwischenstaatlichen Auskunftsaustausch in Steuersachen zuerkannt.[350] Der Mitteilung an Finnland sollte eine Zusammenstellung diverser Zahlungen und einiger Kopien von Provisionsabrechnungen beigefügt werden. Die Auskunft wurde als unbefugte

---

346 *Zechmeister/van der Schoot,* ZLR 2008, S. 583 (594).

347 *Schmidt,* Recht 2011, S. 231 (233); vgl. auch *Grube,* LMuR 2011, S. 21 (23 Fußnote 8), der darauf hinweist, dass immer wieder vollständige und detaillierte Meldungen, die sämtliche Produkt- und/oder Unternehmensangaben beinhalten, an die Öffentlichkeit gelangen und dort die Runde machen.

348 BFH, NJW-RR 2006, S. 1339 f.

349 Zu dieser Rechtsgrundlage BFHE 167, 11; BFHE 177, 242.

350 BFH, NJW-RR 2006, S. 1339 f.

Offenbarung der Verhältnisse der Antragstellerin bewertet, da sie durch Gesetz nicht ausdrücklich zugelassen sei.[351] Eine Auskunft könne nur erteilt werden, wenn tatsächliche Anhaltspunkte die Vermutung rechtfertigten, dass Steuern dieses Mitgliedstaates verkürzt worden seien beziehungsweise werden könnten.[352] Im konkreten Fall habe eine Verletzung des subjektiven Rechtes der Antragstellerin auf Wahrung des Steuergeheimnisses gedroht, wobei diese nicht von einer Rechtsgrundlage gedeckt werde; diese Verletzung könne so auch nicht mehr rückgängig gemacht werden[353] und könne nur durch den Erlass der einstweiligen Anordnung aufgehalten werden.[354]

bb. Entscheidung Finanzgericht Köln vom 20.12.2006

Das FG Köln[355] musste über die Frage entscheiden, ob die Erteilung einer Spontanauskunft an die US-Finanzbehörden zulässig ist. Der Antrag auf Erlass einer einstweiligen Anordnung wurde zwar für zulässig erachtet, aber schlussendlich als unbegründet zurückgewiesen. Der mögliche Anordnungsanspruch in der Zulässigkeitsprüfung wurde auf eine mögliche Verletzung des Steuergeheimnisses gestützt.[356] Das Gericht lehnte den Antrag auf Erlass einer einstweiligen Anordnung als unbegründet ab, da die Voraussetzungen für die Erteilung eine Spontanauskunft an die US-amerikanischen Steuerbehörden im Streitfall anzunehmen seien.[357]

cc. Zwischenergebnis Finanzgerichtsbarkeit

Zusammenfassend lässt sich festhalten, dass die Finanzgerichtsbarkeit bei Erteilung von Auskünften über Steuerdaten zwischen den deutschen Finanzbehörden und anderen Steuerbehörden (EU/Nicht-EU-Steuerbehörden) von einer rechtfertigungsbedürftigen Informationshandlung ausgeht.

Ausgangspunkt der rechtlichen Prüfungen ist das Steuergeheimnis nach § 30 AO. § 30 AO sichert den Datenschutz in Steuersachen und gewährleistet den notwendigen Schutz des Rechts auf informationelle Selbstbestimmung.[358] Das Steuergeheimnis schützt sowohl natürliche als auch juristische Personen.[359]

---

351 BFH, NJW-RR 2006, S. 1339 (1340).
352 BFH, NJW-RR 2006, S. 1339 (1340).
353 Hierzu verweist der BFH in seinem Urteil auf: BFHE 202, 411; NVwZ 2004, S. 348 .
354 BFH, NJW-RR 2006, S. 1339 (1340).
355 FG Köln, Beschluss vom 20.12.2006, Az.: 2 V 4096/06 – juris.
356 FG Köln, Beschluss vom 20.12.2006, Az.: 2 V 4096/06, Rn. 51 – juris.
357 FG Köln, Beschluss vom 20.12.2006,Az.: 2 V 4096/06, Rn. 59 – juris.
358 *Rüsken*, in: Klein, Abgabenordnung, § 30 Rn. 1; so auch *Stork*, DB 1994, S. 1321 (1322).
359 *Rüsken*, in: Klein, Abgabenordnung, § 30 Rn. 1.

Gem. § 30 Abs. 1 AO haben Amtsträger das Steuergeheimnis zu wahren. Eine Verletzung des Steuergeheimnisses ist z. B. grundsätzlich dann gegeben, wenn der Amtsträger Verhältnisse eines anderen, die ihm im Rahmen eines Verwaltungsverfahrens bekannt geworden sind, unbefugt offenbart, § 30 Abs. 2 Nr. 1 und Nr. 2 AO. Die Weitergabe von Daten stellt also eine Durchbrechung des Steuergeheimnisses dar und bedarf somit einer gesetzlichen Grundlage.[360] Unbefugt ist die Weitergabe immer dann, wenn sie ohne Rechtfertigungsgrund geschieht.[361] Vor diesem Hintergrund kann eine unbefugte Offenbarung auch innerhalb derselben Behörde stattfinden.[362] Ferner bedarf auch die Offenbarung gegenüber einem anderen Amtsträger derselben Behörde ebenso wie die Offenbarung gegenüber anderen Behörden eines Rechtfertigungsgrundes.[363]

Zulässig ist eine Offenbarung der Erkenntnisse nur in den in § 30 Abs. 4 und Abs. 5 AO geregelten Fällen. Die finanzbehördliche Entscheidung über die Zulässigkeit der Weitergabe von Steuerdaten ist gerichtlich voll überprüfbar.[364]

Die behördeninterne oder -übergreifende Weitergabe von Daten ist im Steuerrecht nur in gesetzlich vorgeschriebenen Grenzen rechtmäßig. Die Weitergabe von Daten wird wegen ihrer besonderen (grund-)rechtlichen Relevanz unter den Gesetzesvorbehalt gestellt.

Die Weitergabe von Steuerdaten wird grundsätzlich als rechtfertigungsbedürftiger Eingriff angesehen. Auch die Übermittlung von Steuerdaten erfolgt rein „behördenintern", was jedoch nichts an ihrer Eingriffsqualität ändert.[365]

e. *Rechtsprechung Bundesverwaltungsgericht*

Das Bundesverwaltungsgericht[366] musste über einen Antrag auf Erlass einer einstweiligen Anordnung entscheiden, mit dem sich der Antragsteller im

---

360 *Rüsken*, in: Klein, Abgabenordnung, § 30 Rn. 11; *Stork*, DB 1994, S. 1321 (1322).

361 *Rüsken*, in: Klein, Abgabenordnung, § 30 Rn. 58.

362 *Rüsken*, in: Klein, Abgabenordnung, § 30 Rn. 58; *Intemann*, in: Pahlke/Koenig, Abgabenordnung, § 30 Rn. 98.

363 *Rüsken*, in: Klein, Abgabenordnung, § 30 Rn. 58; *Intemann*, in: Pahlke/Koenig, Abgabenordnung, § 30 Rn. 98; siehe hierzu auch *Lorscheider*, Die Ermittlungsbefugnisse der Finanzbehörden im Kapitalertragsteuerverfahren des Bankkunden, S. 81 ff., der für den speziellen Fall einer Weiterleitung von Daten an die Veranlagungsstelle des Erben einen Eingriff in das Recht auf informationelle Selbstbestimmung gem. Art. 1 Abs. 1 i. V. m. Art. 2 Abs. 1 GG bei Beachtung der steuerlichen Zweckbindung ablehnt.

364 *Rüsken*, in: Klein, Abgabenordnung, § 30 Rn. 208.

365 So auch *Voit*, ZLR 2008, S. 516 (520).

366 BVerwG, NVwZ-RR 2000, S. 760 ff.

Rahmen eines Planfeststellungsverfahrens gegen die Weitergabe einer von ihm beim Antragsgegner erhobenen Einwendung an die Vorhabenträger wendete.[367] Im Ergebnis lehnte das Bundesverwaltungsgericht den Antrag als zulässig aber unbegründet ab. In seiner Entscheidung betonte das Gericht, dass § 44 a (VwGO) dem begehrten Rechtsschutz nicht entgegenstehe.[368] Gem. § 44 a Satz 1 VwGO können Rechtsbehelfe gegen behördliche Verfahrenshandlungen nur gleichzeitig mit den gegen die Sachentscheidung zulässigen Rechtsbehelfen geltend gemacht werden.[369] Dieser Grundsatz gilt nicht, wenn behördliche Verfahrenshandlungen vollstreckt werden können oder gegen einen Nichtbeteiligten ergehen, § 44 a Satz 2 VwGO.

Ungeachtet dieser Vorschrift wurde der Antrag auf Erlass einer einstweiligen Anordnung für zulässig befunden. Das Bundesverwaltungsgericht führte aus, dass es Art. 19 Abs. 4 GG gebiete, den Antrag in verfassungskonformer Auslegung von § 44 a Satz 2 VwGO als statthaft anzusehen, da der Rechtsschutz gegen den Planfeststellungsbeschluss, auf den der Antragsteller ansonsten verwiesen werden müsste, nicht hinreichend wäre, um die geltend gemachte Verletzung des Rechts auf informationelle Selbstbestimmung[370], die sich bereits durch die Weitergabe der Einwendung an die Vorhabenträger realisieren würde, effektiv abzuwehren.[371] Auch in diesem rechtlichen Kontext wurde grundsätzlich ein möglicher Eingriff in rechtlich geschützte Positionen angenommen und die mögliche Inanspruchnahme von verwaltungsgerichtlichem Rechtsschutz bejaht.[372]

Da die Vorhabenträger auf den ersten Blick juristische Personen des Privatrechts sind, erscheint der Aussagegehalt für die Grundrechtsrelevanz einer behördeninternen Weiterleitung zunächst gering. Privatunternehmen unterliegen (nur) einer mittelbaren Grundrechtsbindung.[373] Sie leiten dem Grunde nach

367 Zum vorläufigen Rechtsschutz im Planfeststellungsrecht ausführlich: *Kuhla*, NVwZ 2002, S. 542 ff.

368 BVerwG, NVwZ-RR 2000, S. 760 (760).

369 Informativ: *Kopp/Schenke*, VwGO, § 44 a Rn. 1 ff.

370 Zur Grundrechtsrelevanz der Veröffentlichung von Einwendungen im Planfeststellungsverfahren für Art. 2 Abs. 1 i. V. m. Art. 2 Abs. 1 GG: BVerfGE 77, S. 121 (123).

371 BVerwG, NVwZ-RR 2000, S. 760 (760) m.w.N.; *Kuhla*, NVwZ 2002, S. 542 (549); vgl. hierzu auch *Voit*, ZLR 2008, S. 516 (521 ff.), der diese Entscheidung des BVerwG als Argument dafür heranzieht, die Zulässigkeit eines Antrags auf Erlass einer einstweiligen Anordnung gegen eine drohende RASFF-Schnellwarnmeldung zu bejahen.

372 So auch: *Kuhla*, NVwZ 2002, S. 542 (550).

373 *Weber*, VR 2011, S. 178 (179).

Rechte und keine Pflichten aus den Grundrechten ab.[374] Bedient sich der Staat allerdings privater Handlungsformen führt dies nicht in einen grundrechtsfreien Raum.[375] Auch wenn sich staatliche Gewalt zivilrechtlicher Handlungsformen bedient, unterliegt sie noch immer der Grundrechtsbindung gemäß Art. 1 Abs. 3 GG.[376] Beherrscht der Staat ein gemischtwirtschaftliches Unternehmen, das privatrechtlich organisiert ist, unterliegt dieses, ebenso wie solche Unternehmen an denen der Staat Alleineigentum trägt, einer unmittelbaren Grundrechtsbindung.[377] Gemischtwirtschaftliche Unternehmen sind Gesellschaften an denen auch Private eine Beteiligung aufweisen, auf die die öffentliche Gewalt allerdings wegen ihrer Kapitalmehrheit oder in Ausgestaltung des Gesellschaftervertrages eine beherrschende Stellung besitzt.[378] Es kommt also auf die Anteilsverhältnisse der Betreibergesellschaft an.[379] Liegen die Anteile der öffentlichen Hand bei mehr als 50 Prozent, ist von einer Beherrschung auszugehen.[380] Die Zuordnung zur öffentlichen Gewalt kann schließlich nur einheitlich erfolgen.[381]

Die Entscheidung betrifft den Ausbau des Flughafens Berlin-Schönefeld. Einer der Vorhabenträger ist die Flughafen Berlin-Schönefeld GmbH. An dieser sind das Land Berlin (37 % der Stammeinlagen), das Land Brandenburg (37 %) sowie der Bund (26 %) beteiligt.[382] Wegen dieser Beteiligungsstruktur der öffentlichen Hand ist eine Grundrechtsbindung anzunehmen. Es handelt sich

---

374 *Hammer*, DÖV 2011, S. 761 (762).

375 *Poppen*, in: Gloy/Loschelder/Erdmann, Wettbewerbsrecht, § 66 Rn. 14.

376 BVerfG, NJW 2011, S. 1201 (1202).

377 BVerfG, NJW 2011, S. 1201 (1202); *Weber*, VR 2011, S. 178 (179); *Hammer*, DÖV 2011, S. 761 (765); *Krüger*, DÖV 2012, S. 837 (839); a. A. wohl *Pfeiffer*, LMK 2011, S. 322526.

378 *Müller-Franken*, in: Schmidt-Bleibtreu/Hofmann/Hopfauf, Grundgesetz, Vorb. Art. 1 Rn. 29; *Weber*, VR 2011, S. 178 (179).

379 *Krüger*, DÖV 2012, S. 837 (840).

380 *Krüger*, DÖV 2012, S. 837 (842); unter Verweis auf das Urteil des BVerfG, *Sachs*, JuS 2011, S. 665 (666 und 668).

381 *Krüger*, DÖV 2012, S. 837 (840).

382 *Senatsverwaltung für Finanzen Berlin*, Beteiligungsbericht 2011, Band 2 – Lagebericht 2010 – mit Erklärung zum Berliner Corporate Governance Kodex, S. 358 (im Internet abrufbar unter: www.parlament-berlin.de/ados/17/IIIPlen/vorgang/d17-0239%20Band%202.pdf (zuletzt abgerufen am 24.02.2014); *Bundesministerium der Finanzen*, Die Beteiligung des Bundes, Beteiligungsbericht 2011, S. 65 (im Internet abrufbar unter: www.bundesfinanzministerium.de/Content/DE/Standardartikel/Themen/Bundesvermoegen/Privatisierungs_und_Beteiligungspolitik/Beteiligungen_des_Bundes/beteiligungberichte-archiv-anlage-6.pdf?__blob=publicationFile&v=2 (zuletzt abgerufen am 24.02.2014).

demnach um eine „innerbehördliche" bzw. innerstaatliche Weiterleitung von personenbezogenen Daten.

Auch die Weitergabe personenbezogener Daten durch das Bayerische Ministerium des Inneren an die Landeshauptstadt München stellt einen Eingriff in das Recht auf informationelle Selbstbestimmung dar.[383] Mit der behördeninternen Datenübermittlung geht – selbst für bereits bekannt Tatsache – eine erneute Erinnerung einher, die die Information nicht als belanglose Datenübermittlung, sondern vielmehr als Eingriff in das Grundrecht auf informationelle Selbstbestimmung qualifiziert.[384]

Die behördeninterne Weiterleitung und Übermittlung von Daten und Informationen ist nicht per se als grundrechtlich nicht relevant abzutun. Es liegt vielmehr nahe, auch derartige Datenübermittlungen einer genauen Analyse auf ihre grundrechtliche Relevanz hin zu unterziehen. Wird die umfassende Verfügungsbefugnis begrenzt, stellt dies einen Eingriff dar, der einer gesetzlichen Ermächtigungsgrundlage bedarf.[385] Für eine Legitimation reicht allerdings die einfache Tatsache, dass es sich um einen Austausch zwischen öffentlichen Stellen handelt, nicht aus.[386]

f. RAPEX als Eingriff

Nunmehr wird unter Einbeziehung der vorausgegangenen Darstellungen untersucht, ob und inwieweit der Weiterleitung einer RAPEX-Meldung beziehungsweise der Initiierung des RAPEX-Meldeverfahrens Eingriffscharakter beizumessen ist. In diesem Kontext werden unterschiedliche Argumentationsansätze dargestellt und diskutiert. Untrennbar mit der Frage verbunden, ob ein Eingriff anzunehmen ist oder nicht, ist die Ein- und Abschätzung, welche rechtlichen Folgen aus einer RAPEX-Meldung beziehungsweise deren Weiterleitung selbst erwachsen können.

aa. Nationale Maßnahmen wirken europaweit

Rein rechtlich betrachtet entfalten nationale (deutsche) Anordnungen von marktbezogenen Maßnahmen eine auf die Bundesrepublik Deutschland begrenzte und beschränkte Wirkung. Das nationalstaatliche Ge- oder Verbot

---

383 *BVerwG*, NJW 2005, S. 2330 (2330).
384 *BVerwG*, NJW 2005, S. 2330 (2331).
385 *Denninger*, Das Recht auf informationelle Selbstbestimmung, S. 127 (135).
386 *Simitis*, NJW 1986, S. 2795 (2798).

ist weder für die Mitgliedstaaten der Europäischen Union noch für den Wirtschaftsakteur europaweit bindend.

Das Gebot ist dabei auf die beabsichtigten Maßnahmen der Marktüberwachungsbehörde gerichtet, namentlich das Produkt im B2B-Bereich zurückzunehmen oder, soweit es den Verbraucher bereits erreicht hat, zurückzurufen. Die Verbotswirkung ist der Anordnung einer marktbezogenen Maßnahme zumindest vorübergehend immanent. Selbstverständlich ist ein unstreitig unsicheres, weil gesundheitsschädliches, Produkt auch nicht verkehrsfähig, darf also nicht länger auf dem Markt bereitgestellt werden. Dies gilt zumindest vorübergehend, da es praktisch häufig der Fall sein wird, dass ein Produkt – gerade dann, wenn es sich um ein höherwertiges handelt – nach z. B. einem öffentlichen Rückruf und einer von Seiten der Hersteller durchgeführten Nachbesserung (insbesondere der Wiederherstellung der Produktsicherheit) als verkehrsfähiges Produkt genutzt werden kann. Löst beispielsweise ein klemmendes Bremspedal bei einem PKW einen öffentlichen Rückruf durch den Automobilhersteller aus, so kann der PKW, nachdem eine technische Lösung gefunden und umgesetzt wurde, wieder an die Verbraucher herausgegeben werden. Derartige Nachbesserungen sind in der Automobilbranche nicht selten, sondern üblich. Aus dem ursprünglich unsicheren Produkt PKW wird nach erfolgreicher Nachbesserung ein sicheres Produkt.

Häufig wird die Anordnung einer marktbezogenen Maßnahme auch mit einer Untersagungsverfügung einhergehen. Dem Wirtschaftsakteur wird also untersagt, ein Produkt auf dem Markt bereitzustellen.

All diesen Anordnungen ist es jedoch gemein, dass sie keine Wirkung für die übrigen europäischen Mitgliedstaaten entfalten.[387] Gerade in Fällen, in denen der Wirtschaftsakteur die Inanspruchnahme von gerichtlichem Rechtsschutz prüft, wird die hoheitliche marktbezogene Maßnahme in einem Über-/Unterordnungsverhältnis ergangen sein. Der Wirtschaftsakteur sieht also keine (sicherheitsrechtliche) Veranlassung dazu, die Vermarktung einzuschränken. Die Bereitschaft des Wirtschaftsakteurs, eine gleichwohl angeordnete marktbezogene Maßnahme freiwillig auch europaweit zu beachten, wird überschaubar ausfallen. In diesem Stadium bliebe die angeordnete marktbezogene Maßnahme rein auf das Bundesgebiet beschränkt. Für den Erlass einer gesamteuropäischen Verbotsanordnung fehlt es der nationalen Marktüberwachungsbehörde an der notwenigen Zuständigkeit.

387 So im Ergebnis auch *Weller*, GewArch 2005, S. 107 (108); der der Reichweite einer Untersagungsverfügung nach § 8 Abs. 4 GPSG im europäischen Kontext nachgeht.

Mit Einleitung des RAPEX-Meldeverfahrens wird der faktische Wirkungsbereich einer angeordneten marktbezogenen Maßnahme jedoch stark erweitert. Zur Wirkung einer Untersagungsverfügung, die von den nationalen Marktüberwachungsbehörden über die Europäische Kommission kommuniziert wird, schreibt Weller: „*Die Untersagungsverfügung entfaltet ihre Wirkung nicht direkt in den anderen Mitgliedstaaten, in dem die anderen Mitgliedstaaten die Verwaltungsakte gegenseitig anerkennen, sondern es kommt nur zu einer indirekten Wirkung. Hält die Europäische Kommission die Maßnahme eines Mitgliedstaates für gerechtfertigt, teilt sie dies den anderen Mitgliedstaaten mit*“.[388]

Diese Überlegung ist nicht allein auf die indirekte europaweite Wirkung einer Untersagungsverfügung begrenzt, sondern auf alle angeordneten marktbezogenen Maßnahmen übertragbar.

An dieser Stelle sind noch einmal vertiefend die hier entscheidenden rechtlichen Folgen, die eine RAPEX-Meldung mit sich bringen kann, aufzugreifen, wobei zwischen den „echten“ RAPEX-Meldungen gem. Art. 12 Abs. 1 und den Informationsmeldungen nach Art. 11 Produktsicherheitsrichtlinie 2001/95/EG zu differenzieren ist.

(1) Folgen einer RAPEX-Meldung gemäß Art. 12 Abs. 1 Produktsicherheitsrichtlinie 2001/95/EG

Die potenziellen mit einer RAPEX-Meldung einhergehenden Folgen können anhand des Verfahrensherganges verdeutlicht werden.

Eine deutsche Marktüberwachungsbehörde veranlasst, dass ein Produkt, von dem ein ernstes Gesundheitsrisiko für den Verbraucher ausgeht, vom Markt genommen wird und meldet den Vorgang sowie die von ihr getroffenen marktbezogenen Maßnahmen über das RAPEX-Meldeverfahren an die Europäische Kommission. Diese leitet die RAPEX-Meldung an die anderen europäischen Mitgliedstaaten weiter. Die Verpflichtungen der Europäischen Kommission und der meldungsempfangenden Mitgliedstaaten sind in Art. 12 Abs. 2 Produktsicherheitsrichtlinie 2001/95/EG geregelt, wonach die Europäische Kommission bei Erhalt einer Art. 12 Abs. 1 Produktsicherheitsrichtlinie 2001/95/EG RAPEX-Meldung, die eingehende RAPEX-Meldung auf ihre Übereinstimmung mit diesem Artikel und mit den Vorschriften für die Funktionsweise von RAPEX hin überprüft. Sodann wird sie den übrigen Mitgliedstaaten zur Verfügung gestellt, die ihrerseits der Europäischen Kommission unverzüglich mitteilen, welche Maßnahmen sie ergriffen haben. Nach Anhang II Nr. 6 b

388 *Weller*, GewArch 2005, S. 107 (108).

Produktsicherheitsrichtlinie 2001/95/EG sind die empfangenden Mitgliedstaaten dazu verpflichtet, mitzuteilen, welche Maßnahmen in Bezug auf das betreffende Produkt sie angesichts der Gegebenheiten in ihrem Land gegebenenfalls ergreifen. Die Rückmeldung muss eine Begründung für eventuell abweichend veranlasste oder unterlassene Maßnahmen enthalten. Dies gilt insbesondere dann, wenn eine abweichende Einschätzung der Gefahr unterstellt wird.

Auch wenn der Richtlinienwortlaut mit einigen Relativierungen arbeitet, ist offensichtlich, dass im Regelfall die empfangenden Mitgliedstaaten nicht unabhängige und selbstständige Entscheidungen treffen. Ihnen wird ein nur sehr kleiner und zwingend begründungsbedürftiger Spielraum zugesprochen, der es überhaupt nur zulässt, von den ursprünglichen Maßnahmen des meldenden Mitgliedstaates abzuweichen. Dies wird noch einmal dadurch potenziert, dass der Mitgliedstaat dazu verpflichtet ist, nach Erhalt einer Meldung die darin übermittelten Informationen zu prüfen und geeignete Maßnahmen zu ergreifen, um zu beurteilen, welche präventiven und restriktiven Maßnahmen bezüglich des gemeldeten, auf seinem Markt gefundenen, Produktes ergriffen werden sollen; hierbei hat er, und dies ist für den tatsächlich verbleibenden Entscheidungsspielraum doch entscheidend, zu berücksichtigen, welche Maßnahmen der meldende Mitgliedstaat ergriffen hat und welche besonderen Umstände es eventuell rechtfertigen könnten, andere oder keine Maßnahmen zu ergreifen.[389]

Die Formulierung macht deutlich, dass es dem empfangenden Mitgliedstaat nur unter „besonderen Umständen" überhaupt erlaubt sein soll, von der Ursprungsmaßnahme des meldenden Mitgliedstaates abzuweichen. Eine Abweichung ist nicht ohne Weiteres möglich, sondern bedarf einer „Rechtfertigung", sowohl für den Fall, dass keinerlei Maßnahmen als auch für den Fall, dass nur eingeschränkte Maßnahmen (als Maßstab dient auch hier wieder die Maßnahme des meldenden Mitgliedstaates) ergriffen werden sollen. Im Umkehrschluss bedeutet dies, dass der empfangende Mitgliedstaat dem Grunde nach der empfangenen RAPEX-Meldung gem. Art. 12 Abs. 1 Produktsicherheitsrichtlinie 2001/95/EG und den darin geschilderten Maßnahmen nachzukommen hat.

Sollten keine besonderen rechtfertigenden Umstände vorliegen, ist der empfangende Mitgliedstaat ausweislich der europarechtlichen Ausgestaltung an die Entscheidung und die durch den meldenden Mitgliedstaat getroffenen Maßnahmen gebunden. Der meldende Mitgliedstaat schafft durch rechtliche Qualifizierung seines Vorganges zu einer RAPEX-Meldung im Sinne von Art. 12 Abs. 1 Produktsicherheitsrichtlinie 2001/95/EG eine europarechtliche Verpflichtung

389 Vgl. Anhang zur Entscheidung 2010/15/EU Anlage 5 Ziffer 3.7.2.

beziehungsweise Bindungswirkung für den empfangenden Mitgliedstaat. Der empfangende Mitgliedstaat sieht sich der Verpflichtung ausgesetzt, seinerseits mit den Ursprungsmaßnahmen vergleichbare Folgemaßnahmen zu veranlassen.[390] Will er hingegen von den Ursprungsmaßnahmen abweichen, muss er sich beziehungsweise die von ihm getroffene Maßnahme in einem formalisierten Verfahren rechtfertigen. Eine souveräne Entscheidung des empfangenden Mitgliedstaates dürfte damit rein praktisch – zumindest oftmals – stark eingeschränkt sein. Weitüberwiegend wird auf eigene Untersuchungen, eine eigene Risikobewertung und eine mögliche kontroverse Diskussion mit der Europäischen Kommission und dem meldenden Mitgliedstaat und unter Umständen sogar sämtlichen anderen Mitgliedstaaten verzichtet werden. Der empfangende Mitgliedstaat wird somit genau die gleiche Maßnahme wie der meldende Mitgliedstaat veranlassen.

Die Herausforderungen und Aufgaben der Marktüberwachungsbehörden sind im Bereich der Verbraucherprodukte in den vergangenen Jahren stetig gestiegen. Die denkbare Produktpalette ist schier unüberschaubar. Mit ihr geht eine Vielzahl unterschiedlicher technischer wie rechtlicher Anforderungen einher, die oftmals nur noch mit einem erheblichen Spezialisierungsgrad zu überblicken sind. Zudem wird den Marktüberwachungsbehörden ein sehr hoher Stichprobenschlüssel auferlegt, der mit der momentanen Personalausstattung – wenn überhaupt – nur sehr schwer zu erfüllen sein dürfte. Vor diesem Hintergrund dürften Motivation und verfügbare Ressourcen – verständlicherweise – nicht dafür ausreichen, jede eingehende RAPEX-Meldung noch einmal grundsätzlich zu überprüfen. Echte Warnmeldungen besitzen eine Art Vertrauensschutz. Der meldungsempfangende Mitgliedstaat wird überwiegend – und das durchaus zu Recht – davon ausgehen, dass er sich auf die inhaltlich richtige und sorgfältige Prüfung und Bewertung des Vorgangs durch den meldenden Mitgliedstaat verlassen kann. Eine RAPEX-Meldung besitzt die Aura der Überzeugung und Ernsthaftigkeit.

Immer dann, wenn die Rahmenbedingungen der Vermarktung im meldenden und empfangenden Mitgliedstaat vergleichbar sind (dies wird sehr häufig der Fall sein), wird dem empfangenden Mitgliedstaat (genauer der zuständigen Marktüberwachungsbehörde) nur ein geringer Entscheidungsspielraum verbleiben.

---

390 Die Europäische Kommission bringt zum Ausdruck, dass sie danach strebe sowohl die Effizienz als auch die Sichtbarkeit der Ergebnisse durch Folgemaßnahmen und eine effektive Kommunikation zu verbessern, Europäische Kommission, Sicherheit für europäische Verbraucher, Jahresbericht 2012 über das Schnellwarnsystem für gefährliche Produkte ausgenommen Lebensmittel RAPEX, S. 5.

Auch spricht einiges – zumindest unter rein formaler Betrachtungsweise – für ein amtspflichtwidriges Verhalten, wenn ohne sachliche Rechtfertigung bei vergleichbarer oder gleicher Sachverhaltslage eine andere oder gar keine Maßnahme durch den meldungsempfangenden Mitgliedstaat ergriffen würde.

Nicht zuletzt bleibt eine RAPEX-Meldung einem ernsten Gesundheitsrisiko vorbehalten. Auch das hochrangige Schutzgut der Verbrauchergesundheit sowie der hohe Risikograd tragen dazu bei, dass der empfangende Mitgliedstaat „lieber auf Nummer sicher geht" und die gemeinschaftliche Maßnahme, wie sie von dem meldenden Mitgliedstaat präsentiert wird, ebenfalls ergreifen wird.

Hieran vermag auch die Rechtsprechung[391] und Literatur[392] nichts zu ändern. Ungeachtet der Frage, ob sich diese Ausführungen zum Lebensmittelrecht überhaupt auf das Produktsicherheitsrecht übertragen lassen, sind diese nicht sonderlich überzeugend. Es wird ausgeführt, dass es in der Verantwortung der jeweils im Vollzug konkret betroffenen Behörden liege, die Informationen über das Schnellwarnsystem erhalten habe, einerseits darüber zu entscheiden, ob und gegebenenfalls welche Maßnahmen zur Gewährleistung der Lebensmittelsicherheit und Gesundheit zu treffen seien, und in diesem Rahmen andererseits auch darüber zu befinden, ob und in welchem Umfang die Öffentlichkeit durch behördliche Produktwarnungen aufgeklärt werden oder aber Vertraulichkeit der Information nach den inhaltlichen Maßnahmen des Art. 52 Abs. 1 Verordnung (EG) Nr. 178/2002 gewährleistet werden solle.[393] Im Vordergrund des RASFF-Schnellwarnsystems stehe es, die anderen Mitgliedstaaten im Falle eines bestimmten Sachverhaltes überhaupt erst in die Lage zu versetzen, zu prüfen, ob bestimmte Maßnahmen ergriffen werden sollen.[394]

Auch das Verwaltungsgericht Stuttgart stellte darauf ab, dass allein die Weiterleitung der relevanten Informationen im Sinne der Verordnung (EG) Nr. 178/2002 über das Schnellwarnsystem an die Mitgliedstaaten noch keine Veröffentlichung darstelle und damit auch keine öffentlichkeitsbedingte Schädigung mit sich brächte.[395]

Der empfangende Mitgliedstaat träfe eigenständige Entscheidungen auf Grundlage eines ihm über das Schnellwarnsystem gemeldeten Sachverhaltes,

---

391 OVG Lüneburg, ZLR2008, S. 249; VG Stuttgart, LRE 58, 325 (327 f.).

392 So *Kraft*, ZLR 2008, S. 257 (260 f.) zum RASFF-Schnellwarnsystem.

393 VGH München, Beschluss vom 14.11.2007, Az.: 25 CE 07.2990-juris; OVG Lüneburg, ZLR 2008, S. 249 (252 f.).

394 So *Kraft*, ZLR 2008, S. 257 (260), der sogar grundsätzlich die Gewährung von Rechtsschutz ablehnt.

395 VG Stuttgart, LRE 58, 325 (327 f.).

weshalb der Meldeakt ein rein behördeninternes Verwaltungshandeln darstelle, das nicht in die Rechtspositionen des Wirtschaftsakteurs eingreife.[396]

Dem Grunde nach stellt sich bereits die Frage, ob die dogmatisch zum Teil verwirrenden Entscheidungen zum RASFF-Schnellwarnsystem überhaupt eine Aussagekraft besitzen, beziehungsweise auf die Rechtslage des RAPEX-Schnellwarnsystems übertragbar sind. Dies ist nur bedingt der Fall.

Vordergründig stützten sich die Verwaltungsgerichte in ihren Entscheidungen auf den Umstand – was zugegebenermaßen auch den zu entscheidenden Sachverhalten geschuldet war – ob die Einstellung in das RASFF-Schnellwarnsystem gleichbedeutend mit einer Information der Öffentlichkeit im Sinne von Art. 10 Verordnung (EG) Nr. 178/2002 beziehungsweise § 40 Abs. 1 LFGB ist. Diese Frage ist jedoch für die hier interessierende Konstellation nicht bedeutsam. Im Zentrum der Überlegung steht vielmehr der Umstand, dass über das RAPEX-Meldeverfahren (in der Regel) eine bereits ergriffene Maßnahme an sämtliche Mitgliedstaaten kommuniziert wird und dieser damit mittelbar faktisch eine gesamteuropäische Bedeutung und Wirkung zukommt. Unabhängig davon, ob es sich bei der konkret veranlassten Maßnahme um eine öffentlichkeitswirksame handelt oder nicht, gewinnt eine behördliche Maßnahme eine europaweite Wirkung. Die für den Wirtschaftsakteur daraus resultierende Intensivierung ist offensichtlich. Die ursprüngliche, rein national wirkende Maßnahme gilt nahezu automatisch in sämtlichen Mitgliedstaaten.

Ein wichtiger Unterschied zwischen dem RASFF- und dem RAPEX-Schnellwarnsystem wird darin gesehen, dass Meldungen im Fall von RAPEX nur dann weitergegeben werden, wenn die Behörde sich zu einem Tätigwerden entschlossen hat.[397] Diese – wenn im Ergebnis auch richtige Argumentation – ist allerdings differenziert zu betrachten. Zugegeben wird in der Grundkonstellation einer RAPEX-Meldung eine behördliche Maßnahme vorausgesetzt, die dann an die anderen Mitgliedstaaten kommuniziert wird. Dies gilt jedoch nicht ausnahmslos. Eine behördlich angeordnete Maßnahme ist keine zwingende Voraussetzung für eine RAPEX-Meldung. Diese ist vielmehr Voraussetzung für Mitteilungen an die BAuA gem. § 30 Abs. 1 ProdSG. Zwingend ist gerade keine Maßnahme im Über-/Unterordnungsverhältnis. Auch eine freiwillige Maßnahme des Wirtschaftsakteurs reicht aus. Ferner ist es nicht obligatorisch, dass eine Maßnahme, gleichgültig ob freiwillig oder mittels behördlicher Anordnung

---

396 *Müller*, Die Bewältigung von Lebensmittelrisiken durch Risikokommunikation, S. 77.

397 *Voit*, ZLR 2008, S. 516 (522).

durchgesetzt, bereits getroffen wurde. Es reicht bereits eine beabsichtigte, also künftig noch zu treffende Maßnahme aus, § 30 Abs. 1, 2. Alt. ProdSG.

Dem gegenüber wird in Art. 50 Abs. 2 Satz 1 Verordnung (EG) Nr. 178/2002 wie folgt ausgeführt: „Liegen einem Mitgliedstaat des Netzes Informationen über das Vorhandensein eines ernsten unmittelbaren oder mittelbaren Risikos für die menschliche Gesundheit vor, das von Lebensmitteln oder Futtermitteln ausgeht, so werden diese Informationen der Kommission unverzüglich über das Schnellwarnsystem gemeldet".

Allerdings wird auch in Art. 50 Abs. 3 a Verordnung (EG) Nr. 178/2002 die ausdrückliche Verpflichtung für die Mitgliedstaaten formuliert, dass sämtliche von ihr ergriffenen Maßnahmen zur Beschränkung des Inverkehrbringens von Lebens- oder Futtermitteln oder zur Erzwingung ihrer Rücknahme vom Markt oder ihres Rückrufes aus Gründen des Gesundheitsschutzes in Fällen, in denen rasches Handeln erforderlich ist, unverzüglich an die Europäische Kommission über das Schnellwarnsystem zu melden sind.

Praktisch dürfte die Grundkonzeption demnach vergleichbar sein. Dies gilt zumindest dann, wenn ein noch im Markt befindliches Lebensmittel oder Produkt festgestellt wurde, das nachweislich unsicher ist. In diesen Fällen wird immer ein behördliches Vorgehen veranlasst sein, unabhängig davon, ob dieses in einer freiwilligen Maßnahme oder einer behördlich angeordneten Maßnahme endet.

Im Ergebnis kann es für die Frage eines Eingriffes nicht darauf ankommen, ob dieser unmittelbar eintritt oder mittelbar durch eine weitere Marktüberwachungsbehörde vorhersehbar erfolgt. Auch mittelbar faktisches Handeln der Behörden kann nämlich Eingriffsqualität besitzen. Ein Eingriff muss auch dann angenommen werden, wenn eine Maßnahme zurechenbar von einer Behörde eines Mitgliedstaates unter Inanspruchnahme des formalisierten RAPEX-Meldeverfahrens und der dadurch begründeten produktsicherheitsrechtlichen Bindungs- und Handlungsverpflichtung europaweit über das Netzwerk kommuniziert wird, mit der Folge, dass es vorhersehbar zu gleichen beziehungsweise vergleichbaren Folgemaßnahmen durch die übrigen Mitgliedstaaten kommt beziehungsweise kommen muss. In diesem Zusammenhang von einem rein behördeninternen Akt zu sprechen, der per se nicht in die Rechte der Wirtschaftsakteure eingreift, ist also rechtlich nicht haltbar. Insbesondere bei echten Warnmeldungen sind die behördlichen Folgemaßnahmen nicht nur potenziell möglich oder eine vage Perspektive, sondern hinreichend bestimmt und absehbar. Dies geht einher mit der europarechtlichen, sich aus der RAPEX-Meldung selbst ergebenden Handlungsverpflichtung der Mitgliedstaaten. Immerhin geht es darum, die Verbraucher vor möglichen Gesundheitsschäden zu bewahren, also Gefahrenabwehr.

Eine Warnmeldung besitzt einen gesteigerten Stellenwert in der Praxis der Marktüberwachungsbehörden, da diese systemisch besonders gravierenden Sachverhalten vorbehalten ist, die häufig ein unmittelbares Tätigwerden erforderlich machen. Die Entscheidung der empfangenden Marktüberwachungsbehörden wird grundsätzlich durch die Risikobewertung und die Meldung aufgrund eines ernsten Risikos für die Gesundheit der Verbraucher antizipiert. Gerade aus diesem Grund sollten derartige Meldungen auch nur in den gesetzlich (eng begrenzten) definierten Fällen erfolgen.

Eine Warnmeldung gem. Art. 12 Abs. 1 der Produktsicherheitsrichtlinie 2001/95/EG bewirkt grundsätzlich eine gesamteuropäische Wirkung einer ansonsten rein national verwaltungsbehördlichen Maßnahme. Bereits diese faktische Auswirkung reicht für die Annahme eines Eingriffs in geschützte Rechtspositionen des Wirtschaftsakteurs aus.

(2) Folgen einer Informationsmeldung gemäß Art. 11 Abs. 1 Produktsicherheitsricht-linie 2001/95/EG

Eine genaue Betrachtung ist hingegen bei Informationsmeldungen gem. Art. 11 Produktsicherheitsrichtlinie 2001/95/EG angebracht. Für Informationsmeldungen sind gemäß der Produktsicherheitsrichtlinie 2001/95/EG keine (zwingenden) Folgemaßnahmen und Rückmeldungen der Mitgliedstaaten vorgeschrieben, da das Verfahren durch Weiterleitung der Meldung durch die Europäische Kommission an die Mitgliedstaaten selbst abgeschlossen ist, vgl. Art. 11 Abs. 2 Satz 1 Produktsicherheitsrichtlinie 2001/95/EG. Ein wirklicher Abschluss in dem Sinne, dass keine weiteren Maßnahmen in Betracht kommen beziehungsweise von den empfangenden Marktüberwachungsbehörden niemals in Betracht zu ziehen sind, dürfte allerdings der Informationsmeldung nicht gerecht werden. Eine Informationsmeldung kann z. B. dazu beitragen, eine bestimmte neuartige Gefahrenquelle überhaupt erst zu erkennen und dieses neue Thema im eigenen (gemeint ist der empfangende) Mitgliedstaat zu ventilieren.

Eine Informationsmeldung kommt dann in Betracht, wenn eine Kontaktstelle Informationen nicht als RAPEX-Meldung im Sinne von Art. 12 Abs. 1 Produktsicherheitsrichtlinie 2001/95/EG übermitteln darf.[398] Inhaltlich ist dadurch jedoch (noch) keine Kontur gewonnen, gemeint ist jedenfalls nicht, dass jedweder Vorgang als Informationsmeldung über die Europäische Kommission an die übrigen Mitgliedstaaten verteilt werden kann und darf. Um das Instrument der Informationsmeldung näher zu beschreiben, praktisch handhabbar zu machen

398 Vgl. Anhang zur Entscheidung 2010/15/EU Anlage 5 Ziffer 3.1.2.

und zu konturieren, gibt die Europäische Kommission den Mitgliedstaaten einige Beispiele an die Hand, in denen Informationsmeldungen erfolgen können, aber nicht müssen.

Fallgruppe 1[399] zeichnet sich dadurch aus, dass zwar alle RAPEX-Meldekriterien gem. Art. 12 Produktsicherheitsrichtlinie 2001/95/EG erfüllt sind, aber eine Meldung nicht alle Informationen enthält, die andere Mitgliedstaaten benötigen, um aufgrund einer solchen Meldung Folgemaßnahmen zu ergreifen. Der hauptsächliche Anwendungsbereich wird darin gesehen, dass nicht die notwendigen Informationen zur Produktidentifizierung und den Vertriebswegen vorliegen. Ob hinreichende Informationen zur Ergreifung von Folgemaßnahmen tatsächlich vorliegen, bleibt der Einzelfallentscheidung vorbehalten.[400] Eine inhaltliche Auslegung und praktische Handhabe wird sich durch eine eingeräumte Einzelfallentscheidung jedoch nicht erreichen lassen. Es ist also durchaus denkbar, dass auch die reine Informationsmeldung eigentlich eine RAPEX-Meldung sein müsste mit der Folge, dass mit ihr eine europaweite Auswirkung verbunden wäre.

Ferner ist keinesfalls auszuschließen, dass auch der empfangende Mitgliedstaat das Produkt nicht identifizieren kann oder im späteren Verlauf die Befähigung dazu erlangt. Folgemaßnahmen sind also auch in dieser Konstellation nicht auszuschließen. Jedenfalls, und dies ist ziemlich sicher, wird sich der empfangende Mitgliedstaat nach diesem Produkt auf die Suche machen. Insbesondere bei bekannten Marken wird eine Rückverfolgung beziehungsweise Identifizierung des Produktes (wenn auch nicht aus derselben Charge) früher oder später gelingen, mit der Folge, dass auch dann Folgemaßnahmen sicher sind.

Fallgruppe 2[401] ist den Fällen vorbehalten, in denen ein Mitgliedstaat Kenntnis davon hat, dass ein auf dem EU-Markt befindliches Verbraucherprodukt ein Gesundheits- und Sicherheitsrisiko für Verbraucher darstellt, aber der Hersteller oder der Händler noch keine präventiven und restriktiven Maßnahmen ergriffen hat oder eine mitgliedstaatliche Behörde solche Maßnahmen noch nicht ergriffen oder noch nicht zu ergreifen beschlossen hat. Die Informationsmeldung erfolgt in diesem Falle ohne abschließende oder vorübergehende Maßnahmenentscheidung. Der Mitgliedstaat ist allerdings verpflichtet, so bald wie möglich seinen endgültigen Beschluss – überwiegend in Gestalt der letztlich dann präventiven oder restriktiven Maßnahmen, die von ihm ergriffen wurden und warum dies

399 Vgl. Anhang zur Entscheidung 2010/15/EU Anlage 5 Ziffer 3.1.2. a.
400 Vgl. Anhang zur Entscheidung 2010/15/EU Anlage 5 Ziffer 3.1.2 a.
401 Vgl. Anhang zur Entscheidung 2010/15/EU Anlage 5 Ziffer 3.1.2 b.

geschehen ist – mitzuteilen.[402] Für diese Art der Informationsmeldung dürfte praktisch nur ein sehr begrenzter Anwendungsbereich in Betracht zu ziehen sein. Gerade Fälle, die im Rahmen der durchgeführten Risikobewertung ein ernstes Gesundheits- oder Sicherheitsrisiko für den Verbraucher ergeben und wenn gleichzeitig das Produkt der Marktüberwachungsbehörde bekannt ist, ohne dass eine Maßnahme ergriffen wird oder beabsichtigt ist, sind eher theoretischer Natur. Die Übergänge insbesondere zu einer RAPEX-Meldung im Sinne von § 30 Abs. 1 Satz 1, 2. Alt. ProdSG sind fließend. Aufgrund des überragenden Schutzgutes, wird sich die Marktüberwachungsbehörde in den weit überwiegenden Fällen für eine – wenn auch nur vorsorgliche – RAPEX-Meldung entscheiden.

In derartigen Krisensituationen werden die Marktüberwachungsbehörden zusammen mit dem Wirtschaftsakteur mit Hochdruck an einer Entscheidung und den geeigneten Maßnahmen arbeiten. Dieser (Eil-)Prozess wird relativ zügig ablaufen, so dass der Vorteil einer „Vorab-Informationsmeldung“ nicht direkt deutlich wird. Wegen der Nähe zu einer echten RAPEX-Meldung, die direkt „vor der Tür steht“, sollten auch die gleichen Überlegungen zur Eingriffsqualität gelten. Bei derart eindeutiger Sach- und Rechtslage sollten ein unmittelbares Tätigwerden der empfangenden Marktüberwachungsbehörden sowie die damit einhergehenden Maßnahmen sicher feststehen. In dieser Konstellation fehlt nämlich nur die veranlasste Maßnahme. Welche Maßnahmen bei dem Auffinden eines Produktes, von dem ein ernstes Gesundheitsrisiko ausgeht, zu treffen sind, wird durch (feste) gesetzliche Handlungsinstrumentarien (Rücknahme/Rückruf) vorgegeben.

Fallgruppe 3[403] sieht die Möglichkeit einer „Informationsmeldung“ auch dann vor, wenn ein Mitgliedstaat beschließt, präventive und restriktive Maßnahmen im Zusammenhang mit einem Verbraucherprodukt zu melden, das ein ernstes Gesundheits- und Sicherheitsrisiko für Verbraucher darstellt, welches aber nur örtlich begrenzte Auswirkungen hat („lokales Ereignis“). Wenn ein solches lokales Ereignis auch für die anderen Mitgliedstaaten aus produktsicherheitsrechtlicher Sicht von Interesse sein könnte, ist auch dieser Vorgang als Informationsmeldung zu übermitteln.[404] Dieser Fallgruppe ist es immanent, dass sie zumindest rein praktisch für das konkret betroffene Produkt keine Folgemaßnahmen auslösen kann, da das Produkt in den anderen

402 Vgl. Anhang zur Entscheidung 2010/15/EU Anlage 5 Ziffer 3.1.2 b.
403 Vgl. Anhang zur Entscheidung 2010/15/EU Anhang 5 Ziffer 3.1.2 c.
404 Vgl. Anhang zur Entscheidung 2010/15/EU Anhang 5 Ziffer 3.1.2 c.

Mitgliedstaaten schlicht und ergreifend nicht existiert. Für den Fall jedoch, dass die selbe Marke beziehungsweise gleichartige oder vergleichbare Produkte von demselben Hersteller auf dem Markt der empfangenden Mitgliedstaaten vorgefunden werden sollten, dürfte auch hier zumindest eine Fernwirkung anzunehmen sein. Marktbezogene Maßnahmen werden sich nicht unmittelbar daraus ergeben. Es bleibt zu erwarten, dass die Marktüberwachungsbehörden Probenahmen veranlassen werden, um das möglich erscheinende Risiko ausschließen zu können. Diese Schwerpunktkontrollen werden allerdings im Regelfall - jedenfalls im Zusammenhang mit RAPEX - unterhalb der Eingriffsschwelle liegen.

Fallgruppe 4[405] erfasst Fälle, in denen eine Meldung ein Verbraucherprodukt betrifft, dessen Sicherheitsaspekte (insbesondere die Frage, wie groß das Gesundheits- und Sicherheitsrisiko für den Verbraucher ist) Gegenstand von Beratungen auf EU-Ebene sind, die eine gemeinsame Haltung der Mitgliedstaaten gegenüber der Risikobewertung und/oder Durchsetzungsmaßnahmen herbeiführen sollen.

Eine unmittelbare gesamteuropäische Wirkung dürfte in einigen Konstellationen nicht denkbar sein. Wenn allerdings ein bestimmtes Thema diskutiert wird, geschieht dies deshalb, weil eine uneinheitliche Bewertungspraxis in den einzelnen Mitgliedstaaten - sei es aus sachverständiger oder rechtlicher Sicht - besteht. Ein Mitgliedstaat hält also z. B. eine chemische Komponente in einem Produkt für ein ernstes Gesundheitsrisiko, während ein anderer Mitgliedstaat keine Handlungsnotwendigkeit sieht. Wird nun ein Produkt als Informationsmeldung verbreitet, werden jedenfalls die Mitgliedstaaten, die eine bestimmte chemische Komponente als gesundheitliches Risiko ansehen, unmittelbar Maßnahmen ergreifen. Auch in diesen Konstellationen ist also eine genaue Betrachtung oder Überprüfung notwendig, um eine potenzielle Eingriffsmöglichkeit letztverbindlich zu klären. Die ursprüngliche Informationsmeldung kann zudem die bereits veranlassten Maßnahmen enthalten. Es dürfte also absehbar sein, dass zumindest die - die Risikobewertung teilenden - Mitgliedstaaten entsprechend handeln.

Fallgruppe 5[406] ist sehr allgemein gehalten und greift dann, wenn nicht mit Sicherheit entschieden werden kann, ob ein oder mehrere RAPEX-Kriterien erfüllt sind, aber die Meldung Informationen zur Produktsicherheit bietet, die auch für andere Mitgliedstaaten von Interesse sein dürften. Als Beispiel wird

---

405 Vgl. Anhang zur Entscheidung 2010/15/EU Anhang 5 Ziffer 3.1.2 d.

406 Vgl. Anhang zur Entscheidung 2010/15/EU Anhang 5 Ziffer 3.1.2 i.

eine Meldung betreffend eines nicht zweifelsfrei als Verbraucherprodukt einzustufenden Produktes, die aber Informationen über eine neue Art von Gesundheits- und Sicherheitsrisiko für Verbraucher enthält, zu nennen sein.

Auch eine solche Informationsmeldung kann hinsichtlich der im meldenden Mitgliedstaat getroffenen Maßnahmen gesamteuropäische Wirkung entfalten. Dies ist insbesondere dann der Fall, wenn der empfangende Mitgliedstaat, „anders als der meldende Mitgliedstaat", „zweifelsohne" dieses „Grauzonenprodukt" als Verbraucherprodukt qualifiziert. Die Folgemaßnahme wird ebenso unmittelbar bevorstehen, wie es bei einer Warnmeldung der Fall ist. Über die Verordnung (EG) Nr. 765/2008 wurde die Meldung über das RAPEX-System auch auf „Nichtverbraucherprodukte" ausgeweitet, weshalb für den ursprünglich bestehenden Anwendungsbereich „Grauzonenprodukt" als Informationsmeldung kein Raum mehr verbleiben dürfte.

Die oben aufgeführten Fallgruppen machen deutlich, dass es durchaus möglich erscheint, dass auch Informationsmeldungen eine gesamteuropäische Wirkung entwickeln. Welche Folgemaßnahmen sind aber gemäß der Entscheidung 2010/15/EU für Informationsmeldungen vorgesehen? Gerade diese Frage dürfte insbesondere für die letztliche Bewertung, ob damit ein Eingriff einhergehen kann, bedeutsam sein.

Grundsätzlich hält der europäische Gesetzgeber bei Informationsmeldungen keine besonderen Folgemaßnahmen für erforderlich.[407] Dieser Grundsatz knüpft jedoch an die Fallgruppe an, dass Informationsmeldungen oft nicht die Daten enthalten, die für effektive und effiziente Durchsetzungsmaßnahmen im Zusammenhang mit dem gemeldeten Produkt erforderlich wären z. B. bei unzureichender Beschreibung des gemeldeten Produktes.[408] Selbstverständlich kann der empfangende Mitgliedstaat nicht zu Folgemaßnahmen verpflichtet werden, wenn er das betroffene Produkt nicht kennt. Eine Verpflichtung kann nur dann bestehen, wenn er überhaupt im Stande ist das Produkt auf dem Markt zu identifizieren. Gleiches gilt für den Fall, dass ein Produkt nicht in diesem Mitgliedstaat auf dem Markt bereitgestellt wurde. Deshalb auch lediglich die formulierte Bitte, auf solche Meldungen zu reagieren, wenn davon auszugehen ist, dass das gemeldete Verbraucherprodukt auf dem nationalen Markt bereitgestellt wurde.[409] Offensichtlich bezieht sich dieser Grundsatz aber nur auf die oben genannte Fallgruppe 1. Selbst die Fallgruppe 1 wird nicht vollständig

407 Vgl. Anhang zur Entscheidung 2010/15/EU Anhang 5 Ziffer 3.7.1 Unterabsatz 2.

408 Vgl. Beispiel in Anhang zur Entscheidung 2010/15/EU Anhang 5 Ziffer 3.7.1 Unterabsatz 2.

409 Siehe Anhang zur Entscheidung 2010/15/EU Anhang 5 Ziffer 3.7.1 Unterabsatz 2.

abgebildet. Eine Informationsmeldung ist auch dann die richtige Meldungsart, wenn z. B. Vertriebswege nicht ermittelt werden konnten. Sollte diese Sachverhaltsfrage allerdings allein offen sein, d. h. sind alle weiteren Informationen der meldenden Marktüberwachungsbehörde bekannt, sind auch die Folgemaßnahmen der empfangenden Marktüberwachungsbehörden gleich einer Art. 12 Abs. 1 Produktsicherheitsrichtlinie 2001/95/EG-Meldung absehbar. Es steht nämlich fest, dass die meldende Marktüberwachungsbehörde aufgrund eines ernsten Risikos für die Gesundheit der Verbraucher Maßnahmen hinsichtlich eines bekannten Erzeugnisses ergriffen hat und lediglich die Frage nach dem Vertriebsweg (noch) offen ist.

Die RAPEX-Leitlinie macht deutlich, dass anders als es für RAPEX-Meldungen gemäß Art. 12 Abs. 1 Produktsicherheitsrichtlinie 2001/95/EG der Fall ist, die Europäische Kommission bei einer Informationsmeldung keine Folgemaßnahmen und Rückmeldung fordert. Demgemäß könnte man also davon ausgehen, dass eine Informationsmeldung generell keine europaweite Wirkung entfalten kann, wie dies bei einer Warnmeldung der Fall ist. Dies würde allerdings der denkbaren vielschichtigen Sachverhalte, die Gegenstand einer Informationsmeldung sein können, nicht gerecht werden. Wie gerade das obige Beispiel einer Informationsmeldung wegen der fehlenden Angaben der Vertriebswege zeigt, wird auch hier die empfangende Behörde, so sie denn das Produkt auf dem Markt vorgefunden hat, unmittelbar und gleich dem meldenden Mitgliedstaat tätig werden (müssen).

Die Marktüberwachungsbehörden kommen ihrer gesetzlichen Verpflichtung nämlich nicht allein wegen der Entscheidung 2010/15/EU und der Verpflichtung zur Folgemaßnahmenrückmeldung nach. Gemäß Art. 1 Abs. 1 Produktsicherheitsrichtlinie 2001/95/EG müssen alle in den Verkehr gebrachten Produkte sicher sein.

Originäre Aufgabe der Marktüberwachungsbehörden ist es insbesondere Gefahren für die Sicherheit und Gesundheit der Verbraucher entgegenzutreten, vgl. § 2 Nr. 18 und Nr. 19 ProdSG. Die Marktüberwachungsbehörden sind also bereits aus ihrer staatlichen Funktion heraus zu einem Tätigwerden verpflichtet. Beispielhaft für Deutschland handelt es sich bei Maßnahmen gem. § 26 Abs. 4 ProdSG gerade nicht um Ermessensentscheidungen. Die Marktüberwachungsbehörden müssen demnach reagieren, wenn die gesetzlichen Merkmale erfüllt sind. Ausgehend von dieser gesetzlichen Handlungspflicht der Marktüberwachungsbehörden ist einer Informationsmeldung nicht per se eine europaweite Wirkung abzusprechen. Es bedarf also einer genauen Prüfung der im Einzelnen angedachten Meldung und der grundsätzlichen Möglichkeit, auch gegen Informationsmeldungen Rechtsschutz in Anspruch nehmen zu können. Diese dezidierte Prüfung hat im Rahmen der Begründetheit einer gerichtlichen Entscheidung zu erfolgen.

Die potenziellen europaweiten Auswirkungen, resultierend aus den möglichen Ausgestaltungen der Informationsmeldung sowie der europarechtlichen generellen Handlungspflicht der Marktüberwachungsbehörden gemäß der Produktsicherheitsrichtlinie und dem staatlichen Schutzauftrag, machen deutlich, dass grundsätzlich ein Eingriff in grundrechtlich geschützte Positionen auch von einer Informationsmeldung im Sinne von Art. 11 Produktsicherheitsrichtlinie 2001/95/EG ausgehen kann.

bb. Datenerhebung, -speicherung und -verarbeitung

Das RAPEX-Meldeverfahren ist auch wegen der damit unweigerlich verbundenen Erhebung, Speicherung, Verarbeitung und Weiterleitung von Daten juristisch interessant. In diesem Abschnitt soll gerade die möglicherweise davon ausgehende Auswirkung auf grundrechtlich geschützte Positionen natürlicher und juristischer Personen dargestellt und letztlich der Frage nachgegangen werden, ob ein grundrechtsrelevanter Eingriff damit verbunden sein kann.

Aus Art. 2 Abs. 1 i. V. m. Art. 1 Abs. 1 Grundgesetz wurde das Recht auf informationelle Selbstbestimmung durch das Bundesverfassungsgericht wegen der Gefahren der automatisierten Datenverarbeitung im Volkszählungsurteil abgeleitet.[410] Die freie Entfaltung der Persönlichkeit setzt u. a. wegen der modernen Bedingungen der EDV den Schutz des Einzelnen gegen unbegrenzte Erhebung, Speicherung, Verwendung und Weitergabe seiner persönlichen Daten voraus.[411] Dem Grundrechtsschutz unterliegt die Befugnis jedes Einzelnen, grundsätzlich selbst über die Bekanntgabe und Verwendung seiner persönlichen Daten zu bestimmen.[412] Das Recht auf informationelle Selbstbestimmung dient dem generellen Schutz vor staatlicher Erhebung und Verarbeitung personenbezogener Daten.[413] Personenbezogene Daten werden als Einzelangaben über persönliche oder sachliche Verhältnisse einer bestimmten oder bestimmbaren natürlichen Person verstanden.[414] Von dem Schutz personenbezogener

410 BVerfGE 65, 1 (41 ff.); aktueller Überblick: *Schoch*, Jura 2008, S. 352; *Fechner*, Medienrecht, S. 88 Rn. 69.

411 *Murswiek*, in: Sachs, Grundgesetz, Art. 2 Rn. 72.

412 *Murswiek*, in: Sachs, Grundgesetz, Art. 2 Rn. 72; *Hofmann*, in: Schmidt-Bleibtreu/Hofmann/Hopfauf, Grundgesetz, Art. 2 Rn. 26.

413 BVerfGE 78, 77 (84).

414 Vgl. Begriffsbestimmung § 3 Abs. 1 BDSG; siehe zu diesem Verweis: *Becker*, in: Bosch/Leible/Wallau, Lebensmittel in den Medien, S. 143 (147).

Daten z. B. im Sinne des Bundesdatenschutzgesetzes partizipieren natürliche Personen, vgl. § 3 Abs. 1 am Ende des Bundesdatenschutzgesetzes.[415] RAPEX-Meldungen betreffen jedoch – zumindest häufig – (auch) juristische Personen, weshalb sich die Frage stellt, ob und inwieweit juristischen Personen das Recht auf informationelle Selbstbestimmung zugestanden werden muss, diese sich also auf den Schutz ihrer personenbezogenen Daten berufen können.

Gem. Art. 19 Abs. 3 Grundgesetz gelten die Grundrechte auch für inländische juristische Personen, soweit sie ihrem Wesen nach auf diese anwendbar sind. Art. 19 Abs. 3 stellt damit eine Erweiterung des Kreises der Grundrechtsträger dar.[416]

Das Bundesverfassungsgericht spricht juristischen Personen des privaten Rechts grundsätzlich die Grundrechtsfähigkeit zu, wobei sodann im Einzelfall zu prüfen ist, ob das Grundrecht seinem Wesen nach anwendbar ist.[417] Über den Schutz natürlicher Personen hinaus wird zudem eine Tendenz des Bundesverfassungsgerichts erkennbar, auch Personenvereinigungen dem Schutz der informationellen Selbstbestimmung zu unterstellen.[418] Mit Gewichtung auf dem allgemeinen Persönlichkeitsrecht wird jedenfalls der Schutz des Namens, der Reputation, der Geschäftsdaten und des gesprochenen Wortes abgeleitet, sofern dieser nicht schon aus Art. 12 beziehungsweise Art. 14 Abs. 1 Grundgesetz resultiert.[419]

Unabhängig davon ist ein Eingriff in das Recht auf informationelle Selbstbestimmung jedenfalls dann anzunehmen, wenn die erhobenen Informationen dergestalt „durchschlagen“, dass sie Rückschlüsse auf die hinter einem Unternehmen stehenden Personen ermöglichen.[420] Eine Bestimmbarkeit wird bereits dann angenommen, wenn der Betroffene etwa über einen Handelsregisterauszug

---

415 Siehe zum Schutz personenbezogener Daten insbes. der Anwendbarkeit des Bundesdatenschutzgesetzes auf natürliche Personen: *Gola/Schomerus*, BDSG, § 3 Rn. 11.

416 *Krebs*, in: von Münch/Kunig, Grundgesetz, Art. 19 Rn. 29.

417 BVerfGE 68, 193 (205); 95, 28 (34 f.); *Hofmann*, in: Schmidt-Bleibtreu/Hofmann/Hopfauf, Grundgesetz, Art. 19 Rn. 19.

418 So auch *Becker*, in: Bosch/Leible/Wallau, Lebensmittel in den Medien, S. 143 (147) unter Verweis auf BVerfGE 67, 100 (141); BVerfGE 77, 1 (47); *Becker*, in: FS Stern, S. 1233 (1237); andere Auffassung hingegen *Bär*, BayVBl 1994, S. 427 (430); sowie *Schoch*, Jura 2008, S. 352 (356).

419 BGH, NJW 1975, S. 1882 (1884); *VGH Baden-Württemberg*, VBlBW 2007, S. 340 (340); *Stern*, Staatsrecht III/1, S. 1128; *Huber*, in: v. Mangoldt/Klein/Starck, GG, Art. 19 Abs. 3 Rn. 316.

420 *Gola/Schomerus*, BDSG, § 3 Rn. 11 a.

ermittelbar ist.[421] Dies stellt auch der Gesetzgeber des Bundesdatenschutzgesetzes klar erkennbar heraus, indem er den Schutz der personenbezogenen Daten nicht nur auf Einzelangaben über persönliche oder sachliche Verhältnisse einer „bestimmten", sondern auch von „bestimmbaren" natürlichen Personen erstreckt, vgl. § 3 Abs. 1 BDSG. Für die „Bestimmbarkeit" reicht aus, dass grundsätzlich die Möglichkeit besteht, ihre Identität festzustellen.[422]

Welche Informationen dementsprechend als ausreichend angesehen werden können, um eine Person bestimmbar zu machen, lässt sich nicht abstrakt-generell beurteilen, sondern ist stets unter Rückgriff auf die konkreten Umstände des Einzelfalles zu beurteilen.[423] Für die Entscheidung, ob eine Person bestimmbar ist oder nicht, sollten alle Mittel berücksichtigt werden, die vernünftigerweise entweder von dem Verantwortlichen für die Verarbeitung oder von einem Dritten eingesetzt werden könnten, um die betreffende Person zu bestimmen.[424] Jedenfalls ist es bei Weitergabe und Bekanntgabe von Produkt- und Firmennamen ohne weiteres möglich, den Inhaber des Unternehmens zu ermitteln und Rückschlüsse beispielsweise auf seine gewerberechtliche Zuverlässigkeit zu ziehen.[425]

Wie bereits dargestellt, verwenden die Marktüberwachungsbehörden für ihre Meldungen zunächst an die BAuA und dann an die Europäische Kommission das dafür vorgesehene Standardformular gem. Teil IV Anlagen-Entscheidung 2010/15/EU. In der Sachverhaltsbeschreibung, insbesondere in der Risikoklassifizierung, wird gerade das betroffene Produkt genau beschrieben. In diesem Zusammenhang werden sehr genaue Angaben (Produktkategorie, Produktbezeichnung, Markenname, Typ/Modell-Nummer, Losnummer/Strichcode, Zolltarif-Code, Beschreibung des Produktes und der Verpackung, Fotos – von Produkt, Verpackung und Etikett – und die Gesamtzahl der von der Meldung

421 *Wollenschläger*, VerwArch 2011, S. 20 (45).

422 *Buchner*, in: Taeger/Gabel, BDSG-Kommentar, § 3 Rn. 11; *Weyland/Comans*, ZLR 2011, S. 523 (539).

423 *Buchner*, in: Taeger/Gabel, BDSG-Kommentar, § 3 Rn. 11.

424 So Erwägungsgrund 26 der Richtlinie 95/46/EG des Europäischen Parlaments und des Rates vom 24. Oktober 1995 zum Schutz natürlicher Personen bei der Verarbeitung personenbezogener Daten und zum freien Datenverkehr, ABl. EG Nr. L 281 vom 23.11.1995, S. 31 (33).

425 So auch für Auskünfte nach dem Verbraucherinformationsgesetz und dem VIG oder dem LFGB: *Becker/Blackstein*, NJW 2011, S. 490 (492 f.); *Becker*, in: Bosch/Leible/Wallau, Lebensmittel in den Medien, S. 143 (147 f.); *Grube/Immel*, ZLR 2011, S. 175 (192).

getroffenen Produkteinheiten) gefordert. Die einzelnen betroffenen Produkte lassen sich also chargengenau identifizieren und einem bestimmten Unternehmen beziehungsweise einer bestimmten Marke zuordnen.

Gerade im Rahmen der Rückverfolgbarkeitsangaben werden nicht nur die genauen Kontaktdaten des Herstellers oder seines Bevollmächtigten angegeben, sondern auch die des Exporteurs, des Importeurs, des Großhändlers und des Einzelhändlers. Das RAPEX-Meldeverfahren stellt also – was in der Natur der Sache liegt – eine eindeutige Verbindung zwischen den involvierten Unternehmen und dem – zumindest nach Ansicht der Marktüberwachungsbehörden – mit einem ernsthaften Gesundheitsrisiko behafteten Produkt her.

Die im Rahmen von RAPEX übermittelten Daten sind grundsätzlich als personenbezogene Daten anzusehen, unabhängig davon, ob man bereits juristischen Personen den Schutz durch das Grundrecht auf informationelle Selbstbestimmung zuspricht oder dies über die Bestimmbarkeit der hinter diesen Personenvereinigungen stehenden natürlichen Personen erreicht.

Von diesem nationalen deutschen Grundrechtsverständnis ist der europäische Grundrechtsschutz zu unterscheiden. Das Grundrecht auf informationelle Selbstbestimmung wird im Europäischen Recht über Art. 8 Charta der Grundrechte der Europäischen Union (GRCh)[426] gewährt.[427] Nach Art. 8 Abs. 1 GRCh hat jede Person das Recht auf Schutz der sie betreffenden personenbezogenen Daten. Im Hinblick auf den Schutz personenbezogener Daten geht Art. 8 Abs. 1 GRCh Art 7 GRCh als lex specialis vor.[428] Natürliche Personen unterfallen dem persönlichen Schutzbereich.[429] Ob diesem auch juristische Personen unterliegen, ist noch nicht zufriedenstellend geklärt.[430] Eine „Übertragungsregel" wie sie im deutschen Recht durch Art. 19 Abs. 3 GG normiert wird, kennt weder die GRCh noch kann sie aus den Verfassungstraditionen der Mitgliedstaaten

426 Charta der Grundrechte der Europäischen Union, ABl. EG Nr. C 364 vom 18.12.2000, S. 1 ff.

427 *Kingreen*, in: Calliess/Ruffert, EUV/AEUV, Art.8 EU-GRCh. Rn. 1; informativ zum Verhältnis von Art. 8 GRCh zu dem Datenschutzgrundrecht aus Art. 16 Abs. 1 AEUV: *Bernsdorff*, in: Meyer, GRCh, Art. 8 Rn. 17. Dieser sieht die „Verdoppelung" des Datenschutzgrundrechts als lösbares Problem an.

428 *Kingreen*, in: Calliess/Ruffert, EUV/AEUV, Art.8 EU-GRCh. Rn. 1; *Bernsdorff*, in: Meyer, GRCh, Art. 8 Rn. 13.

429 *Kingreen*, in: Calliess/Ruffert, EUV/AEUV, Art.8 EU-GRCh. Rn. 11; *Bernsdorff*, in: Meyer, GRCh, Art. 8 Rn. 18.

430 *Kingreen*, in: Calliess/Ruffert, EUV/AEUV, Art.8 EU-GRCh. Rn. 11; zustimmend *Knecht*, in: Schwarze/Becker/Hatje/Schoo, EU-Kommentar, Art. 8 GRCh Rn. 3.

abgeleitet werden.[431] In seiner Grundsatzentscheidung kommt der EuGH zu dem Ergebnis, dass sich juristische Personen auf den durch Art. 7 und 8 GRCh verliehenen Schutz berufen können, „soweit der Name der juristischen Person eine oder mehrere natürliche Personen bestimmt".[432] Dies ist jedenfalls dann der Fall, wenn der Name der betreffenden Gesellschaft unmittelbar natürliche Personen bestimmt.[433] Miterfasst sind Personengesellschaften, die eine natürliche Person als haftenden Gesellschafter aufweisen.[434] Unter Berücksichtigung dieser Entscheidung partizipieren juristische Personen bei bevorstehenden RAPEX-Meldungen jedenfalls dann von dem Schutz aus Art. 8 Abs. 1 GRCh, wenn der Firmenname eine natürliche Person bestimmt.

Ob der EuGH mit diesem Urteil eine abschließende Entscheidung treffen wollte, erscheint fraglich. Die Volker und Markus Schecke GbR erfüllte nämlich bereits die „strengen Voraussetzungen" der namentlichen Bestimmtheit. Wohin das vom EuGH betretene Neuland[435]führt, bleibt abzuwarten.

Der EuGH definiert unter Bezugnahme auf die Rechtsprechung des Europäischen Gerichtshofes für Menschenrechte (EGMR) „personenbezogene Daten" als jede Information, die eine bestimmte oder bestimmbare natürliche Person betrifft.[436] Vor dem Hintergrund dieser Begriffsbestimmung dürfte davon auszugehen sein, dass sich eine juristische Person auch dann auf Art. 8 Abs. 1 GRCh berufen kann, wenn durch die verarbeiteten Informationen eine natürliche Person lediglich bestimmbar ist. Anderenfalls wäre der Definitionsbestandteil „bestimmbar" funktionslos und damit überflüssig. Wie oben bereits verdeutlicht, bringen die im Rahmen von RAPEX verarbeiteten Informationen die Bestimmbarkeit der hinter einer juristischen Person stehenden natürlichen Personen mit sich.

Für eine Ausweitung des Grundrechtsschutzes spricht zudem der Wortlaut des Art. 8 Abs. 1 GRCh, der von „Personen" und nicht von Menschen spricht.[437]

---

431 *Knecht*, in: Schwarze/Becker/Hatje/Schoo, EU-Kommentar, Art. 8 GRCh Rn. 3.

432 EuGH, EuZW 2010, S. 939 (941); informativ zu dem Urteil des EuGH: *Streinz*, JuS 2011, S. 278 ff.

433 EuGH, EuZW 2010, S. 939 (941).

434 *Kilian*, NJW 2011, S. 1325 (1328).

435 So bezeichnet von: *Kilian*, NJW 2011, S. 1325 (1326).

436 EuGH, EuZW 2010, S. 939 (941); EGMR, Urt. vom 16.02.2000 – Amann/Schweiz – Nr. 27798/95; EGMR, Urt. vom 04.05.2000 – Rotaru/ Rumänien – Nr. 28341/95.

437 *Guckelberger*, EuZW 2010, S. 946 (946); *Guckelberger*, EuZW 2011, S. 126 (128); *Jarass*, GRCh, Art. 8 Rn.7; *Kingreen*, in: Calliess/Ruffert, EUV/AEUV, Art.8 EU-GRCh. Rn. 11; *Knecht*, in: Schwarze/Becker/Hatje/ Schoo, EU-Kommentar, Art. 8 GRCh Rn. 3; so auch zu Art. 7 GRCh: *Knecht*, in: Schwarze/Becker/Hatje/Schoo, EU-Kommentar, Art. 7 GRCh Rn. 4.

Auch die historische Entwicklung der Vorschrift spricht für die Anwendbarkeit auf juristische Personen, da in den Beratungen auf die beschränkende Formulierung „natürliche" Personen verzichtet wurde.[438]

Denkbar erscheint es auch, juristische Personen ohne Namensbezug in den persönlichen Schutzbereich des Grundrechts aus Art. 8 Abs. 1 GRCh aufzunehmen, um im Rahmen der Rechtfertigungsprüfung die möglicherweise geringer ausfallende Schutzbedürftigkeit von juristischen Personen als Korrektiv anzusetzen.[439] Wird das Recht auf Schutz personenbezogener Daten verletzt, kommt diesem Eingriff bei juristischen Personen ein anderes Gewicht zu als bei natürlichen Personen.[440]

Selbst für den Fall, dass man einen weitergehenden Schutz ablehnt, können sich juristische Personen immer noch auf die Wirtschaftsgrundrechte berufen und sind allein deshalb nicht rechtsschutzlos gestellt.[441]

Soweit es um die Weitergabe von Betriebs- und Geschäftsgeheimnissen geht, sind die von staatlichen Stellen erhobenen, gespeicherten, verarbeiteten und weitergeleiteten Informationen noch unter einem anderen verfassungsrechtlichen Gesichtspunkt bedeutsam, nämlich zum einen als Vermögenswerte im Sinne eines Äquivalentes eigener Leistungen sowie zum anderen im Hinblick der Erfolgsaussichten eines Unternehmers bei der Teilnahme und Teilhabe am wirtschaftlichen Wettbewerb.[442] Das Grundrecht der Berufsfreiheit gem. Art. 12 Abs. 1 Grundgesetz gewährleistet auch den Schutz von Betriebs- und Geschäftsgeheimnissen.[443] Das Bundesverfassungsgericht führt zum Betriebs- und Geschäftsgeheimnis aus: „Als Betriebs- und Geschäftsgeheimnis werden alle auf ein Unternehmen bezogene Tatsachen, Umstände und Vorgänge verstanden, die nicht offenkundig sind, sondern nur einem begrenzten Personenkreis zugänglich sind und an deren Nichtverbreitung der Rechtsträger ein berechtigtes Interesse hat. Betriebsgeheimnisse umfassen im Wesentlichen technisches Wissen im weitesten Sinne; Geschäftsgeheimnisse betreffen vornehmlich kaufmännisches Wissen."[444]

Im RAPEX-Meldeverfahren wird von der meldenden Marktüberwachungsbehörde eine Vielzahl an Daten der nationalen Kontaktstelle, der Europäischen

---

438 *Hornung*, MMR 2011, S. 127 (127); informativ zur Entwicklung von Art. 8 GRCh siehe auch: *Bernsdorff*, in: Meyer, GRCh, Art. 8 Rn. 6 ff.

439 *Guckelberger*, EuZW 2011, S. 126 (128).

440 EuGH, EuZW 2010, S. 939 (944).

441 *Hornung*, MMR 2011, S. 127 (127).

442 *Becker*, in: Bosch/Leible/Wallau, Lebensmittel in den Medien, S. 143 (148).

443 BVerfGE 115, 205 (229).

444 BVerfGE 115, 205 (230 f.).

Kommission, den empfangenden mitgliedstaatlichen Kontaktstellen sowie den Marktüberwachungsbehörden zur Verfügung gestellt. Die Meldungsinhalte umfassen häufig unternehmensbezogene Tatsachen, Umstände und Vorgänge, die dem Schutz des Betriebs- und Geschäftsgeheimnisses unterliegen (können). Beispielsweise sind technische Merkmale und Konstruktionshintergründe enthalten, wenn bestimmte technische Defizite zu einem unsicheren Produkt geführt haben beziehungsweise dieser Umstand von einer Marktüberwachungsbehörde angenommen wird. Im Rahmen der Meldekriterien gehört es zu dem wesentlichen Inhalt, die technisch ermittelten Defizite, die die Nichterfüllung von gesetzlichen Anforderung begründen sowie zur Annahme eines ernsten Risikos für die Gesundheit der Verbraucher geführt haben, mitzuteilen.

Denkbar ist also, dass durch die Preisgabe dieser (Standard-)Informationen eine Offenbarung von technischem Wissen und Know-How einhergeht, das grundsätzlich dem Schutzbereich des Art. 12 Abs. 1 Grundgesetz unterfällt.

Fester Bestandteil einer RAPEX-Meldung ist auch die Rückverfolgbarkeit eines Produktes. Dient diese wichtige Information doch dazu, das betreffende Produkt beziehungsweise die betreffende Produktreihe erst einmal auf dem Markt zu identifizieren, einzugrenzen und die entsprechenden Vertriebskanäle zu erschließen. Die Marktüberwachungsbehörden erlangen hierdurch positive Kenntnis oder zumindest einen gewichtigen Hinweis darauf, ob auch das eigene Land als Vertriebsland in Betracht kommt, um zielgerichtet den Markt unternehmens- oder produktbezogen zu durchleuchten.

Die Verpflichtung zur Unterhaltung von Rückverfolgbarkeitssystemen ergibt sich für die Wirtschaftsakteure nicht zentral aus dem Produktsicherheitsgesetz selbst, sondern primär aus den produktspezifischen Regelungen. Gem. Art. 7 Verordnung (EG) Nr. 1223/2009[445] müssen die Wirtschaftsakteure der Marktüberwachungsbehörde den Wirtschaftsakteur benennen können, von dem sie ein Produkt erhalten und an den sie ein Produkt abgegeben haben. Die Verpflichtung gilt nur für die Abgabe zwischen Wirtschaftsakteuren und nicht an den Verbraucher. Der Wirtschaftsakteur muss (nur) einen Schritt vor und einen Schritt zurückblicken können. Eine umfassende Kenntnis der gesamten Vertriebskette wird nicht gefordert.

Informationen zu den Vertriebswegen umfassen also auch die Offenlegung von Kundenbeziehungen und Vertriebslisten, die als kaufmännisches Wissen

---

445 Verordnung (EG) Nr. 1223/2009 des Europäischen Parlamentes und des Rates vom 30. November 2009 über kosmetische Mittel, ABl. EU Nr. L 342 vom 22.12.2009, S. 59.

dem Geschäftsgeheimnis unterfallen. Gerade derartige Liefer- und Einkaufsbeziehungen sind im geschäftlichen Verkehr für etwaige Wettbewerber besonders interessant und damit schutzwürdig.

Demnach steht fest, dass im Rahmen einer RAPEX-Meldung auch bestimmte Daten, die als Betriebs- und Geschäftsgeheimnisse dem besonderen Schutz von Art. 12 Abs. 1 Grundgesetz unterliegen, Übermittlungsgegenstand sein können.

Betriebs- und Geschäftsgeheimnisse werden als Vermögenswerte im Sinne eines Äquivalentes eigener Leistungen auch dem Schutzbereich des Art. 14 Abs. 1 Grundgesetz zugerechnet.[446] Das ebenfalls aus Art. 14 Abs. 1 Grundgesetz hergeleitete Datenschutzrecht für juristische Personen dürfte jedenfalls mit Bejahung (oben als Tendenz des Bundesverfassungsgerichts dargestellt) der Ausweitung des Schutzbereiches des Rechts auf informationelle Selbstbestimmung (nicht mehr) notwendig sein.[447]

Jedenfalls steht fest, dass (bestimmte) mit einer RAPEX-Meldung übermittelte Daten grundrechtlichem Schutz, insbesondere dem Recht auf informationelle Selbstbestimmung, unterstehen.[448]

Das RAPEX-Meldeverfahren beinhaltet gleich mehrere Möglichkeiten, in grundrechtlich geschützte Rechtspositionen des Wirtschaftsakteurs einzugreifen. Im Zuge des RAPEX-Meldeverfahrens werden datenschutzrechtlich relevante Daten zunächst erhoben und dann sowohl elektronisch als auch physisch („Papierakte") erfasst und gespeichert. Nach entsprechender Verarbeitung werden diese Daten von der Marktüberwachungsbehörde an die BAuA, von der BAuA an die Europäische Kommission und von der Europäischen Kommission an die übrigen Mitgliedstaaten gestreut. Der Anwendungsbereich der „Verarbeitung" ist sehr weit und funktional zu verstehen, um der rasanten Entwicklung technikneutral vorzubeugen.[449] Diese Form des Umgangs mit Daten ist als Eingriff anzusehen.[450] Insbesondere die Weitergabe personenbezogener Daten an

446 *Becker*, in: Bosch/Leible/Wallau, Lebensmittel in den Medien, S. 143 (148); *Girnau*, in: Böhm/Freund/Voit, Verbraucherinformationsgesetz, S. 29 (33).

447 Vgl. hierzu *Bryde*, in: von Münch/Kunig, Grundgesetz, Art. 14 Rn. 65 unter Verweis auf die eigene Kommentierung unter Art. 2 Rn. 39.

448 Siehe auch *Wollenschläger*, VerwArch 2011, S. 20 (45), der noch dazu für den Schutz durch die Berufsfreiheit – wenn überhaupt – nur einen geringen Anwendungsbereich sieht.

449 *Weyland/Comans*, ZLR 2011, S. 523 (539).

450 So auch *Becker*, in: Bosch/Leible/Wallau, Lebensmittel in den Medien, S. 143 (148); so auch für Informationen nach dem VIG *Grube/Immel*, ZLR 2011, S. 175 (192); *Wollenschläger*, VerwArch 2011, S. 20 (45).

jegliche Personen oder Stellen ist als Eingriff anzusehen und bedarf ebenso der verfassungsrechtlichen Rechtfertigung wie die ursprüngliche Datenerhebung.[451]

Diese Annahme wird auch durch die Intention des europäischen Gesetzgebers in Zusammenhang mit der Verordnung (EG) Nr. 765/2008 deutlich. In Erwägungsgrund (31) der Verordnung (EG) Nr. 765/2008 heißt es wie folgt: „*Für die zwischen zuständigen Behörden ausgetauschten Informationen sollten Vertraulichkeit und Wahrung des Geschäftsgeheimnisses gemäß den Vorschriften zur Verschwiegenheitspflicht strikt gewährleistet sein und sie sollten im Einklang mit dem geltenden nationalen beziehungsweise, in Bezug auf die Kommission, der Verordnung (EG) Nr. 1049/2001 des Europäischen Parlamentes und des Rates vom 30. Mai 2001 über den Zugang der Öffentlichkeit zu Dokumenten des Europäischen Parlamentes, des Rates und der Kommission behandelt werden um sicher zu stellen, dass Ermittlungen nicht beeinträchtigt werden und der Ruf von Wirtschaftsakteuren nicht geschädigt wird. In Bezug auf diese Verordnung gelten die Richtlinie 95/46/EG des Europäischen Parlamentes und des Rates vom 24. Oktober 1995 zum Schutz natürlicher Personen bei der Verarbeitung personenbezogener Daten und zum freien Datenverkehr sowie die Verordnung (EG) Nr. 45/2001 des Europäischen Parlamentes und des Rates vom 18. Dezember 2000 zum Schutz natürlicher Personen bei der Verarbeitung personenbezogener Daten durch die Organe und Einrichtungen der Gemeinschaft und zum freien Datenverkehr.*“

Erwägungsgrund (31) der Verordnung (EG) Nr. 765/2008 macht deutlich, dass der europäische Gesetzgeber davon ausgeht, dass über das RAPEX-System – wie vorgesehen – sensible und schutzwürdige Informationen sowohl auf mitgliedstaatlicher Ebene als auch auf Ebene der Europäischen Union zumindest betroffen sind und ausgetauscht werden. Eben aus diesem Grund wird es als erforderlich angesehen, dass die „Vertraulichkeit und Wirkung des Geschäftsgeheimnisses“ strikt gewährleistet sein muss.

Ein weiteres Argument liefert der Verweis auf die europäische Datenschutzrichtlinie 95/46/EG[452], die in Deutschland u. a. durch das Bundesdatenschutzgesetz umgesetzt wird. Demgemäß ist die Erhebung, Verarbeitung und Nutzung personenbezogener Daten nur zulässig, soweit dieses Gesetz oder eine andere Rechtsvorschrift dies erlaubt oder anordnet oder der Betroffene einwilligt,

451 *Becker*, in: Bosch/Leible/Wallau, Lebensmittel in den Medien, S. 143 (148); so auch Informationen nach dem VIG Grube/Immel, ZLR 2011, S. 175 (192); *Wollenschläger*, VerwArch 2011, S. 20 (45).

452 Richtlinie 95/46/EG des Europäischen Parlamentes und des Rates vom 24. Oktober 1995 zum Schutz natürlicher Personen bei der Verarbeitung personenbezogener Daten und zum freien Datenverkehr, ABl. EG Nr. L 281 vom 23.11.1995 S. 31 ff.

§ 4 Abs. 1 BDSG. Die Regelungen des Bundesdatenschutzgesetzes gelten sowohl für öffentliche als auch für nicht öffentliche Stellen § 2 Abs. 2 BDSG.

Dass es sich bei der Weitergabe beziehungsweise Übermittlung personenbezogener Daten ins Ausland sowie an über- oder zwischenstaatliche Stellen um besonders relevante Vorgänge handelt, die einer spezifischen Regelung über die oben genannten Grundsätze hinaus bedürfen, macht § 4 b BDSG deutlich, der sich gerade mit dieser Form der Datenübermittlung beschäftigt.

Die grundsätzliche Eingriffsqualität einer Übermittlung bestimmter (personenbezogener) Daten wird auch – wie bereits dargestellt – von der Finanzgerichtsbarkeit zuerkannt. Diese Ausführung beziehungsweise die Annahme eines rechtfertigungsbedürftigen (Grundrechts-)Eingriffes sind jedenfalls gedanklich übertragbar.[453] Dies unabhängig davon, dass die Finanzgerichte einen Eingriff in eine speziell geschützte Rechtsposition, namentlich das Steuergeheimnis zuerkannt haben. Untrennbarer Teil der dem Auskunftsaustausch zugrundeliegenden steuerrechtlichen Unterlagen sind jedenfalls auch – und dies zu einem ganz maßgeblichen Teil – personenbezogene Daten.

Steuerliche Daten werden nämlich erst dann rechtlich relevant und für die Steuerbehörden interessant, wenn diese einer bestimmten natürlichen oder juristischen Person zuzuordnen beziehungsweise zuordenbar sind. Steuerdaten sind also als besonders qualifizierte personenbezogene Daten zu erachten.

Abstrahiert wird eine bestimmte inhaltliche Sachinformation einem Rechtssubjekt zugeordnet und einer dritten Stelle darüber Auskunft erteilt. Ebenso ist aber auch die Weiterleitung von Daten über das RAPEX-Meldeverfahren zu sehen. Es werden Sachinformationen (z. B. von einem Produkt geht ein ernstes Risiko für die Gesundheit der Verbraucher aus) einem bestimmten Rechtssubjekt (Wirtschaftsakteur) zugeordnet und an die Marktüberwachungsbehörden der anderen europäischen Mitgliedstaaten weitergeleitet.

Für die Annahme der Eingriffsqualität kann es im Ergebnis nicht relevant sein, welche Art von sensiblen, einer Person zuordenbaren Daten übermittelt wird. Welchem Rechtsgebiet die Daten letztlich zuzuordnen sind, ist für die Bejahung eines Eingriffs schlichtweg unerheblich. Die Anwendung der einschlägigen Rechtsnormen dürfte erst im Zusammenhang mit der möglichen Rechtfertigung eines bestehenden Eingriffs maßgeblich sein.

---

453 So auch zutreffend: *Voit*, ZLR 2008, S. 516 (521), der im Steuerrecht eine vergleichbare Konstellation zur behördlichen Informationsweitergabe an ausländische Behörden über das RASFF-Schnellwarnsystem erblickt.

In diesem Kontext ist auch die bereits dargestellte Entscheidung des Bundesverwaltungsgerichts zu Planfeststellungsbeschlüssen[454] in nicht anonymisierter Form zu sehen.[455] Maßgeblich für die Zulässigkeit des Antrages und damit grundsätzliche Bejahung eines Eingriffes war die Überlegung, dass durch die Weitergabe eine zusätzliche, durch den Rechtsschutz in der Hauptsache nicht mehr vollständig auszugleichende Beeinträchtigung eintritt.[456]

Gerade diese Überlegung trägt dem Wesen einer Information Rechnung. Effektiv lässt sich einer Information nur durch Nichtweitergabe beziehungsweise die Unterbindung der Weitergabe entgegentreten, da ansonsten immer aus Information Wissen wird. Die Weitergabe von Informationen und damit die Vermehrung der Wissenden hat schließlich ein Mehr an Beeinträchtigung zur Folge, was so nicht mehr rückholbar ist. Allein die schlichte Datenübermittlung von einer Stelle an eine andere ist als rechtfertigungsbedürftiger Grundrechtseingriff zu bewerten, weil sich damit der Kreis derjenigen erweitert, die diese Daten kennen und von dieser Kenntnis Gebrauch machen können.[457] Die Eingriffsqualität ist dabei nicht von der Rechtsform des staatlichen Handelns abhängig, schlichthoheitliches Agieren reicht hierfür aus.[458]

Dementsprechend kann insbesondere die Übermittlung von produkt- und/oder unternehmensbezogenen Daten und Informationen einen rechtfertigungsbedürften Eingriff in die grundrechtlich geschützten Rechtspositionen des Wirtschaftsakteurs bedeuten und muss unter diesem Gesichtspunkt auch dem (einstweiligen) Rechtsschutz zugänglich sein. Ob letztlich dieses Recht in nicht gerechtfertigter Weise eingeschränkt wird, insbesondere von einer Ermächtigungsgrundlage gedeckt ist, bleibt sodann einer einzelfallbezogenen verwaltungsgerichtlichen Überprüfung vorbehalten. Jedenfalls sind in diesem Zusammenhang die genauen Vorgaben und Voraussetzungen der Ermächtigungsgrundlage, § 30 ProdSG, zu überprüfen. Sollte im Ergebnis feststehen, dass die Voraussetzungen der Ermächtigungsgrundlage nicht erfüllt sind, liegt ein ungerechtfertigter Eingriff in die oben genannten geschützten

---

454 Siehe hierzu die Darstellung der Rechtsprechung des Bundesverwaltungsgerichts auf S. 135 ff. dieser Arbeit.

455 Im Ergebnis so auch: *Voit*, ZLR 2008, S. 516 (522) zu dem RASFF-Schnellwarnsystem.

456 So zusammenfassend: *Voit*, ZLR 2008, 516 (522) zu BVerfG, NVWZ-RR 2000, S. 760 ff.; zustimmend wohl auch *Schoch*, ZLR 2010, S. 121 (131).

457 BVerwG, NJW 2005, S. 2330 (2331) m. w. N.; *Schoch*, ZLR 2010, S. 121 (131).

458 BVerwGE 90, 112 (120 ff.); BVerwG, NJW 2005, S. 2330 (2331); *Schoch*, ZLR 2010, S. 121 (131).

Rechtspositionen des Wirtschaftsakteurs vor und die Weiterleitung einer RAPEX-Meldung beziehungsweise Initiierung des RAPEX-Meldeverfahrens ist zu unterlassen.

cc. Nationale Maßnahme führt zu europaweiten Sanktionen

Neben der grenzüberschreitenden Wirkung präventiven Verwaltungshandelns (europaweite Wirkung von Anordnungen der Marktüberwachungsbehörden) ist weiterhin die repressive sanktionsrechtliche Bedeutsamkeit herauszustellen. Anerkannt ist, dass auch dann ein Eingriff vorliegt, wenn ein grundrechtlich geschütztes Verhalten als Anknüpfungspunkt für staatliche Sanktionen genommen wird.[459]

Die potenziellen sanktionsrechtlichen Folgen sollen nachfolgend kurz für die deutsche Rechtslage auf Grundlage des Produktsicherheitsgesetzes dargelegt werden. Es ist davon auszugehen, dass auch die anderen Europäischen Mitgliedstaaten über vergleichbare Sanktionstatbestände verfügen, wenn diese auch auf Grundlage unterschiedlicher straf- und ordnungswidrigkeitenrechtlicher Sanktionssysteme im Einzelfall beziehungsweise in ihren Einzelheiten unterschiedlich ausgestaltet sein mögen. Bereits der Richtliniengeber hat die „Sanktion" von Verstößen der Wirtschaftsakteure als ein Mittel zur Gewährleistung des Verbraucherschutzes erkannt und in Erwägungsgrund (22) der Produktsicherheitsrichtlinie 2001/95/EG hierzu gefordert: *„Damit sichergestellt ist, dass die den Herstellern und Händlern auferlegten Verpflichtungen auch tatsächlich eingehalten werden, sollten die Mitgliedstaaten Behörden einrichten oder benennen, die für die Überwachung der Produktsicherheit zuständig sind und die über die erforderlichen Befugnisse verfügen, um geeignete Maßnahmen treffen zu können; dazu gehört auch die Befugnis, wirksame, verhältnismäßige und abschreckende Sanktionen zu verhängen und für eine zweckmäßige Koordinierung zwischen den benannten Behörden Sorge zu tragen."*

459 *Pieroth/Schlink*, Grundrechte Staatsrecht II, § 6 Rn. 258.

Dieser Verpflichtung ist Deutschland durch §§ 39 und 40 ProdSG ekommen.[460]

---

460 Im Zuge der Neuregelung durch das ProdSG wurde gerade der Bußgeldrahmen signifikant erhöht, informativ hierzu: *Schucht*, StoffR 2012, S. 115 (115); als Sanktionsnormen kommen nicht allein Bestimmungen des ProdSG in Betracht. Auch in den speziellen Durchführungsverordnungen finden sich Sanktionstatbestände: § 4 1. ProdSV: Erste Verordnung zum Produktsicherheitsgesetz (Verordnung über die Bereitstellung der Betriebsmittel Spannungsgrenzen auf dem Markt vom 11. Juni 1979 (BGBl. I S. 629), die zuletzt durch Artikel 15 des Gesetzes vom 8. November 2011 (BGBl. I § 2178) geändert worden ist; § 22 2. GPSGV: Zweite Verordnung zum Geräte- und Produktsicherheitsgesetz (Verordnung über die Sicherheit von Spielzeug) vom 7. Juli 2011 (BGBl. I, S. 1350, 1470); § 7 6. ProdSV: Sechste Verordnung zum Produktsicherheitsgesetz (Verordnung über die Bereitstellung von einfachen Druckbehältern auf dem Markt vom 25. Juni 1992 (BGBl. I, S. 1171), die zuletzt durch Artikel 17 des Gesetzes vom 8. November 2011 (BGBl. I, S. 2178) geändert worden ist; § 6 7. ProdSV: Siebte Verordnung zu Produktsicherheitsgesetz (Gasverbrauchseinrichtungsverordnung) vom 26. Januar 1993 (BGBl. I, S. 133), die zuletzt durch Artikel 18 des Gesetzes vom 08. November 2011 (BGBl. I, S. 2178) geändert worden ist; § 9 8. ProdSV: Achte Verordnung zum Produktsicherheitsgesetz (Verordnung über die Bereitstellung von persönlicher Schutzausrüstung auf dem Markt) in der Fassung der Bekanntmachung vom 20. Februar 1997 (BGBl. I, S. 316), die zuletzt durch Artikel 16 des Gesetzes vom 08. November 2011 (BGBl. I, S. 2178) geändert worden ist; § 8 9. ProdSV: Neue Verordnung zum Produktsicherheitsgesetz (Maschinenverordnung) vom 12. Mai 1993 (BGBl. I, S. 704), die zuletzt durch Artikel 19 des Gesetzes vom 8. November 2011 (BGBl. I, S. 2178) geändert worden ist; § 5 10. ProdSV: Zehnte Verordnung zum Produktsicherheitsgesetz (Verordnung über die Bereitstellung von Sportbooten und den Verkehr mit Sportbooten) vom 9. Juli 2004 (BGBl. I, S. 1605), die zuletzt durch Artikel 20 des Gesetzes vom 8. November 2011 (BGBl. I, S. 2178) geändert worden ist; § 6 11. ProdSV: Elfte Verordnung zum Produktsicherheitsgesetz (Explosionsverordnung) vom 12. Dezember 1996 (BGBl. I S. 1974), die zuletzt durch Artikel 21 des Gesetzes vom 8. November 2011 (BGBl. I, S. 2178) geändert worden ist; § 6 12. ProdSV: Zwölfte Verordnung zum Produktsicherheitsgesetz (Aufzugsverordnung) vom 17. Juni 1998 (BGBl. I, S. 1393), die zuletzt durch Artikel 22 des Gesetzes vom 8.November 2011 (BGBl. I, S. 2178) geändert worden ist; § 6 13. ProdSV: Dreizehnte Verordnung zum Produktsicherheitsgesetz (Aeorosolpackungsverordnung) vom 27. September 2002 (BGBl. I, S. 3805), die zuletzt durch Artikel 23 des Gesetzes vom 8. November 2011 (BGBl. I, S. 2178) geändert worden ist; § 8 14. ProdSV: Vierzehnte Verordnung zum Produktsicherheitsgesetz (Druckgeräteverordnung) vom 27. September 2002 (BGBl. I, S. 3777, 3806), die zuletzt durch Artikel 24 des Gesetzes vom 8. November 2011 (BGBl. I, S. 2178) geändert worden ist; § 6 Kosmetikverordnung: Verordnung über kosmetische Mittel in der Fassung der Bekanntmachung vom 7. Oktober 1997 (BGBl. I, S. 2410), die zuletzt durch Artikel 1 der Verordnung vom 21. Dezember 2012 (BGBl. 2013 I, S. 2) geändert worden ist.

§ 39 ProdSG stellt eine Blankettvorschrift[461] dar, die bestimmte Verhaltensweisen als Ordnungswidrigkeiten qualifiziert. § 40 ProdSG enthält Strafvorschriften, die bei Zuwiderhandlung gegen einige der in § 39 ProdSG benannten Fälle einschlägig sind. Vorausgesetzt eine vorsätzliche Handlung wird beharrlich wiederholt oder durch eine vorsätzliche Handlung wird Leben oder Gesundheit eines anderen oder fremder Sachen von bedeutsamem Wert gefährdet.

Die vorsätzliche Begehungsweise bringt ein erhebliches Strafbarkeitspotenzial für die Wirtschaftsakteure mit sich. Entscheidend für die Voraussetzungen der tatbestandlichen Verwirklichung ist, ob es sich um ein abstraktes oder konkretes Gefährdungsdelikt handelt. Die Qualifizierung in § 40 ProdSG ist nicht auf einen konkreten Erfolg gerichtet. Da bereits die Herbeiführung einer Gefahr für die benannten Schutzgüter ausreicht, handelt es sich um ein Gefährdungsdelikt.[462] Abstrakten Gefährdungsdelikten wohnt es inne, dass bestimmte Verhaltensweisen für das Schutzgut generell gefährlich sind.[463] Dementgegen handelt es sich um ein konkretes Gefährdungsdelikt, wenn ein normwidriges Verhalten für das Schutzobjekt gefährlich sein kann und strafwürdig ist, wenn die Gefahr konkret im Einzelfall zu Tage tritt.[464] Zu bedenken ist, dass RAPEX-Meldungen immer nur bei einem ernsten Gesundheitsrisiko für den Verbraucher abgesetzt werden dürfen. Die Annahme, dass durch eine Handlung (das Bereitstellen eines Produktes auf dem Markt) Leben oder Gesundheit eines anderen gefährdet wird, erscheint jedenfalls begründbar. Dogmatisch gesehen dürfte allerdings wegen der damit verbundenen Hochqualifizierung von einer Ordnungswidrigkeit zu einem Straftatbestand, die geforderte Gefährdung von Gesundheit und Leben eine konkrete sein müssen. Wegen der einschneidenden sanktionsrechtlichen Folgen für den Wirtschaftsakteur und der Art des zu sanktionierenden Verhaltens handelt es sich nicht um ein abstraktes Gefährdungsdelikt. Wenn nämlich bereits jede abstrakte Gefährdung ausreichen würde, würde praktisch und potenziell jeder Sachverhalt – vorsätzliches Handeln vorausgesetzt – der zu einer RAPEX-Meldung führt, eine Straftat nach sich ziehen. § 40 ProdSG fordert, dass es „durch“ ein bestimmtes Verhalten zu der Gefahr für die Schutzgüter kommt. Auch dies spricht für ein konkretes Gefährdungsdelikt.

---

461 Instruktiv zu der Blankettnatur der Straf- und Bußgeldtatbestände für das Lebensmittelrecht: *Zipfel/Rathke*, Lebensmittelrecht, C 102, Vorb. §§ 58 – 62 Rn. 25 ff.

462 Wessels/Beulke, Strafrecht Allgemeiner Teil, § 1 Rn. 27.

463 Wessels/Beulke, Strafrecht Allgemeiner Teil, § 1 Rn. 29; Fischer, StGB Kommentar, § 9 Rn. 5a.

464 Wessels/Beulke, Strafrecht Allgemeiner Teil, § 1 Rn. 28; Fischer, StGB Kommentar, § 9 Rn. 4d.

Durch bestimmte (sicherheitsrelevante) Abweichungen besteht ein erhebliches straf- beziehungsweise ordnungswidrigkeitenrechtliches Sanktionspotenzial für den Wirtschaftsakteur.

Häufig wird, selbst für den Fall einer objektiven Tatbestandsverwirklichung, der Wirtschaftsakteur sein sorgfaltspflichtengemäßes Verhalten z. B. durch Eigenuntersuchungen und die Darlegung seiner Qualitätssicherungsarbeit belegen können, so dass eine Sanktion in Ermangelung der Verwirklichung (auch) des subjektiven Tatbestandes ausscheidet. Gerade dies dürfte der Regelfall sein.

Durch die ursprüngliche marktüberwachungsbehördliche Beanstandung jedoch wandelt sich der Kenntnisstand des Wirtschaftsakteurs dahingehend, dass er mit einem bestimmten von seinem Produkt – angeblich – ausgehenden Problem konfrontiert wird und nunmehr davon weiß. Der gute Glaube an sein qualitativ hochwertiges und sicheres Produkt wird durch die Konfrontation mit dem marktüberwachungsbehördlichen Sachverhalt erschüttert. Durch die Mitteilung der Marktüberwachungsbehörde, dass von einem bestimmten Produkt ein ernstes Gesundheitsrisiko für den Verbraucher ausgeht beziehungsweise ausgehen kann, wird der Wirtschaftsakteur (zumindest erst einmal) „bösgläubig“. Ohne weitere Maßnahmen dürfte der Wirtschaftsakteur das Produkt nicht mehr vertreiben, will er sich nicht dem Vorwurf (zumindest bedingt) vorsätzlichen Verhaltens ausgesetzt sehen. Weitergehende Maßnahmen sind dabei nicht zwangsläufig mit marktbezogenen Maßnahmen gleichzusetzen. Der Wirtschaftsakteur kann ebenfalls – häufig unter Zuhilfenahme von externem Expertenrat spezialisierter Rechtsanwaltskanzleien und/oder Sachverständiger – eine eigene Bewertung des Vorganges vornehmen und schlussendlich eine Entscheidung treffen. Durch diese sachverständige Auseinandersetzung mit dem vorgeworfenen Sachverhalt findet dann der Wirtschaftsakteur häufig den Weg zurück in die Gutgläubigkeit.

Situationen mit Konfliktpotenzial werden aber gerade dann auftreten, wenn die Marktüberwachungsbehörde insbesondere im Rahmen der Risikobewertung zu einem anderen Ergebnis gelangt als der Wirtschaftsakteur, der sein Produkt weiterhin als sicher erachtet. Wenn nunmehr die Marktüberwachungsbehörde gleichwohl Maßnahmen einleitet und eine RAPEX-Meldung absetzt und diese an die übrigen Mitgliedstaaten validiert wird, erlangen die empfangenden Marktüberwachungsbehörden der anderen Mitgliedstaaten davon Kenntnis, dass ein Produkt von einem namentlich bekannten und benannten Wirtschaftsakteur auf dem Markt bereitgestellt wurde, von dem ein ernstes Risiko für die Gesundheit der Verbraucher ausgeht. Neben den oben bereits dargestellten präventiven marktbezogenen Maßnahmen, wird auch in dem empfangenden

Mitgliedstaat die Prüfung beginnen, ob dem Wirtschaftsakteur ein Straf- oder Ordnungswidrigkeitenvorwurf zu machen ist. Aus Sicht der empfangenden Marktüberwachungs- beziehungsweise Sanktionsbehörden der Mitgliedstaaten ist der Wirtschaftsakteur jedenfalls wegen der bereits veranlassten oder angedachten Maßnahmen und damit auch der Kenntnis von einem bestimmten Vorgang „bösgläubig". Die RAPEX-Meldung bringt also die repressive Wirkung einer Vielzahl potenzieller sanktionsrechtlicher Verfahren gegen den Wirtschaftsakteur mit sich. Dies ist, jedenfalls bei Sachverhalten die sich unter einen Straftatbestand subsumieren lassen, die vom Rechtsstaat absehbare und gewollte Folge. Im Strafverfahren gilt nämlich das Legalitätsprinzip[465], wonach die Staatsanwaltschaft grundsätzlich verpflichtet ist, wegen aller verfolgbaren Straftaten einzuschreiten, sofern zureichende tatsächliche Anhaltspunkte vorliegen, § 152, Abs. 2 StPO[466].

Die tatsächlichen und sanktionsrechtlichen Auswirkungen einer RAPEX-Meldung, insbesondere im Falle einer unberechtigten, sind offensichtlich. Der Wirtschaftsakteur müsste – zumindest vorübergehend – von der Vermarktung eines Produktes absehen, will er sich nicht einer Vielzahl europaweiter Sanktionsverfahren ausgesetzt sehen. Gerade der Ausgang sanktionsrechtlicher europaweiter Verfahren ist nicht überschaubar und führt so zu einem nicht hinnehmbaren Nachteil für den betroffenen Wirtschaftsakteur. Die Sanktionsverfahren – selbst für den Fall, dass sie bereits eingeleitet sind – beziehungsweise das konkrete Bevorstehen eines künftigen Strafverfahrens, führen jedenfalls zu einer Beeinträchtigung und machen es dem Wirtschaftsakteur (rechtlich) unmöglich sein grundrechtlich geschütztes Verhalten auch weiterhin auszuüben, was insbesondere zu einer deutlichen Einschränkung der Berufsfreiheit gem. Art. 12 Abs. 1 Grundgesetz führt. Das grundrechtlich geschützte Verhalten des Wirtschaftsakteurs wird als Anknüpfungspunkt für eine staatliche Sanktion genommen. Jedenfalls führt auch die konkrete Möglichkeit zu einer deutlichen Einschränkung der Berufsfreiheit.

Auch diese dargestellte Folge spricht für die Annahme eines grundsätzlich möglichen Eingriffs durch die Initiierung und Weiterleitung einer RAPEX-Meldung. Dem Wirtschaftsakteur kann es nicht zugemutet werden, zunächst abzuwarten, ob eine RAPEX-Meldung diese sanktionsrechtliche Folge tatsächlich auslöst beziehungsweise sein grundrechtlich geschütztes Verhalten unmöglich

465 Vgl. hierzu: *Meyer-Goßner/Schmitt*, Strafprozessordnung, § 152 Rn. 2.

466 Strafprozessordnung in der Fassung der Bekanntmachung vom 7. April 1987 (BGBl. I S. 1074, 1319), die durch Artikel 8 des Gesetzes vom 31. August 2013 (BGBl. I S. 3533) geändert worden ist.

macht. Bereits mit Weitergabe der Information gibt nämlich der meldende Mitgliedstaat die tatsächliche Einflussmöglichkeit auf die Sanktionsbehörden der anderen Mitgliedstaaten aus der Hand. Selbstverständlich kommt der meldenden Marktüberwachungsbehörde keine Kompetenz zu, in anderen Mitgliedstaaten über potenzielle Sanktionen eines Marktverhaltens des Wirtschaftsakteurs zu entscheiden. Der Sanktionsausschluss ist vielmehr tatsächlicher Natur. Soweit die Botschaft über ein angeblich unsicheres Produkt erst gar nicht kommuniziert wird, wird diese ersichtlich auch keine Sanktionsgedanken in den (dann nicht) empfangenden Mitgliedstaaten auslösen können. Die nachteiligen Folgen für den Wirtschaftsakteur lassen sich im Nachhinein also nicht mehr mit Sicherheit beseitigen, so dass der möglichen Beeinträchtigung nur nachhaltig durch Gewährung von einstweiligem Rechtsschutz entgegnet werden kann.

Kurzum hat die RAPEX-Meldung, unabhängig davon, welche präventiven Maßnahmen zur möglichen Gefahrenabwehr veranlasst wurden oder beabsichtigt sind, zur Folge, dass der Wirtschaftsakteur von der weiteren Vermarktung wegen drohender Sanktionsmaßnahmen absehen wird, beziehungsweise absehen muss. Anderenfalls sähe er sich einer möglichen Vielzahl sanktionsrechtlicher Verfahren ausgesetzt. Spätestens mit der RAPEX-Meldung ist der Wirtschaftsakteur aus Sicht der Mitgliedstaaten „bösgläubig" und fortan zumindest bedingt vorsätzlich unterwegs.

Durch die potenziellen, sich konkret abzeichnenden sanktionsrechtlichen Folgen wird dem Wirtschaftsakteur ein grundrechtlich geschütztes Verhalten verunmöglicht mit der Folge, dass ein Eingriff in grundrechtlich geschützte Position anzunehmen ist.

dd. Ziel, Funktion, Sinn und Zweck einer RAPEX-Meldung

Für die rechtliche Analyse, ob die Weiterleitung einer RAPEX-Meldung beziehungsweise die Initiierung des RAPEX-Meldeverfahrens einen Eingriff bedeuten kann, ist auch die Motivationslage der handelnden Marktüberwachungsbehörden bedeutsam. Denn gerade für das Vorliegen eines faktischen Grundrechtseingriffes spricht die Finalität einer staatlichen Maßnahme.[467] Ein Eingriff durch die staatliche Maßnahme ist jedenfalls dann gegeben, wenn die öffentliche Hand einen Eingriff in die Grundrechte bezweckt.[468]

Der Schutz des Grundrechts aus Art. 12 Abs. 1 Grundgesetz wäre jedoch unvollständig, wenn ausschließlich bezweckte Folgen staatlichen Handelns eine

467 *Pieroth/Schlink*, Grundrechte Staatsrecht II, § 7 Rn. 140.
468 *Pieroth/Schlink*, Grundrechte Staatsrecht II, § 7 Rn. 140.

Beeinträchtigung der Berufsfreiheit darstellen könnten, weshalb auch vorhersehbare und in Kauf genommene Nebenfolgen eine schwerwiegende Beeinträchtigung bewirken.[469]

Vor diesem Hintergrund gilt es zu beleuchten, aus welcher Motivationslage heraus und mit welchem Ziel die Marktüberwachungsbehörden tätig werden und inwieweit RAPEX-Meldungen für die Durchsetzung des Marktüberwachungsauftrages instrumentalisiert werden. Entscheidend kommt es also auf das letztliche Ziel von RAPEX-Meldungen an.

Erklärtes Ziel der Produktsicherheitsrichtlinie 2001/95/EG ist es, ein hohes Verbraucherschutzniveau zum Schutz der Gesundheit und Sicherheit der Verbraucher zu gewährleisten.[470] Eines der bemühten Marktüberwachungsinstrumente ist RAPEX. In dem europaweiten Netzwerk der Marktüberwachungsbehörden der Mitgliedstaaten dient RAPEX dem raschen Informationsaustausch, um in abgestimmter Weise eine verbesserte operative Zusammenarbeit in Fragen der Marktüberwachung und bei anderen Überwachungsmaßnahmen zu erleichtern, um insbesondere die Risikobewertung, Produktprüfung, den Austausch von Know-how, die Durchführung gemeinsamer Überwachungsvorhaben, die Rückverfolgung der Produktherkunft und die Rücknahme oder den Rückruf gefährlicher Produkte herbeizuführen.[471] RAPEX-Meldungen zielen u. a. darauf ab, die Bereitstellung gefährlicher Produkte auf dem Markt zu verhindern oder zu beschränken.[472]

Gemäß ihrem staatlichen Verbraucherschutzauftrag sind die Marktüberwachungsbehörden nicht nur dazu berufen, bestimmte marktbezogene Maßnahmen auf nationaler Ebene zu ergreifen. Vielmehr soll zielgerichtet erreicht werden, dass ein bestimmtes Produkt nicht länger auf dem Markt bereitgestellt wird. Das RAPEX-System ist also ein Instrument dafür, die Vermarktung eines Produktes in Gesamteuropa schnellstmöglich zu unterbinden oder zumindest einzuschränken.[473] Es kommt den meldenden Marktüberwachungsbehörden also gerade auf die negativen Vermarktungsfolgen an. Primäres Ziel ist dabei

469 BVerwG, JZ 1991, S. 624 (626) mit Anmerkungen *Gröschner*, JZ 1991, 628 ff. unter Verweis auf BVerwG, NJW 1989, 2272 (2273) und *Heintzen*, VerwArch 81, S. 532 (545 ff.).

470 Erwägungsgrund 4 der Richtlinie 2001/95/EG.

471 Erwägungsgrund 25 der Richtlinie 2001/95/EG.

472 Vgl. Anhang zur Entscheidung 2010/15/EU Anlage 5 Ziffer 1.1.

473 Europäische Kommission, Sicherheit für europäische Verbraucher, Jahresbericht 2012 über das Schnellwarnsystem für gefährliche Produkte ausgenommen Lebensmittel RAPEX, S. 52.

zwar der Schutz der Verbraucher, der damit als untrennbar verbunden angesehen wird, aber auch der Vermarktungsstopp eines bestimmten Produktes.[474] Wenn hierin nicht bereits ein bezweckter Eingriff – und dafür spricht einiges – zu sehen ist, sind die Nebenfolgen des staatlichen Eingriffs jedenfalls vorhersehbar und werden in Kauf genommen. Die Rücknahme eines Produktes vom Markt und, wenn dieses den Verbraucher bereits erreicht haben kann, die Durchführung eines öffentlichen Rückrufes stellen nämlich häufig die letztverbleibenden Mittel dar, den Verbraucherschutz zu gewährleisten. Vorhersehbar (wie sich aus der gesetzlichen Verpflichtung der einzelnen Marktüberwachungsbehörden ergibt) werden die einzelnen Mitgliedstaaten ihrerseits Folgemaßnahmen ergreifen, um die Weitervermarktung eines Erzeugnisses zu unterbinden. Die Folge, die Weitervermarktung zu unterbinden, steht dabei im Lichte des Verbraucherschutzes und im Fokus der meldungsabsetzenden Marktüberwachungsbehörde.

Ein faktischer Eingriff wird also auch unter Finalitätsgesichtspunkten der marktüberwachungsbehördlichen Maßnahme anzunehmen sein.

ee. Effektiver Rechtsschutz

RAPEX-Meldungen haben und können eine Vielzahl an Folgen und Reaktionen im gesamten Raum der europäischen Mitgliedstaaten auslösen. Einige Folgen treten – insbesondere bei RAPEX-Meldungen gem. Art. 12 Abs. 1 Produktsicherheitsrichtlinie 2001/95/EG – vorhersehbar und (un-)mittelbar ein. Die RAPEX-Meldungen bringen mannigfache Auswirkungen mit sich, die den Wirtschaftsakteur nicht nur „belästigen", sondern nachhaltig und schwerwiegend treffen.

Mit der Weiterleitung einer RAPEX-Meldung beziehungsweise Initiierung des RAPEX-Meldeverfahrens setzt die meldende Marktüberwachungsbehörde einen Kausalverlauf in Gang, der ersichtlich die bereits verdeutlichten Wirkungen herbeiführt beziehungsweise herbeiführen kann. Durch die Weiterleitung verringert sich die Einfluss- und Kontrollmöglichkeit der meldenden Marktüberwachungsbehörde auf die tatsächlich wie rechtlich eintretenden Folgen, auch wenn diese häufig im Detail bereits konkret erwartet, absehbar und beabsichtigt sind.

Vor diesen Hintergründen den betroffenen Wirtschaftsakteur allein auf die Möglichkeit der Inanspruchnahme von Rechtsschutz gegen Maßnahmen der

474 Siehe zusammenfassend zu den Zielen von RAPEX, Europäische Kommission, Sicherheit für europäische Verbraucher, Jahresbericht 2012 über das Schnellwarnsystem für gefährliche Produkte ausgenommen Lebensmittel RAPEX, S. 52.

empfangenden Marktüberwachungsbehörden zu verweisen, erscheint rechtsstaatlich bedenklich.[475] Den Wirtschaftsakteur allein auf den Rechtsschutz gegen die Maßnahme selbst oder die Maßnahme der empfangenden Mitgliedstaaten zu verweisen, bedeutet eine aus rechtsstaatlicher Sicht nicht mehr vertretbare Begrenzung. Wie bereits verdeutlicht kommt dem Rechtsschutz gegen eine marktbezogene Maßnahme keine aufschiebende Wirkung für die aus ihr resultierende RAPEX-Meldung zu. Auch kann gegen eine RAPEX-Meldung mangels VA-Qualität kein Widerspruch mit aufschiebender Wirkung eingelegt werden, weshalb es aus Gründen des effektiven Rechtsschutzes nach Art. 19 Abs. 4 GG notwendig ist, insbesondere um Verwechslungen oder nicht tragfähige Schlüsse aus Tatsachenmaterial zu verhindern, eine (vorherige) Kontrollmöglichkeit zu eröffnen.[476]

In diesem Zusammenhang könnte man jedoch die Ansicht vertreten, dass die Gewährung von Rechtsschutz auf nationaler Ebene gegenüber den meldenden Marktüberwachungsbehörden dazu führen könnte, dass die Marktüberwachungsbehörden der anderen Mitgliedstaaten von vornherein der Möglichkeit beraubt würden, Sachverhalte eigenständig zu bewerten, um gegebenenfalls Maßnahmen zum Schutz der Verbraucher zu ergreifen.[477]

Diese Auffassung ist jedoch abzulehnen, da durch die Weitergabe einer Meldung dem Wirtschaftsakteur Nachteile erwachsen können, die im Rechtsschutzverfahren gegen die letztlich veranlasste Maßnahme nicht mehr auszugleichen und zu beseitigen sind.[478]

Der Wirtschaftsakteur sähe sich bei pauschaler Verweisung der Inanspruchnahme von Rechtsschutz in den empfangenden Mitgliedstaaten der praktischen Schwierigkeit ausgesetzt, einer Mehrzahl von Beteiligten, die unterschiedlichen Rechtssystemen unterworfen sind, gegenüber zu stehen.[479] Die Notwendigkeit sich in mehreren Mitgliedstaaten gleichzeitig gegen Maßnahmen zur Wehr setzen zu müssen, erschwert den für den Wirtschaftsakteur zu erlangenden Rechtsschutz erheblich.[480] Erschwerend kommt hinzu, dass gerade in Fällen einer

475 A. A. wohl: *Müller*, Die Bewältigung von Lebensmittelrisiken durch Risikokommunikation, S. 75 ff. für eine RASFF-Schnellwarnung.

476 So auch *Zechmeister/Van der Schoot*, ZLR 2008, S. 583 (598 f).

477 So *Kraft*, ZLR 2008, S. 257 (260).

478 *Voit*, ZLR 2008, S. 516 (522) unter Verweis auf BVerwG, NVwZ-RR 2000, S. 760 (760 ff.); *Zechmeister/Van der Schoot*, ZLR 2008, S. 583 (594); im Ergebnis zustimmend wohl auch *Schoch*, ZLR 2010, S. 121 (131).

479 Vgl. *Gundel*, ZLR 2008, S. 159 (163), der die Problematik des zutreffenden Haftungsschuldners beleuchtet.

480 *Zechmeister/Van der Schoot*, ZLR 2008, S. 583 (594).

RAPEX-Meldung gem. Art. 12 Abs. 1 Produktsicherheitsrichtlinie 2001/95/EG wegen des – wenn auch vielleicht tatsächlich nicht gegebenen – ernstlichen Gesundheitsrisikos besondere Eile geboten ist. In einer solchen Situation ist es nahezu unmöglich, in einer Vielzahl europäischer und außereuropäischer Mitgliedstaaten (effektiven) Rechtsschutz zu erlagen.

Wirksamer Rechtsschutz setzt auch voraus, rechtzeitig von bevorstehenden Maßnahmen zu erfahren. Zudem muss dem Wirtschaftsakteur auch sein potenzieller Antrags- beziehungsweise Klagegegner bekannt sein. Ob dies – selbst im Fall einer durchgeführten Anhörung – tatsächlich immer und lückenlos der Fall ist, lässt sich bezweifeln. Der Wirtschaftsakteur sähe sich also der Lage ausgesetzt, nicht einmal zu wissen, welche Maßnahmen zu ergreifen sind. Der Wirtschaftsakteur wäre jeglicher Möglichkeit vorläufigen Rechtsschutzes beraubt. Aber auch die Erlangung von effektivem Rechtsschutz in der Hauptsache ist nur schwer möglich, wenn beispielsweise die RAPEX-Meldung ein Produkt betrifft, das europaweit vertrieben wird. Nach erfolgter RAPEX-Meldung ordnen nunmehr die einzelnen mitgliedstaatlichen Marktüberwachungsbehörden Folgemaßnahmen an. Keinesfalls darf pro Mitgliedstaat nur eine Anordnung erfolgen. Der mit den Anordnungen nicht einverstandene Wirtschaftsakteur müsste also flächendeckend in allen Mitgliedstaaten und deren Regionen vor Gericht ziehen. Damit ist eine enorme finanzielle Belastung verbunden, da sich der Wirtschaftsakteur gleich mehrere Rechtsbeistände suchen muss, um seine rechtlichen Interessen überhaupt verfolgen zu können. Ein gerichtliches Vorgehen „auf eigene Faust" ist, wenn dies nicht bereits aus prozessualen Gründen ausgeschlossen ist, zum Scheitern verurteilt. Zudem dürfte es einige Jahre in Anspruch nehmen, bis der Wirtschaftsakteur eine Entscheidung (in jedem Mitgliedstaat und jeder Region) erhält. Resultat der Vielzahl angerufener Gerichte wird ein Sperrfeuer heterogener Entscheidungen sein. Mit anderen Worten: Dem Wirtschaftsakteur wird damit nicht geholfen.

Der Verweis auf die Inanspruchnahme von Rechtsschutz gegen Maßnahmen der empfangenden Mitgliedstaaten ist rein theoretischer Natur und wird den praktischen Notwendigkeiten nicht gerecht.

Allein die Bundesrepublik Deutschland bietet einem Wirtschaftsakteur aufgrund seiner föderalen Struktur zahlreiche Marktüberwachungsbehörden, die – und dies zeigen die fast täglichen Erfahrungen – unterschiedliche Herangehensweisen, Rechtsauffassungen und damit auch Maßnahmen für notwendig erachten. Die Widersprüche sind zum Teil erheblich. Potenziert man diesen Standpunkt nun mit allen weiteren EU-Mitgliedstaaten, wird die Dimension und Rechtsschutzherausforderung offenkundig. Dieser „Zersplitterung" lässt sich nur entgegenwirken und effektiver Rechtsschutz nur gewährleisten, wenn dem Wirtschaftsakteur bereits auf deutscher (meldender) Ebene der Weg zu den Verwaltungsgerichten zugesprochen wird. Maßgebliches Anliegen der Europäischen Union und auch der Produktsicherheitsrichtlinie 2001/95/EG ist es, das Funktionieren des Binnenmarktes zu verbessern, der einen Raum ohne Binnengrenzen umfasst, in dem der freie Verkehr von Waren, Personen, Dienstleistung und Kapital gewährleistet wird.[481]

Das Handeln (Weiterleitung/Initiierung einer RAPEX-Meldung) deutscher Marktüberwachungsbehörden muss sich an den geltenden Rechtsvorschriften messen lassen und rechtswidriges Handeln Dritter muss notwendigenfalls durch die Gerichte unterbunden werden können und zwar dergestalt, dass jeder weitere Schaden an den Rechtsgütern des Wirtschaftsakteurs unterbunden und verhindert wird.[482]

Dies entspricht im Übrigen auch der vom Europäischen Gesetzgeber konstatierten Verantwortlichkeitenverteilung für marktüberwachungsbehördliche Maßnahmen, insbesondere die Inhalte einer RAPEX-Meldung. Der Europäische Gesetzgeber stellt klar, dass der meldende Mitgliedstaat (allein) für die Inhalte der mitgeteilten Information verantwortlich ist.[483]

Die nach europäischem Verständnis bestehende Verantwortlichkeit der Mitgliedstaaten wird in Deutschland durch § 30 Abs. 4 Satz 1 ProdSG nochmals näher konkretisiert. Der BAuA als nationale Kontaktstelle wird nämlich (lediglich) eine Vollständigkeits- und Schlüssigkeitsprüfung übertragen. Dies bedeutet im Umkehrschluss, dass die darüberhinausgehende inhaltliche Verantwortung für die Entscheidung, ob überhaupt eine RAPEX-Meldung abgesetzt wird, bei den Marktüberwachungsbehörden liegt. Verantwortung kann nämlich immer nur dort begründet werden, wo auch Kompetenzen geschaffen und zuerkannt werden.

Effektiver Rechtsschutz muss dort ansetzen, wo die Ursprungsentscheidung getroffen wird. Dem entspricht es nicht, zunächst die Verantwortlichkeit für das Ob und Wie einer RAPEX-Meldung der meldenden Marktüberwachungsbehörde zu übertragen, den Wirtschaftsakteur dann aber an die empfangenden Marktüberwachungsbehörden zu verweisen. Steht eine Presseveröffentlichung mit unwahren Tatsachenbehauptungen bevor, gilt es diese im Vorfeld gegenüber dem Verlag zu unterbinden. Keinesfalls ist es richtig, die einzelnen informierten

---

481 Siehe Erwägungsgrund 2 der Richtlinie 2001/95/EG

482 So auch *Zechmeister/Van der Schoot*, ZLR 2008, S. 583 (594) für das RASFF-Schnellwarnsystem.

483 Vgl. Anhang II Nr. 10 Richtlinie 2001/95/EG; Anhang zur Entscheidung 2010/15/EU Anlage 5 Ziffer 3.2.4.

Verbraucher darauf zu verklagen, die unwahren Tatsachen nicht zu glauben und auch keine weiteren Handlungen daraus abzuleiten.

Vor diesem Hintergrund ist dann auch Erwägungsgrund (37) der Richtlinie 2001/95/EG zu verstehen, wonach die Mitgliedstaaten dafür Sorge zu tragen haben, dass bei den zuständigen Gerichten geeignete Rechtsbehelfe gegen Maßnahmen der zuständigen Behörden eingelegt werden können, durch die das Inverkehrbringen eines Produktes beschränkt oder seine Rücknahme oder sein Rückruf angeordnet wird. Eine solche Maßnahme im weiteren Sinne stellt auch die Initiierung des RAPEX-Meldeverfahrens beziehungsweise die Weiterleitung einer RAPEX-Meldung dar. Diese Maßnahme muss im Wege verwaltungsgerichtlichen Rechtsschutzes genau in dem Mitgliedstaat und gegenüber der zuständigen Marktüberwachungsbehörde ermöglicht werden, die letztlich auch für die RAPEX-Meldung selbst und insbesondere für ihre Inhalte verantwortlich ist. Es reicht nicht der Verweis auf irgendeinen Rechtsbehelf aus, vielmehr muss dieser der „geeignete" sein. Primär kommt als wirksames und damit geeignetes Mittel allein der Rechtsschutz gegen die Weiterleitung einer RAPEX-Meldung beziehungsweise Initiierung des RAPEX-Meldeverfahrens selbst in Betracht.

Im Interesse des effektiven Rechtsschutzes ist es also geboten, dem Wirtschaftsakteur einstweiligen Rechtsschutz gegen die Weiterleitung einer RAPEX-Meldung beziehungsweise die Initiierung des RAPEX-Meldeverfahrens zuzusprechen.[484]

ff. Ermittlung der Vertriebswege

RAPEX-Meldungen werden von den Marktüberwachungsbehörden zum Anlass genommen – dies stellt gerade eine formulierte und beabsichtigte Folgemaßnahme dar – den Vertriebsweg eines bestimmten Produktes zu ermitteln.[485]

Mit dieser Ermittlung der Vertriebswege wird nicht nur der primär verantwortliche Hersteller eines Produktes angesprochen, sondern möglicherweise auch dessen Vorlieferanten und – was praktisch wesentlich bedeutsamer ist – dessen

484 So wohl auch *Voit*, ZLR 2008, S. 516 (522) für das RASFF-Schnellwarnsystem.

485 Vgl. Anhang II Nr. 10 Richtlinie 2001/95/EG; Anhang zur Entscheidung 2010/15/EU Anlage 5 Ziffer 3.7.2. wonach der Mitgliedstaat nach einer Meldung die darin übermittelten Informationen prüft und er geeignete Maßnahmen ergreift um festzustellen, ob das Produkt in seinem Hoheitsgebiet auf dem Markt bereitgestellt worden ist; ergänzende Informationen einzuholen, die für andere Mitgliedstaaten relevant sein können, z. B. Informationen über die Vertriebswege des gemeldeten Produktes in anderen Mitgliedstaaten.

Abnehmer.[486] Die behördliche Ermittlung der Bezugs- und Vertriebswege führt zu einer erheblichen Außenwirkung einer Schnellwarnung.[487] Für den Wirtschaftsakteur besteht die konkrete Gefahr, wenn nicht sogar die letztliche Gewissheit, dass Handelspartner besonders empfindlich reagieren und vorsorglich zum vollständigen Vermarktungsstopp tendieren[488] oder das Produkt sofort auslisten, was mitunter existenzbedrohende Auswirkungen haben kann.[489]

In diesem Zusammenhang ist auch die Entscheidung des Verwaltungsgerichts München zu sehen. Das Gericht führt aus, dass die Klägerin dargelegt habe, dass sie vertraglich verpflichtet sei, über eine Schnellwarnung – ebenso wie für den Fall einer Untersagung des Inverkehrbringens – ihre Kunden zu verständigen, damit weitergehende Schäden für den Kunden vermieden würden.[490] Die oben beschriebene Gefahr, dass sich die Marktüberwachungsbehörden zur Ermittlung der Vertriebswege auch an die Handelspartner wenden, korrespondiert mit der häufig bestehenden Vertragsgestaltung, wonach sich der Hersteller dazu verpflichtet, in Fällen mit Schnellwarnmeldungspotenzial beziehungsweise dem konkreten Bevorstehen einer Schnellwarnmeldung, den Handelspartner zu informieren. Bereits von dieser praktisch bedeutsamen Vertragsausgestaltung geht ein deutliches Signal der Wesentlichkeit einer solchen RAPEX-Meldung aus. Auch das mit der Ware belieferte Handelsunternehmen ist bestrebt, von der Öffentlichkeit positiv wahrgenommen zu werden. Hierzu gehört es dann – aus rein vorsorglichen Gründen – auch, Produkte, die mit dem „Makel" einer Schnellwarnmeldung belastet sein könnten, umgehend aus dem Verkauf zu nehmen. Dieser Makel dürfte sich selbst für den Fall, dass der Vorgang insgesamt – gegenüber der ursprünglich angenommenen Gefahrenlage – abgeschlossen wurde, nicht wieder beseitigen lassen.

Die Einstufung eines Produktes als „riskant" oder „gefährlich" führe – so das VG München – zu erheblichen Imagenachteilen und damit wirtschaftlichen Schäden, die das Recht am eingerichteten und ausgeübten Gewerbebetrieb aus

---

486 *Grube/Immel/Wallau*, Verbraucherinformationsrecht, S. 299 f., Rn. 70 für das RASFF-System.

487 *Grube/Immel/Wallau*, Verbraucherinformationsrecht, S. 299, Rn. 70 für das RASFF-System; *Grube*, LMuR 2011, S. 21 (23 in Fußnote 8).

488 *Grube/Immel/Wallau*, Verbraucherinformationsrecht, S. 300, Rn. 70 für das RASFF-System.

489 *Schroeder*, in: Böhm/Freund/Voit, Information und Kommunikation von Unternehmen und Behörden, S. 9 (22) zur Auswirkung einer negativen Information über ein Lebensmittel.

490 VG München, Urteil vom 26.09.2011, Az.: M 18 K 11.1445, Rn. 35-juris.

Art. 14 GG verletzen, wenn die Einstufung zu Unrecht erfolgt sei.[491] Die auftretenden Irritationen der Kunden ziehen nämlich regelmäßig schwere wirtschaftliche Nachteile für das betroffene Produktions- oder Lieferunternehmen nach sich.[492]

Herzstück dieser Überlegungen ist die praktische Dynamik innerhalb der Vertriebskette. Eine schwerwiegende Beeinträchtigung des Herstellers, Importeurs oder (Groß-)Händlers folgt nicht allein aus einer nachteiligen Wahrnehmung durch den Verbraucher. Ebenso bedeutsam ist auch das Vertrauens- und Geschäftsverhältnis zu den gewerblichen Kunden. Durch die vertragliche Regelung oder eine vertrauens- und respektvolle Geschäftsbeziehung leitet sich eine zivilrechtliche beziehungsweise persönliche Meldepflicht für den Hersteller/Lieferanten ab. Keinesfalls steht es zur Disposition des Herstellers/Lieferanten, ob er gegenüber seinem Kunden meldet. Dieser möchte weder mit seinen Verträgen noch mit seinen Kunden brechen. Mit dieser Verpflichtung geht aber auch eine direkte Außenwirkung der bislang nur den Marktüberwachungsbehörden bekannten RAPEX-Meldung einher. Wie dargelegt, führt diese Meldung zu einem protektionistischen Handeln des Kunden (insbesondere dem Handel), der dieses Produkt (von dem ausgegangen wird, dass es mit einem ernsten Risiko verbunden ist) umgehend und flächendeckend aus dem Verkauf nehmen und es an seinen Lieferanten zurückgeben wird. Die eintretenden Folgen betreffen also nicht allein die weitere Absatzmöglichkeit der Produkte, sondern auch die (möglicherweise über viele Jahre gewachsene) Kundenbeziehung. Dem Schutz des eingerichteten und ausgeübten Gewerbebetriebes unterliegen nicht lediglich die Betriebsgrundstücke und -räume und die Einrichtungsgegenstände, die Warenvorräte und die Außenstände, sondern auch geschäftliche Verbindungen, Beziehungen, der Kundenstamm, kurzum was den wirtschaftlichen Wert eines Unternehmens ausmacht.[493] Art. 14 Grundgesetz schützt zum einen gegen finale Eingriffe in den Betrieb und zum anderen auch gegen hoheitliche Beeinträchtigungen von Geschäftsbeziehungen, des Kundenstamms und der Marktstellung,

---

491 VG München, Urteil vom 26.09.2011, Az.: M 18 K 11.1445, Rn. 35-juris; so auch zu den möglichen Folgen *Grube/Immel/Wallau*, Verbraucherinformationsrecht, S. 300, Rn. 70; so auch *Schmidt*, Recht 2011, S. 231 (233), der von einer stigmatisierenden Wirkung spricht, die das gute geschäftliche Ansehen des betroffenen Unternehmens schädige; *Zechmeister/Van der Schoot*, ZLR 2008, S. 583 (593 ff.) der wohl eher das Grundrecht aus Art. 12 Abs. 1 GG für einschlägig hält.

492 *Grube/Immel/Wallau*, Verbraucherinformationsrecht, S. 304 Rn. 81.

493 *Gusy*, in: v. Mangoldt/Klein/Starck, GG, Art. 14 Rn. 132 mit Verweis auf: BGHZ 23, 157 (162 ff.); 45, 150 (155); 78, 41 (44).

aber auch gegen unmittelbar beeinträchtigende Folgen hoheitlichen Handelns, das zu einer Marktwerteinbuße des Unternehmens führt.[494]

Es wird deutlich, dass einer RAPEX-Meldung erfahrungsgemäß erhebliche praktische Bedeutung innerhalb der Vertriebsketten und Geschäftsbeziehungen zukommt, weshalb die Eingriffsqualität eines entsprechenden verwaltungsbehördlichen Handelns grundsätzlich nahe liegt.

gg. Ergebnis: RAPEX als Eingriff

Es wurde untersucht, ob mit der Weiterleitung beziehungsweise Initiierung des RAPEX-Meldeverfahrens ein Eingriff in grundrechtlich geschützte Positionen verbunden sein kann. Die dargestellten Folgen und Wirkungen einer RAPEX-Meldung machen deutlich, dass dem Wirtschaftsakteur die Möglichkeit der Inanspruchnahme verwaltungsgerichtlichen Rechtsschutzes zugesprochen werden muss. Der zum RASFF-System vertretenen Gegenauffassung ist – jedenfalls was das RAPEX-System anbelangt – nicht zu folgen. Es handelt sich weder um einen bloßen behördeninternen Weiterleitungsvorgang ohne jedwede Grundrechtsrelevanz, noch ist es aus rechtsstaatlicher Sicht vertretbar, den Wirtschaftsakteur alleine auf einen Rechtsschutz gegen die Ursprungs- oder Folgemaßnahmen zu verweisen. Weshalb Schnellwarnmeldungen also der gerichtlichen Kontrolle entzogen sein sollen, erscheint nicht nachvollziehbar.

Das RAPEX-System erleidet hierdurch keinerlei Nachteil, da letztlich durch die Möglichkeit einer fachgerichtlichen Kontrolle die Qualität der schlussendlich eingestellten RAPEX-Meldung gesichert wird. Das RAPEX-System selbst mit seiner wichtigen Funktion für den grenzüberschreitenden Verbraucherschutz kann durch Transparenz, Richtigkeit und Effektivität nur profitieren.

Im Regelfall wird sich der betroffene Wirtschaftsakteur überhaupt nicht gegen eine RAPEX-Meldung wenden. Die Inanspruchnahme von Rechtsschutz wird erst dann zum Tragen kommen, wenn der Wirtschaftsakteur – entgegen der Auffassung der Marktüberwachungsbehörden – selbst davon überzeugt ist, dass von (s)einem Produkt keine relevante Gefährdung für die Verbraucher ausgeht. Die hier beleuchtete Möglichkeit der Inanspruchnahme verwaltungsgerichtlichen Rechtsschutzes wird somit auf wenige Ausnahmefälle beschränkt bleiben. Denkbar ist auch, dass die Marktüberwachungsbehörden – aus welchen Gründen auch immer – unzutreffend von der Erfüllung der RAPEX-Meldekriterien ausgehen. Wegen der möglichen Folgen muss dem Wirtschaftsakteur für derartige Fallkonstellationen die Anrufung der Verwaltungsgerichte zugestanden werden.

494 *Gusy*, in: v. Mangoldt/Klein/Starck, GG, Art. 14 Rn. 135; *Ossenbühl/Cornils*, Staatshaftungsrecht, S. 179; *Wendt*, in: Sachs, Grundgesetz, Art. 14 Rn. 48 f.

Die potenziellen Grundrechtsbeeinträchtigungen sind jedenfalls – wie oben aufgezeigt – existent.

Durch den grenzüberschreitenden Informationsprozess erweitert sich der Kreis der Wissenden. Bereits mit dieser Erweiterung geht eine Grundrechtsbeeinträchtigung einher. Auch der automatische Datenspeicherungs- und Übermittlungsvorgang stellt sich in diesem Zusammenhang als relevant dar. Dies bedeutet aufgrund der Qualität der über das RAPEX-System übermittelten Daten einen Eingriff in das Recht auf informationelle Selbstbestimmung aus Art. 2 Abs. 1, Art. 1 Abs. 1 Grundgesetz sowie möglicherweise eine Beeinträchtigung der Berufsfreiheit aus Art. 12 Abs. 1 Grundgesetz und der Eigentumsfreiheit aus Art. 14 Abs. 1 Grundgesetz.

Ausgehend von den ursprünglich über RAPEX gemeldeten marktbezogenen Maßnahmen beziehungsweise Sachverhalten sind die übrigen europäischen Mitgliedstaaten zur Veranlassung und Rückmeldung in gleicher Weise verpflichtet. Wegen dem grundsätzlichen bestehenden europäischen Schutzauftrag der Marktüberwachungsbehörden für den Verbraucher sowie der in RAPEX angelegten Rückmeldeverpflichtung (jedenfalls für Warnmeldungen gemäß Art. 12 Abs. 1 Produktsicherheitsrichtlinie 2001/95/EG) entfaltet eine zunächst national veranlasste Maßnahme mittelbar faktisch eine europaweite Flächenwirkung. Ebenso werden die Sanktionsbehörden der einzelnen Mitgliedstaaten auf den Plan gerufen, was wiederum zu einer Vielzahl sanktionsrechtlicher Verfahren führen kann. Jedenfalls wird der Wirtschaftsakteur wegen der drohenden Sanktionierung eher dazu geneigt sein, von der Weitervermarktung seiner Produkte abzusehen – was jedenfalls eine Beeinträchtigung seiner wirtschaftlichen Betätigung zur Folge hat.

Das Gebot effektiven Rechtsschutzes legt es von daher nahe, sich gegen die Wurzel, also die Informationsweitergabe selbst zu wenden, um nicht auf den aussichtslosen Rechtsschutz gegen jede einzelne Maßnahme (egal ob präventiv oder repressiv) der empfangenden Mitgliedstaaten angewiesen zu sein.

Insbesondere die mit einer RAPEX-Meldung einhergehende Ermittlung der Vertriebswege führt bei Kunden, z. B. dem Einzelhandel, zu erheblichen Irritationen, die niemals für den Hersteller/Lieferanten/Importeur folgenlos bleiben. Je nach vertraglicher Ausgestaltung – was praktisch absolut üblich ist – wird der Lieferant im Rahmen seiner allgemeinen Geschäftsbedingungen bereits dazu verpflichtet sein, seinen Handelspartner über eine etwaig bevorstehende und drohende Schnellwarnmeldung (RASFF- und RAPEX-Meldung) proaktiv zu informieren. Eine abgesetzte RAPEX-Meldung kann in diesem Zusammenhang zu einer Beeinträchtigung der vertraglichen Ausgestaltung und der Kunden- und Geschäftsbeziehungen führen, was in den Schutzbereich des Art. 14 Abs. 1 GG hinsichtlich des eingerichteten und ausgeübten Gewerbebetriebes eingreifen kann.

Die Folgen einer fehlerhaften Meldung gehen nicht nur mit erheblichen wirtschaftlichen Belastungen einher, sondern können auch freiheitsbeschränkend wirken. Reputationsschäden sind in der Praxis übliche und häufig nicht mehr zu heilende Direktfolgen. Dies führt nicht selten zu einer nachhaltigen Störung von Liefer- und Geschäftsbeziehungen bis hin zu deren endgültigem Abbruch.

Der Wirtschaftsakteur kann sich also grundsätzlich durch Inanspruchnahme der Verwaltungsgerichte gegen die Weiterleitung beziehungsweise Initiierung einer RAPEX-Meldung gegenüber den Marktüberwachungsbehörden zur Wehr setzen. Damit ist sowohl im Sinne des Verbraucherschutzes als auch der Wahrung der berechtigten Interessen der Wirtschaftsakteure der Weg zu einer abschließenden verwaltungsgerichtlichen Rechtmäßigkeitskontrolle eröffnet.

IV. Rechtsschutz gegen die Veröffentlichung auf der RAPEX-Website

Komplettiert wird das RAPEX-Meldeverfahren mit der wöchentlichen Veröffentlichung der Zusammenfassung von RAPEX-Meldungen auf der Website der Europäischen Kommission. Die Veröffentlichung einer RAPEX-Meldung auf der Website der Europäischen Kommission stellt eine Intensivierung gegenüber den bislang veranlassten staatlichen Maßnahmen dar. Der primäre Adressat der über RAPEX übermittelten Informationen ist nicht länger der „Staat" selbst, sondern der Verbraucher beziehungsweise andere interessierte Kreise. An die Öffentlichkeit gerichtete Informationen lassen sich nur eingeschränkt kontrollieren, insbesondere ist nicht absehbar, wie sie von den Verbrauchern, den Medien und den Verbänden aufgenommen werden.[495] Die besondere Gefahrenqualität dieser staatlichen Maßnahme für die rechtlich geschützten Positionen der Wirtschaftsakteure rechtfertigt eine gesonderte Betrachtung an exponierter Stelle.

Gemäß Art. 16 Abs. 1 Produktsicherheitsrichtlinie 2001/95/EG wird ein Informationsrecht der Öffentlichkeit für gefährliche Produkte konstatiert, die ein ernstes Risiko für die Sicherheit und Gesundheit der Verbraucher darstellen.[496] Die wöchentliche Internetveröffentlichung von neuen RAPEX-Meldungen bleibt allein Meldungen gemäß Art. 12 Produktsicherheitsrichtlinie 2001/95/EG und Meldungen gemäß Art. 12 Produktsicherheitsrichtlinie 2001/95/EG, die Sofortmaßnahmen erfordern, vorbehalten.[497] Im Umkehrschluss bedeutet dies, dass alle

495 *Böhm*, ZLR 2011, S. 291 (295).

496 Anhang zur Entscheidung 2010/15/EU Anlage 5 Ziffer 3.3.1.

497 Anhang zur Entscheidung 2010/15/EU Anlage 5 Ziffer 3.3.1.

Meldungen, die den besonderen Anforderungen des Art. 12 der Produktsicherheitsrichtlinie 2001/95/EG nicht genügen, nicht veröffentlicht werden dürfen.

Zwar wird die Veröffentlichung der Information auf der RAPEX-Website administrativ von der Europäischen Kommission vorgenommen und verwaltet.[498] Allerdings geht damit – in der Regel – keine Verantwortlichkeitsübernahme für die veröffentlichten Informationen einher; diese liegt allein beim meldenden Mitgliedstaat.[499] Die Veröffentlichung der RAPEX-Meldung läuft nahezu automatisiert ab. Die meldende Überwachungsbehörde trifft, maßgeblich im Rahmen ihrer Risikobewertung, die Entscheidung, welche Meldungsart einschlägig ist und kommuniziert dies über das Standardformular.[500] Letztlich landet die RAPEX-Meldung bei der Europäischen Kommission, die zum einen die Validierung und zum anderen die Veröffentlichung auf ihrer Website vornimmt.

Mit behördlichen Informationen versucht der Staat in immer größerem Ausmaß Ziele zu erreichen, die er mit Hilfe der klassischen ordnungsrechtlichen Ziele entweder gar nicht, nicht allein oder nicht hinreichend effektiv erreichen kann.[501] Informelle, sogenannte „weiche", Handlungsformen, die auf die Anwendung hoheitlicher Zwangsgewalt verzichten und vielmehr dahingehend ausgerichtet sind, gesellschaftliche Zwänge auszunutzen, werden immer häufiger eingesetzt, um hoheitliche Ziele zu erreichen.[502] Der mit Öffentlichkeitsinformation agierende Staat wird häufig als freundlicher, kooperativer, dienstleistender Staat in Erscheinung treten.[503]

Der Staat setzt Information als Mittel der Verhaltenslenkung ein.[504] Pointiert ausgedrückt: *„Der Staat informiert, klärt auf, macht den Verbraucher mündig und setzt auf dessen Reaktion und wäscht dabei seine Hände in Unschuld."*[505] Der Verbraucherinformation kommt dabei eine Mehrfachrolle zu, stellt sie zum einen ein Mittel zur gegenwärtigen Gefahrenabwehr und zum anderen ein Mittel präventiven auf die Vermeidung künftiger Rechtsverstöße gerichteten staatlichen

498 Vgl. Anhang zur Entscheidung 2010/15/EU Anlage 5 Ziffer 3.2.3.

499 Vgl. Anhang zur Entscheidung 2010/15/EU Anlage 5 Ziffer 3.2.4.

500 Das unter Teil IV Anlage Nr. 1 in der Entscheidung 2010/15/EU zur Verfügung gestellte Standardformular enthält bereits unter „Allgemeine Angaben" Ziffer 1 die Einteilung hinsichtlich der einschlägigen Meldungsart.

501 *Murswiek*, DVBL 1997, S. 1021 (1021).

502 *Ossenbühl*, NVwZ 2011, S. 1357 (1357); *Ossenbühl*, Umweltpflege, S. 8.

503 *Murswiek*, DVBL 1997, S. 1021 (1021).

504 *Böhm, JA 1997, S. 794 (794); Heintzen*, NuR 1991, S. 301 (301); *Murswiek*, DVBL 1997, S. 1021 (1021).

505 *Becker/Blackstein*, NJW 2011, S. 490 (490).

Handelns dar, da die drohende Negativ-Publicity die Wirtschaftsakteure zu einem regelkonformen Verhalten anzuhalten vermag.[506] Der Information kann aber auch eine Sanktionswirkung zukommen, die mit der Offenbarung eines Produktes und Ansprache in der Öffentlichkeit einher geht (sogenannte Pranger-Wirkung).[507]

Neben der Frage, wie eine Information rechtlich einzuordnen und abzugrenzen ist, stellt sich die Frage, ob eine bestimmte Information der Öffentlichkeit einem bestimmten Grundrecht zugeordnet werden kann und in das betreffende Grundrecht eingreift oder es unberührt lässt.[508] Es ist also zu klären, wie die Veröffentlichung auf der RAPEX-Website der Europäischen Kommission rechtlich zu bewerten ist. Schwerpunktmäßig soll dabei erörtert werden, ob diese Art der Veröffentlichung ein Eingriff in rechtlich geschützte Positionen des Wirtschaftsakteurs sein kann mit der Folge, dass auch die Veröffentlichung auf der RAPEX-Website der Europäischen Kommission einer vollen gerichtlichen Überprüfung zugänglich ist.

1. Staatliche Informationsinstrumentarien

Die Begrifflichkeit und Thematik „Verwaltung durch Information" wird gemeinhin als positiv wahrgenommen, da Information ein sympathisch besetzter Begriff ist.[509] Information ist aber in der rechtlichen Wirklichkeit nicht gleich Information. Im Folgenden sollen der wenig konturierte Begriff der Information in seinen unterschiedlichen Facetten dargestellt und die unterschiedlichen staatlichen Informationsinstrumentarien gegeneinander abgegrenzt werden. Informationen können üblicherweise in Warnung, Empfehlung und Hinweis unterteilt werden.[510] Letztlich wird dann auch der Frage nachgegangen, welchen

506 *Wollenschläger*, VerwArch 2011, S. 20 (24).

507 *Wollenschläger*, VerwArch 2011, S. 20 (24).

508 So auch *Ossenbühl*, NVwZ 2011, S. 1357 (1359) zur Verbraucherinformation über staatlich finanzierte Transparenzsysteme.

509 *Ossenbühl*, NVwZ 2011, S. 1357 (1358).

510 *Tremml/Nolte*, NJW 1997, S. 2265 (2266); *Käß*, WiVerw 2002, S. 197 (200); *Tremml/Karger/Lube*, Der Amtshaftungsprozeß, S. 205 ff.; *Gröschner*, DVBl. 1990, S. 619 (620 f.), der in diesem Zusammenhang den Begriff „Aufklärung" anstelle von „Hinweis" verwendet; *Haussühl*, VBlBW 1998, S. 90 (90), der unter Verweis auf *Gröschner*, DVBl. 1990, S. 619, ebenfalls den Begriff „Aufklärung" anstelle von „Hinweis" verwendet; ähnlich auch: *Heintzen*, NuR 1991, S. 301 (305 f.), der ergänzend noch weitere Formen staatlicher Informationsinstrumentarien (z.B. Ankündigung, Appell, Aufklärung, Auskunft und Beratung) benennt; so auch: *Murswiek*, DVBl. 1997, S. 1021 (1022 f.), der vertiefend eine rechtliche Würdigung nur für die staatliche Warnung, Empfehlung und Kritik anstellt.

staatlichen Informationsinstrumentarien die Veröffentlichung einer RAPEX-Meldung auf der Website der Europäischen Kommission am ehestens gleicht.

a. Warnung, Empfehlung und Hinweis

Entsprechend der Intensität ihrer Form der Einflussnahme auf die Entscheidung des Verbrauchers kann die Information aufsteigend in Hinweis, Empfehlung und Warnung „grob“ untergliedert werden.[511] Kehrseite der Intensität der Einflussnahme auf den Verbraucher ist letztlich die Wirkung für den Wirtschaftsakteur. Umso detaillierter und eingehender der Verbraucher informiert wird, desto mehr geraten die rechtlich geschützten Rechtspositionen des Wirtschaftsakteurs in „Gefahr“.

Die Informationsinstrumentarien „Hinweis“, „Empfehlung“ und „Warnung“ sind allerdings keine dogmatischen Kategorien oder Rechtsbegriffe, sondern typisierende Umschreibung tatsächlichen Verwaltungshandelns.[512]

aa. Hinweis

Das wohl mildeste informatorische Mittel staatlicher Veröffentlichungspraxis ist der „Hinweis“. Der Hinweis individualisiert keine Produkte, Produktgruppen, Hersteller oder Verhaltensweisen als Gefahrenquellen, sondern gibt lediglich eine Wissenserklärung in Bezug auf einen bestimmten Informationsgegenstand ab.[513] Der Staat informiert auch in diesem Fall mit der Intension eine Verhaltenslenkung beziehungsweise -steuerung herbeizuführen, allerdings zeigt er lediglich Wirkungs- und/oder Ursachenzusammenhänge zwischen bestimmten Verhaltensmustern auf, ohne jedoch eine Bindungswirkung für den Adressaten zu generieren.[514] Ein Hinweis umfasst nur generelle Äußerungen z. B. in Ernährungsfragen – etwa ein ausgewogenes Verhältnis zwischen tierischen und pflanzlichen Fetten bei der Ernährung zu wählen – nicht hingegen konkrete Vorschläge, bestimmten Produkten gegenüber anderen Produkten den Vorzug zu geben.[515] Ein Hinweis lässt sich über zwei Positiv-Merkmale, nämlich die Mitteilung von Tatsachen, die einer aufgabengemäßen Bewertung durch die

---

511 *Gröschner*, DVBl 1990, S. 619 (621).

512 *Berg*, ZLR 1990, S. 565 (566 ff); *Leidinger*, DÖV 1993, S. 925 (926); *Haussühl*, VBlBW 1998, S. 90 (90); *Heintzen*, NuR 1991, S. 301 (301).

513 *Tremml/Nolte*, NJW 1997, S. 2265 (2266).

514 *Leidinger*, DÖV 1993, S. 925 (927); *Tremml/Nolte*, NJW 1997, S. 2265 (2266); *Käß*, WiVerw 2002, S. 197 (200).

515 *Gröschner*, DVBL 1990, S. 619 (621), der in diesem Zusammenhang den Begriff der „Aufklärung“ synonym zur Begrifflichkeit „Hinweis“ verwendet.

Behörden unterzogen werden, und ein Negativ-Merkmal auf konkrete, insbesondere produktbezogene Äußerungen zu verzichten, definieren.[516]

bb. Empfehlung

Spricht sich eine Behörde zugunsten eines Produktes, eines Unternehmens oder einer bestimmten Verhaltensweise aus und lässt sie hierbei dem Adressaten die Möglichkeit offen, zwischen mehreren Verhaltensalternativen frei zu wählen, handelt es sich um eine behördliche Empfehlung.[517] Die Behörde gibt also nur vor, welches Verhalten gegenüber einem anderen Verhalten vorzuziehen ist.[518] Die Empfehlung dient nicht der Gefahrenabwehr oder -vorsorge, sondern soll die Entscheidung zwischen Alternativen erleichtern, die rechtlich alle unbedenklich sind.[519] Die Aufforderung z. B. in Ernährungsfragen „Margarine statt Butter" zu verwenden, ist, da ein konkreter Vorschlag gegeben wird ein Produkt einem anderen vorzuziehen, eine Empfehlung und kein Hinweis (mehr).[520]

Gerade die Abgrenzung der Empfehlung zur Warnung wird als schwierig erachtet.[521] Darauf soll im späteren Verlauf unter wertender Betrachtung der Veröffentlichungsinhalte einer RAPEX-Meldung noch näher eingegangen werden.

cc. Warnung

Die behördliche Warnung stellt das stärkste staatliche Steuerungsinstrument dar.[522] Die Warnung dient der Gefahrenabwehr, also dem Schutz vor Produkten, die nicht den gesetzlichen Anforderungen genügen oder sich trotz Einhaltung der gesetzlichen Vorgaben als gesundheitsgefährdend erweisen und dennoch in den Verkehr gelangt sind.[523] Primär wird eine Warnung durch konkrete Gesundheitsgefahren für den Verbraucher veranlasst sein.[524] Es müssen also besonders hohe

---

516 *Gröschner,* DVBL 1990, S. 619 (621).

517 *Tremml/Nolte,* NJW 1997, S. 2265 (2266).

518 *Böhm,* JA 1997, S. 794 (794); *Tremml/Nolte,* NJW 1997, S. 2265 (2266).

519 *Heintzen,* NuR 1991, S. 301 (305); *Leidinger,* DÖV 1993, S. 925 (926); *Käß,* WiVerw 2002, S. 197 (200).

520 *Gröschner,* DVBL 1990, S. 619 (621).

521 *Käß,* WiVerw 2002, S. 197 (200); *Gröschner,* DVBL 1990, S. 619 (621); *Leidinger,* DÖV 1993, S. 925 (926); *Tremml/Nolte,* NJW 1997, S. 2265 (2266).

522 *Böhm,* JA 1997, S. 794 (794); *Tremml/Nolte,* NJW 1997, S. 2265 (2266); *Gröschner,* DVBL 1990, S. 619 (621).

523 *Philipp,* Staatliche Verbraucherinformation im Umwelt- und Gesundheitsrecht, S. 5; *Ossenbühl,* ZHR 155 (1991), S. 329 (331).

524 *Philipp,* Staatliche Verbraucherinformation im Umwelt- und Gesundheitsrecht, S. 5.

Rechtsgüter wie Leben oder Gesundheit beeinträchtigt sein können.[525] Die Warnung ist nahezu immer negativ formuliert, enthält also das Gebot an den Adressaten eine bestimmte Handlung nicht vorzunehmen und lässt ihm hierbei faktisch keine vernünftige Handlungsalternative.[526] Warnungen dürfen beziehungsweise müssen je nach Art und Ausmaß der drohenden Gefahr höchst eindringlich formuliert sein.[527] Durch die fehlende Handlungsalternative beabsichtigt die Behörde den Verbraucher derart zu „lenken", dass er sich nach dem Zweck ihrer Willensbeeinflussung verhält.[528] Aus Furcht vor unmittelbaren Schädigungen seiner Gesundheit wird sich der Verbraucher alternativlos als einzig probates Mittel in Kaufenthaltung üben.[529] Kennzeichnend für Warnungen vor Produkten ist, dass sie typischerweise den Rechtserfolg eines behördlichen Verbotes besitzen.[530] Kurzum, die Warnung ist eine behördliche Verlautbarung, die darauf abzielt das Inverkehrbringen, die Verwendung oder den Verzehr von Lebensmitteln, Kosmetika und Bedarfsgegenständen zu verhindern.[531] Eine Warnung richtet sich also gegen bestimmte Produkte oder bestimmte Produktgruppen, die aufgrund eines Fehlers oder eines Mangels eine Gefahr mit sich bringen.[532]

dd. Gesamtwürdigung

An dieser Stelle ist der Frage nachzugehen, welchen staatlichen Informationsinstrumentarien die Veröffentlichung einer RAPEX-Meldung auf der Website der europäischen Kommission entspricht beziehungsweise zugeordnet werden kann. Die RAPEX-Veröffentlichung ist jedenfalls nicht lediglich als „Hinweis" zu qualifizieren. Die RAPEX-Veröffentlichung verzichtet gerade nicht auf einen konkreten Produktbezug. Wesentlicher Bestandteil und Charakteristikum dieses System ist es, Informationen zur Beschreibung des Produktes zu veröffentlichen und damit dem Verbraucher an die Hand zu geben.[533] Darin ist gerade eine systemische Besonderheit zu sehen. Das RASFF-Schnellwarnsystem für gefährliche Lebensmittel und Futtermittel sieht eine konkrete Benennung des

525 *Tremml/Nolte*, NJW 1997, S. 2265 (2266).
526 *Berg*, ZLR 1990, S. 565 (567); *Leidinger*, DÖV 1993, S. 926; *Tremml/Nolte*, NJW 1997, S. 2266.
527 *Gröschner*, DVBL 1990, S. 619 (621).
528 *Tremml/Nolte*, NJW 1997, S. 2265 (2266).
529 *Tremml/Nolte*, NJW 1997, S. 2265 (2266).
530 *Berg*, ZLR 1990, S. 565 (567) für den Rechtserfolg einer Warnung vor Lebensmitteln.
531 *Schade*, ZLR 1991, S. 601 (604).
532 *Schade*, ZLR 1991, S. 601 (604).
533 Vgl. Anhang zur Entscheidung 2010/15/EU Anlage 5 Ziffer 3.3.1.

Produktes hingegen nicht vor. Das RASFF-Schnellwarnsystem benennt „nur" eine Lebensmittelkategorie und das Ursprungsland z. B. Pistazien aus Pakistan.

Die wöchentliche RAPEX-Veröffentlichung benennt hingegen das genaue Produkt und, was besonders relevant ist, auch die Produktmarke. Die beschriebenen Produkte werden häufig detailliert über Benennung der Chargen- und Losnummern identifiziert und mittels Bildmaterial illustriert. Die RAPEX-Veröffentlichung ist damit kein Hinweis.

Empfehlungen lassen sich nicht immer trennscharf von einer Warnung abgrenzen. Häufig ist Empfehlungsrecht in seinem dogmatischen Gehalt nichts anders als eine Warnungsbefugnis.[534] Die Empfehlung einer bestimmten Option aus mehreren Alternativen kann auch einer positiv formulierten Warnung gleichstehen, wenn nämlich alle Verhaltensweisen bis auf eine als gefährlich verlautbart werden oder die Gefahrenquelle für den Verbraucher konkret individualisiert wird.[535]

Zur näheren Bestimmung, ob die Meldungsinhalte den Schluss auf eine „Warnung" oder doch eher auf eine „Empfehlung" nahelegen, sollen einige Beispiele aus konkreten RAPEX-Veröffentlichungen herangezogen werden.

Im RAPEX-Report 17 aus 2013 wurde ein Produkt der Kategorie Spielzeug eingestellt[536] und konkretisiert. Unter der Überschrift "Risk" wird folgende Erklärung abgegeben:

> "Chemical,
> Environmental
> The product poses a chemical risk because the yellow bear contains up to 5.1 % by weight of bis (2-ethylhexyl) phthalate (DEHP). The bear also contains 29 % by weight of di-"isobutyl" phthalate (DIBP).
> The product poses environmental risk (chemical pollution) due to the presence of 8.3 % short chain chlorinated paraffin (SCCP).
> According to the REACH Regulation, the phthalates DEHP, DBP and BBP are prohibited in all toys and childcare articles, while phthalates DINP, DIDP and DNOP are prohibited in toys or childcare articles that can be placed in the mouth by children.

---

534 *Gröschner*, DVBL 1990, S. 619 (621) mit folgendem Beispiel aus dem Lebensmittelrecht: „Die Empfehlung, den Verzehr von Waldpilzen wegen radioaktiver Kontamination einzuschränken, hat denselben Inhalt wie die Warnung vor der Inkorporation von Cäsium durch die entsprechende Nahrungsaufnahme".

535 *Tremml/Nolte*, NJW 1997, S. 2265 (2266).

536 RAPEX-Report 17/2013: No. Ref. 1 A12/0504/13, im Internet abrufbar unter: http://ec.europa.eu/consumers/safety/rapex/alerts/main/index.cfm?event=main.weeklyOverview&web_report_id=532&selectedTabIdx=1 (zuletzt abgerufen am 24.02.2014).

The product does not comply with the Commission Regulation 519/2012 on persistent organic pollutants (POP Regulation)."

In der Spalte "Measures adopted by notifying country" heißt es weiter:

"**Voluntary measures:** Withdrawal of the product from the market."

Weiterhin findet sich im RAPEX-Report 17 aus 2013 ein Produkt der Kategorien Kosmetika[537].

Unter "Risk" wird folgendes angegeben:

"Microbiological
The product poses a microbiological risk due to the presence of mesophilic aerobic microorganisms to the amount of 9.0 x 104 cfu/g.
The product poses a serious microbiological risk for consumers."

In der Spalte "Measures adopted by notifying country" heißt es weiter:

"**Compulsory measures:** Withdrawal of the product from the market"

Als weiteres Beispiel für ein Spielzeug wird im RAPEX-Report 17 aus 2013[538] unter "Danger" aufgeführt:

"Choking
The product poses a risk of choking due to the presence of small parts (bells) that can be easily detached and swallowed or inhaled by small children.
The product does not comply with the Toys Safety Directive and with the relevant European standard EN 71-1."

In der Spalte "Measures adopted by notifying country" lautet es:

"**Compulsory measures:** Import rejected at border".

Wie diese Beispiele deutlich machen, wird in der RAPEX-Veröffentlichung ein konkretes Produkt individualisiert. Neben der Kurzbeschreibung des bestehenden Risikos (z. B. chemisch, mikrobiologisch und physikalisch) wird der Verbraucher kurz aber prägnant über die Ergebnisse der amtlichen Untersuchung informiert und mit dem genauestens beschriebenen ernsten Risiko konfrontiert.

537 RAPEX-Report 17/2013 No. Ref. 6 A12/0509/13, im Internet abrufbar unter: http://ec.europa.eu/consumers/safety/rapex/alerts/main/index.cfm?event=main.weeklyOverview&web_report_id=532&selectedTabIdx=1 (zuletzt abgerufen am 24.02.2014).

538 RAPEX-Report 17/2013 No. Ref. 8 A12/0511/13, im Internet abrufbar unter: http://ec.europa.eu/consumers/safety/rapex/alerts/main/index.cfm?event=main.weeklyOverview&web_report_id=532&selectedTabIdx=1 (zuletzt abgerufen am 24.02.2014).

In einem weiteren Abschnitt wird dann darüber Auskunft erteilt, gegen welche gesetzlichen Regelungen beziehungsweise Europäische Normen das Produkt verstößt. Zudem wird der Verbraucher auch über die bereits veranlassten Maßnahmen informiert. Hieraus kann er dann auch erkennen, ob sich der Wirtschaftsakteur kooperativ gezeigt und die Maßnahmen freiwillig getroffen hat oder ob die Behörde eine Maßnahme mit Zwang (Inanspruchnahme einer behördlichen Anordnung) durchsetzen musste.

Die RAPEX-Veröffentlichung enthält kein ausdrückliches negatives Gebot. Allerdings dürfte dem Verbraucher keine echte Handlungsalternative (mehr) verbleiben. Durch die Risikoinformation wird der Verbraucher kraft der Wissensmehrung durch die behördliche Veröffentlichung soweit informiert, dass letztlich nur noch eine Entscheidung bleibt, nämlich das Produkt nicht zu erwerben beziehungsweise falls dies bereits geschehen ist, sich von diesem Produkt zu trennen. Eine gegenteilige Auffassung wäre wohl nicht mehr verständlich, würde es z. B. bedeuten, dass ein Elternteil sehenden Auges seinem Kind ein Spielzeug überlässt, von dem es gemäß einer amtlichen Information „sicher weiß", dass von diesem ein chemisches Risiko oder die Gefahr des Erstickungstodes ausgeht.

Auch wenn das staatliche Gebot nicht ausdrücklich formuliert wird, also nicht der Appell erfolgt: „Verbraucher dürfen dieses Produkt nicht kaufen", erfolgt dies jedenfalls konkludent kraft Sachinformationen. Neben der Risikobeschreibung prangt in der Überschrift „Serious Risk!" in roter Schrift. Da dem Verbraucher gerade keine echte Handlungsalternative nach Information (mehr) verbleibt, handelt es sich auch nicht um eine „Empfehlung". Die RAPEX-Veröffentlichung wird vielmehr als zusätzliches Instrument der Gefahrenabwehr zielorientiert eingesetzt. Das Ziel der Verbraucherinformation ist es, sicher zu erreichen, (dies dürfte im Fall, dass der Verbraucher bereits das Erzeugnis erhalten hat, auch das einzige und letzte Mittel sein) dass ein Risikoprodukt nicht weiter auf dem Markt verbleibt. Der Staat entgegnet Produkten, die nicht den geltenden rechtlichen Sicherheitsanforderungen entsprechen und somit ein ernstes Risiko für die Sicherheit der Verbraucher bedeuten.

Die Veröffentlichung einer RAPEX-Meldung auf der Website der europäischen Kommission ist also aufgrund ihrer Informationsinhalte eine „Warnung".

b. RAPEX-Veröffentlichung im Kontext der Produktsicherheitsrichtlinie 2001/95/EG und dem Produktsicherheitsgesetzes

Die obige Feststellung, dass die Veröffentlichung einer RAPEX-Meldung als „Warnung" anzusehen ist, ist im Kontext der Produktsicherheitsrichtlinie 2001/95/EG und deren deutschem Umsetzungsakt namentlich dem Produktsicherheitsgesetz auf den ersten und auf den zweiten Blick verwunderlich, stellt es sich doch bei genauer Betrachtung als systemischer Bruch dar.

Unabhängig von der RAPEX-Veröffentlichung sieht nämlich die Produktsicherheitsrichtlinie 2001/95/EG in Art. 8 Abs. 1 f für alle gefährlichen Produkte die tatsächliche und unmittelbare Rücknahme und die Warnung der Verbraucher vor den Gefahren, die davon ausgehen, anzuordnen oder zu organisieren, vor. Aus einer Gesamtschau des Erwägungsgrundes (22) und Art. 8 Produktsicherheitsrichtlinie 2001/95/EG wird abgeleitet, dass das europäische Recht die Befugnisse der Behörde zur Warnung vor unsicheren Produkten als integralen Bestandteil einer funktionierenden behördlichen Nachmarktkontrolle ansieht.[539]

Ihrer Umsetzungsverpflichtung ist die Bundesrepublik Deutschland mit § 26 Abs. 2 Nr. 9 ProdSG nachgekommen. Danach sind die Marktüberwachungsbehörden dazu befugt anzuordnen, dass die Öffentlichkeit vor den Risiken gewarnt wird, die mit einem auf dem Markt bereitgestellten Produkt verbunden sind, wobei die Marktüberwachungsbehörde die Öffentlichkeit selbst warnen kann, wenn der Wirtschaftsakteur nicht oder nicht rechtzeitig warnt oder eine andere ebenso wirksame Maßnahme nicht oder nicht rechtzeitig trifft.

Neben den sonstigen Voraussetzungen der Ermächtigungsgrundlage enthält § 26 Abs. 2 Nr. 9 ProdSG als weiteren Rechtsgrundsatz das Prinzip der Vorrangigkeit der Herstellerwarnung, der konkrete Ausprägung des Verhältnismäßigkeitsgrundsatzes ist.[540] Dahinter steht folgende Überlegung: Dem Hersteller soll die Möglichkeit eröffnet werden „gesichtswahrend" eine eigene Herstellerwarnung abzusetzen, bevor eine bloßstellende öffentliche Warnung erfolgt.[541]

Eine Warnung nach § 26 Abs. 2 Nr. 9 ProdSG unterliegt nicht nur besonderen objektiven Tatbestandsmerkmalen, insbesondere dem in der Wortlautausprägung

539 *Schieble,* VuR 2007, S. 401 (402), der die öffentliche Warnung als zentrale Maßnahme die geeignet ist, die Produktsicherheit zu gewähren, ansieht.

540 Noch zum GPSG: *Schieble*, VuR 2007, S. 401 (403). Dieser Rechtsgrundsatz ist auch in anderen Rechtsbereichen so z. B. im Lebensmittelrecht anerkannt. Eine vergleichbare Vorschrift findet sich in § 40 Abs. 2 LFGB, vgl. hierzu: *Meyer/Streinz*, LFGB, BasisVO, HCVO, § 40 LFGB Rn. 49 ff, der das Selbsteintrittsrecht der Unternehmen als eine gesetzliche Ausprägung des aus dem Rechtsstaatsprinzip resultierenden Verhältnismäßigkeitsgrundsatzes beschreibt, so auch: *Wehlau*, LFGB, § 40 Rn. 23; sowie: *Zipfel/Rathke*, Lebensmittelrecht, C 102, § 40 Rn. 32 ff.

541 *Schieble*, VuR 2007, S. 401 (403);*Tremml/Karger/Luber*, Der Amtshaftungsprozess, S. 207 Rn 969, der die behördliche Warnung als „ultima ratio" ansieht.

enthaltenen Verhältnismäßigkeitsgrundsatz, sondern auch den verwaltungsrechtlichen Verfahrensvorschriften.[542]

Die RAPEX-Veröffentlichung ist diesen Voraussetzungen jedoch weitestgehend entzogen. Insbesondere mit dem Rechtsgrundsatz der Vorrangigkeit der Herstellerwarnung als Ausprägung des Verhältnismäßigkeitsgrundsatzes wird gebrochen. Die pauschale Veröffentlichung und damit Warnung trägt ersichtlich nicht der Voraussetzung Rechnung, dass sich ein Hersteller einer eigenen Warnung vorrangig bedienen können soll.[543] Sie lässt diese wesentliche Voraussetzung einfach unberücksichtigt. Auch das zeitliche Moment, namentlich dass der Wirtschaftsakteur nicht rechtzeitig warnt, hilft der RAPEX-Veröffentlichung nicht weiter. Das RAPEX-Meldeverfahren nimmt für sich genommen einige Zeit in Anspruch. Zudem ist zu beachten, dass die RAPEX-Veröffentlichung einmal wöchentlich (freitags) erfolgt. Das Dringlichkeitsmoment einer Ersatzvornahme besteht also ersichtlich nicht. Praktisch und den rechtlichen Voraussetzungen entsprechend dürfte eine RAPEX-Veröffentlichung nur unter zusätzlicher Berücksichtigung und Erfüllung der Voraussetzung aus § 26 Abs. 2 Nr. 9 ProdSG erfolgen und müsste insbesondere für den Fall, dass entsprechende Maßnahmen durch den Wirtschaftsakteur veranlasst werden beziehungsweise worden sind, unterbleiben. Anderenfalls stellt die Veröffentlichung einen Verstoß gegen den europarechtlich sowie national konstatierten Verhältnismäßigkeitsgrundsatz dar.

2. RAPEX-Veröffentlichung als Eingriff

Die RAPEX-Veröffentlichung auf der Website der Europäischen Kommission stellt eine behördliche Warnung dar. Die Frage ob und inwieweit beziehungsweise unter welchen Voraussetzungen der Wirtschaftsakteur gegen diese Maßnahme Rechtsschutz in Anspruch nehmen kann, hängt davon ab, ob diese Art der behördlichen Warnung ein „Eingriff" ist und deshalb auch einer gesetzlichen Grundlage bedarf.[544] Sowohl das ProdSG wie auch die Produktsicherheitsrichtlinie 2001/95/EG sehen entsprechende Ermächtigungsgrundlagen für die

542 Siehe hierzu: *Schieble*, VuR 2007, S. 401 (403), der dem Hersteller das Recht zuerkennt und der Behörde die Pflicht auferlegt, vor der Veröffentlichung einer eigenen Warnung den Wirtschaftsakteur anzuhören.

543 Vgl. *Tremml/Luber*, NJW 2005, S. 1745 (1748).

544 *Philipp*, Staatliche Verbraucherinformation im Umwelt- und Gesundheitsrecht, S. 88; *Ossenbühl*, ZHR 155 1991, S. 329 (334); *Ossenbühl*, NVwZ 2011, S. 1357 (1359).

Information der Öffentlichkeit vor. Insoweit dürfte sich die Problematik, dass sich immer weitere neue und zusätzliche (angebliche) Notwendigkeiten schlicht hoheitlichen beziehungsweise informalen Verwaltungshandelns für das keine ausdrückliche und spezielle rechtliche Grundlage besteht und die damit befürchtete Gefahr, dass hierdurch wesentliche Rechtmäßigkeitsanforderungen nicht beachtet werden können, in diesem Falle nicht auftun.[545]

Eingriffe, die – wie oben bereits gezeigt – auf klassisch imperative Eingriffe beschränkt sind, erfassen auch sonstige hoheitliche Tathandlungen.[546] Zu der Frage, unter welchen Voraussetzungen hoheitliche Warnungen rechtfertigungsbedürftige Grundrechtseingriffe bedeuten können, haben sich seit den 80er Jahren einige Kriterien herausgebildet.[547]

a. *Rechtsprechung*

Zu der Frage, ob und inwieweit hoheitliche Warnungen Eingriffe darstellen können, hat sich eine umfangreiche obergerichtliche und verfassungsgerichtliche Rechtsprechung herausgebildet, die in der gebotenen Kürze nachfolgend übersichtshalber dargestellt werden soll.

aa. Rechtsprechung des Bundesverwaltungsgerichts

Die Frage nach der Zulässigkeit von Veröffentlichungen beziehungsweise ob staatliche Veröffentlichungen einen Eingriff in grundrechtlich geschützte Positionen darstellen können, ist nicht auf den Bereich der Verbraucherprodukte beziehungsweise auf den Bereich der Lebensmittel beschränkt. Das Bundesverwaltungsgericht hatte diese Frage im Kontext sehr heterogener Lebenssachverhalte zu entscheiden. In allen Entscheidungen nahm sich das Bundesverwaltungsgericht der Frage an, wann eine Veröffentlichung in grundrechtlich geschützte Positionen eingreift und konturierte beziehungsweise entwickelte den Eingriffsbegriff weiter.

Im Zusammenhang mit der Veröffentlichung von Arzneimitteltransparenzlisten unter Angabe von Qualitätssicherungskennzeichen durch die vom Bundesminister für Jugend, Familie und Gesundheit berufene Transparenzkommission und dem der Veröffentlichung vorgeschalteten Auskunftsverfahren

---

545 Zu dieser Problematik: Siehe *Seemann*, Behördliche Produktinformation im europäischen und deutschen Lebensmittelrecht, S. 147.

546 *Ossenbühl*, NVwZ 2011, S. 1357 (1359).

547 *Gusy*, in: Hoffmann-Riem/Schmidt-Aßmann/Voßkuhle, Grundlagen des Verwaltungsrechts II, § 23 Rn. 104 ff.

wurde eine Beeinträchtigung der unternehmerischen Betätigungsfreiheit gem. Art. 12 Abs. 1 GG angenommen.[548] Die Veröffentlichung der Transparenzliste wurde als staatliche Wirtschaftslenkung verstanden.[549] Einem Eingriff in die Berufsfreiheit stehe es nicht entgegen, dass die Veröffentlichung nur mittelbare Wirkung entfalte und die möglichen wirtschaftlichen Nachteile für den Arzneimittelhersteller allein auf dem autonomen Verhalten Dritter beruhten.[550] Entscheidend in diesem Rahmen komme es auf die Finalität der Maßnahme an, also ob die Maßnahme eindeutig auf einen seitens des Unternehmens eintretenden nachteiligen Effekt abziele.[551]

Die Eingriffsqualität staatlicher Informationen im Zusammenhang mit der Verbreitung transzendentaler Meditation wurde in einer späteren Entscheidung des Bundesverwaltungsgerichtes ebenfalls bejaht.[552] Insbesondere bei öffentlichen Äußerungen des Staates könnten durch die Inanspruchnahme staatlicher Autorität schwerwiegende Folgen für den Betroffenen entstehen.[553] Die Folgen einer Veröffentlichung seien, soweit sie das Verhalten der informierten Öffentlichkeit betreffen, beabsichtigt und im Übrigen vorgesehen und in Kauf genommen.[554] Dadurch wurde auch das Merkmal der Finalität der Maßnahmen weitergehend konturiert.

Auch das Bundesverwaltungsgericht wurde wegen der Herausgabe einer Liste ethyl-glykolhaltiger Weine durch den damaligen Bundesminister für Jugend, Familie und Gesundheit um Rechtsschutz ersucht.[555] Das Bundesverwaltungsgericht sah die Grundrechte aus Art. 12 Abs. 1, Art. 14 Abs. 1 und Art.2 Abs. 1 Grundgesetz als potenziell verletzt an, wobei insbesondere Art. 12 Abs. 1 GG herangezogen wurde.[556] Nach Auffassung des Bundesverwaltungsgerichts trage die Beschränkung des Grundrechtsschutzes auf Abwehr von Eingriffen im überkommenden Sinne[557], der in den Grundrechtsbestimmungen zum Ausdruck kommenden Entscheidung der Verfassung für eine das gesamte staatliche

---

548 BVerwG, NJW 1985, S. 2774 ff.

549 BVerwG, NJW 1985, S. 2774 (2776).

550 BVerwG, NJW 1985, S. 2774 (2775).

551 BVerwG, NJW 1985, S. 2274 (2776).

552 BVerwG, NJW 1989, S. 2272 (2277 ff.).

553 So für einen Eingriff in Art. 4 Abs. 1 GG: BVerwG, NJW 1989, S. 2272 (2274).

554 BVerwG, NJW 1989, S. 2277 (2273).

555 BVerwG, JZ 1991, S. 624 ff.

556 BVerwG, JZ 1991, S. 624 (625).

557 Das Gericht setzt sich in seiner Entscheidung mit dem klassischen Eingriffsbegriff auseinander und erteilt diesem eine Absage.

Handeln prägende und bindende Wertordnung nicht hinreichend Rechnung.[558] Unter Verweis auf die (eigene) Arzneimitteltransparenzlisten-Entscheidung wurde zunächst ein Eingriff in die Berufsfreiheit aus Art. 12 Abs. 1 GG abgelehnt, da durch die Veröffentlichung keine wirtschaftslenkende Maßnahme vorläge, die zielgerichtet die klägerischen Absatzmöglichkeiten beeinträchtigen sollte.[559] Im Zentrum maß das Bundesverwaltungsgericht die Veröffentlichung als schlicht hoheitliches Handeln, also am Maßstab der Finalität, um der Frage nach einem Grundrechtseingriff nachzugehen. Ausschließlich bei berufsregelnder Tendenz eine Beeinträchtigung des Art. 12 Abs. 1 Grundgesetz anzunehmen, greife jedoch zu kurz, weshalb auch Handlungen unter Inanspruchnahme staatlicher Autorität die zwar nicht bezweckte, aber vorhersehbare und in Kauf genommene Nebenfolge einer schwerwiegenden Beeinträchtigung der beruflichen Betätigungsfreiheit darstellten.[560] Die berufliche Entfaltungsmöglichkeit eines Unternehmens könne durch individualisierte – nicht bloß abstrakt anonymisierte – negative Äußerung staatlicher Stellen über den Wert seiner Erzeugnisse oder seiner Leistung nachhaltig beeinträchtigt werden.[561] Der Schutz aus Art. 12 Abs. 1 Grundgesetz erstrecke sich auf die Berufsehre[562], die durch Veröffentlichung derart nachhaltig erschüttert werden könne, dass letztlich sogar der gesamte Betrieb eingestellt werden müsse.[563] Die Veröffentlichung konkreter Produkte beziehungsweise der konkreten Unternehmen wurde im zu entscheidenden Fall als eine schwerwiegende Einschränkung beurteilt.[564]

Diese Grundsätze wurden in einer späteren Entscheidung durch das Bundesverwaltungsgericht dem Grunde nach erneut bestätigt. In diesem Verfahren hielt das Gericht fest, dass der Staat bereits durch die Finanzierung eines privaten Vereines, der die Öffentlichkeit vor dem Wirken bestimmter Religions- oder Weltanschauungsgemeinschaften (hier Osho-Bewegung) warnen solle, in die Grundrechte der betroffenen Gemeinschaft eingreife.[565] Entscheidend komme es darauf an, dass die Gemeinschaft – wie dem Staat bekannt war – von dem

558 BVerwG, JZ 1991, S. 624 (626).
559 BVerwG, JZ 1991, S. 624 (626).
560 BVerwG, JZ 1991, S. 624 (626).
561 BVerwG, JZ 1991, S. 624 (626).
562 Vgl. BVerfGE 50, S. 16 (27).
563 BVerwG, JZ 1991, S. 624 (627).
564 BVerwG, JZ 1991, S. 624 (627)
565 BVerwG, NJW 1992, S. 2496 ff.

Verein namentlich angesprochen werde.[566] Aus dieser Individualisierung sei die Finalität des Handelns herzuleiten.[567]

Ebenso stellte das Bundesverwaltungsgericht für die Veröffentlichung von Warentests durch Behörden ebenfalls einen Eingriff in Art. 12 Abs. 1 Grundgesetz der betroffenen Hersteller fest.[568] Die Veröffentlichung einer negativen Aussage (hier Warentest) über ein bestimmtes Produkt habe für das Produkt eine gravierende rufschädigende Wirkung, was einen Eingriff in den Schutzbereich des Art. 12 Abs. 1 GG bedeute.[569] In diesem Zusammenhang wurde die Veröffentlichung als Ursache für erhebliche Umsatzeinbußen gesehen.[570]

Die vorausgegangene Rechtsprechung wurde ebenfalls durch „neuerliche" Entscheidungen bestätigt.[571]

Im Kern spricht das Bundesverwaltungsgericht staatlichen Veröffentlichungen als mittelbar faktische Beeinträchtigung Eingriffsqualität zu, wenn der Staat insbesondere durch die Inanspruchnahme staatlicher Autorität zielgerichtet – also final – eine bestimmte Folge beabsichtigt oder diese zumindest als vorhersehbar in Kauf nimmt; gerade dann, wenn ein bestimmtes Produkt oder eine natürliche oder juristische Person individualisiert wird.

bb. Rechtsprechung des Bundesverfassungsgerichts

Auch das Bundesverfassungsgericht musste sich bereits mehrfach mit der rechtlichen Würdigung und Bewertung von staatlichen Veröffentlichungen befassen. In diesem Zusammenhang soll nur auf die bereits beim Bundesverwaltungsgericht anhängigen Verfahren (Osho und Glykolwein) eingegangen werden, da diese die Grundlagenentscheidungen darstellen.

In seiner viel zitierten und kritisierten[572] Glykolweinentscheidung kam das Bundesverfassungsgericht zu dem Ergebnis, dass marktbezogene Informationen des Staates den grundrechtlichen Gewährleistungsbereich des betroffenen

---

566 BVerwG, NJW 1992, S. 2496 (2498).

567 BVerwG, NJW 1992, S. 2496 (2498).

568 BVerwG, NJW 1996, S. 3161 ff.

569 BVerwG, NJW 1996, S. 3161.

570 BVerwG, NJW 1996, S. 3161.

571 So z. B. im Zusammenhang mit Schutzerklärungen gegen Scientology: BVerwG, NJW 2006, S. 1303 ff.

572 So z. B.: *Käß*, WiVerw 2002, S. 197 (205); *Ruffert*, in: Epping/Hillgruber, GG, Art. 12 Rn. 61; *Brandt*, in: Damm/Hart, Rechtliche Regulierung von Gesundheitsrisiken, S. 187 (195 f.); Porsch, ZLR 2003, S. 175 (180 f.); *Holzner*, NVwZ 2010, S. 489 (490); *Schoch*, NVwZ 2011, S. 193 (194); *Wollenschläger*, VerwArch 2011, S. 20 (38 ff.); *Murswiek*, NVwZ 2003, S. 1; *Dreier*, Die Verwaltung, 36. Band (2003), S. 105

Wettbewerbers aus Art. 12 Abs. 1 Grundgesetz nicht beeinträchtigten, sofern der Einfluss auf wettbewerbsrechtliche Faktoren ohne Verzerrung der Marktverhältnisse nach Maßgaben der rechtlichen Vorgaben für staatliches Informationshandeln erfolge.[573] Verfassungsrechtlich maßgeblich sei die Einhaltung der Zuständigkeitsordnung sowie die Beachtung der Anforderung an die Richtigkeit und Sachlichkeit von Informationen.[574] Insbesondere das Grundrecht aus Art. 12 Abs. 1 Grundgesetz schütze zwar das berufsbezogene Verhalten einzelner Personen oder Unternehmen, nicht aber vor der Verbreitung zutreffender und sachlich gehaltener Informationen am Markt, die für das wettbewerbliche Verhalten der Marktteilnehmer von Bedeutung sein könnten, selbst wenn die Inhalte sich auf einzelne Wettbewerbspositionen nachteilig auswirken.[575] Die am Wirtschaftsleben teilnehmenden Akteure setzten sich der Kommunikation und damit auch der Kritik bezüglich ihrer Produkte oder ihres Verhaltens aus.[576]

Das Bundesverfassungsgericht sprach sich nicht grundsätzlich gegen die Eingriffsqualität informatorischen Staatshandelns aus, sondern sah lediglich im zu entscheidenden Fall kein verfassungswidriges Verhalten der Gubernative. Eine staatliche Veröffentlichung könne dann eine Beeinträchtigung im Gewährleistungsbereich des Grundrechtes sein, wenn sie in der Zielsetzung und ihrer Wirkung Ersatz für eine staatliche Maßnahme sei, die als Grundrechtseingriff zu werten wäre.[577] Indem sich der Staat eines funktionalen Äquivalentes bediene, könne er die rechtlichen Anforderungen an staatliches Handeln nicht umgehen.[578] Die Verbreitung einer unrichtigen Information sei per se als rechtswidriger Eingriff in den Schutzbereich eines Grundrechtes zu qualifizieren.[579]

Der Eingriffsbegriff wurde in dieser Entscheidung durch Finalität und Wirkung der Veröffentlichung beschrieben. Die berücksichtigte Wirkung sollte insbesondere der möglichen Umgehung rechtsstaatlicher Voraussetzung für klassisch-eingreifendes Staatshandeln entgegenwirken.

(129 ff.); *Huber*, JZ 2003, S. 290; *Bethge*, Jura 2003, S. 327; *Rupp*, in: FS Bethge, S. 51 (58); *Hellmann*, NVwZ 2005, S. 163 (165 f.).

573 BVerfG, NJW 2002, S. 2621.

574 BVerfG, NJW 2002, S. 2621.

575 BVerfG, NJW 2002, S. 2622,

576 BVerfG, NJW 2002, S. 2622.

577 BVerfG, NJW 2002, S. 2624.

578 BVerfG, NJW 2002, S. 2624.

579 BVerfG, NJW 2002, S. 2624; informativ zur Prüfung der inhaltlichen Richtigkeit von Verbraucherinformationen, *Werner*, ZLR 2008, S. 115.

Maßnahmen, die „gleich" wirken, sind also gemessen an ihren Rechtfertigungsanforderungen „auch gleich" zu behandeln. Gerade dieser Part der Entscheidung ist ebenso wichtig wie überzeugend. Staatlichen Informationsmaßnahmen kann nicht per se die Eingriffsqualität abgesprochen werden. Wenn eine Maßnahme wie ein Verbot wirkt, müssen auch dessen rechtsstaatliche Voraussetzungen erfüllt sein. Die äquivalente Verbotsmaßnahme bedarf sowohl einer gesetzlichen Ermächtigungsgrundlage wie auch ihrer tatsächlichen Rechtfertigung.

Diese rechtlichen Überlegungen wurden auch im sogenannten Osho-Beschluss durch das Bundesverfassungsgericht auf das Grundrecht der Religions- und Weltanschauungsfreiheit aus Art. 4 Abs. 1 und Abs. 2 GG übertragen und bestätigt.[580] Auszugsweise kam das Bundesverfassungsgericht zu dem Ergebnis, dass das Grundrecht der Religions- und Weltanschauungsfreiheit aus Art. 4 Abs. 1 und Abs. 2 GG keinen Schutz davor gewähre, dass sich der Staat und seine Organe mit den Trägern dieses Grundrechtes sowie ihrer Ziele und Aktivitäten öffentlich – auch kritisch – auseinandersetzen, solange das Gebot religionsweltanschaulicher Neutralität gewahrt und Zurückhaltung geübt werde.[581]

In seiner Entscheidung setzte sich das Bundesverfassungsgericht ausdrücklich mit dem klassischen Eingriffsbegriff auseinander und erweiterte diesen. Ausdrücklich wurde auch die mittelbar faktische Wirkung staatlichen Handelns als Grundrechtsbeeinträchtigung insbesondere dann angesehen, wenn nachteilige Auswirkungen zwar nicht beabsichtigt aber in Kauf genommen würden.[582]

cc. Rechtsprechung des Oberlandesgerichts Stuttgart

In diesem Zusammenhang ist auch das Urteil des Oberlandesgerichtes Stuttgart darzustellen.[583] Das Gericht musste sich mit den Voraussetzungen eines Schadensersatz- und Entschädigungsanspruches wegen Amtspflichtverletzung bei einer Produktwarnung vor einem Lebensmittel beschäftigen. Das Gericht ging neben weiteren grundsätzlichen Erwägungen von einem Eingriff in den eingerichteten und ausgeübten Gewerbebetrieb aus, da die Veröffentlichung der Produkte als mikrobiell verdorben nicht zulässig gewesen sei.[584] Bei dem Produkt habe es sich weder um eine gesundheitsschädliche noch um eine ekelerregend beeinträchtigte Teigware gehandelt.[585]

580 BVerfG, NJW 2002, S. 2626 ff.
581 BVerfG, NJW 2002, S. 2626.
582 BVerfG, NJW 2002, S. 2626 (2628).
583 OLG Stuttgart, NJW 1990, S. 2690 ff.
584 OLG Stuttgart, NJW 1990, S. 2690 (2694).
585 OLG Stuttgart, NJW 1990, S. 2690 (2694).

Abstrahiert ging das Gericht bei einer öffentlichen Produktwarnung von einem rechtfertigungsbedürftigen Eingriff aus. Besonderes Augenmerk legte das Gericht bei erfolgter Veröffentlichung auch auf die Richtigkeit der staatlichen Information. Selbst für den Fall, dass aus Gefahrenabwehrgründen ein vorübergehend nicht in Gänze ausrecherchierter Sachverhalt an die Öffentlichkeit getragen wird, ist dies jedoch für den Verbraucher deutlich zu machen. Auch hier kamen also – ähnlich wie es in einer späteren Entscheidung das Bundesverfassungsgericht annahm – die staatlichen Neutralitätssachlichkeits- und Richtigkeitsgebote zum Tragen.

b. Gesamtwürdigung

Ausgehend von den (insbesondere verfassungsrechtlich konstatierten Eingriffsvoraussetzungen) soll nunmehr abschließend der Frage nachgegangen werden, ob die Veröffentlichung einer RAPEX-Meldung auf der Website der Europäischen Kommission einen Grundrechtseingriff bedeutet und somit ebenfalls durch Inanspruchnahme verwaltungsgerichtlichen (Eil-)Rechtsschutzes begegnet werden kann.

aa. Inhaltliche Richtigkeit der Information

In seiner Glykolweinentscheidung sah das Bundesverfassungsgericht insbesondere das Grundrecht aus Art. 12 Abs. 1 Grundgesetz als nicht verletzt an, da zwar das berufsbezogene Verhalten einzelner Personen oder Unternehmen geschützt werde, nicht aber die Verbreitung zutreffender und sachlich gehaltener Informationen am Markt, die für das Wettbewerbsverhalten der Marktteilnehmer von Bedeutung sein können.[586] Ob eine Information sachlich gehalten und inhaltlich (hierzu muss auch die rechtliche Richtigkeit gehören) zutreffend ist, gehört in die Prüfung der materiellen Rechtmäßigkeit beziehungsweise verfassungsrechtlichen Rechtfertigung. Dogmatisch richtig ist also ein Eingriff anzunehmen, der dann für den Fall der inhaltlichen Richtigkeit und unter Wahrung des Sachlichkeitsgebotes gerechtfertigt sein kann.[587] Dies gilt insbesondere für die Veröffentlichung einer RAPEX-Meldung auf der Website der Europäischen Kommission. In Situationen, in denen der Wirtschaftsakteur gegen eine drohende RAPEX-Veröffentlichung die Verwaltungsgerichtsbarkeit um Rechtsschutz ersucht, wird gerade die Richtigkeit der RAPEX-Meldung und Veröffentlichung in Streit stehen. Gemeint ist nicht alleine die formale Richtigkeit, also ob zutreffend die ihr

586 BVerfG, NJW 2002, S. 2621.
587 So auch *Murswiek*, NJW 2003, S. 1 (8).

zugrundeliegenden Meldungsinhalte wiedergegeben werden. Praxisrelevanter ist nämlich die Prüfung, ob überhaupt ein RAPEX-relevanter Sachverhalt vorliegt, insbesondere ob die fachlich richtig durchgeführte und auf zutreffenden wissenschaftlichen Erwägungen beruhende Risikobewertung ein ernstes Risiko erbracht hat. Nicht zuletzt betrifft eine weitere mögliche Konstellation die zutreffende rechtliche Bewertung, also die Frage, ob ein Produkt sicher oder unsicher im Rechtssinne ist. Hier geht es maßgeblich darum, die einschlägigen produktsicherheitsrechtlichen Anforderungen zutreffend auszulegen und anzuwenden.

Die Veröffentlichung einer RAPEX-Meldung auf der Website der Europäischen Kommission ist nämlich zwingend mit der an die Öffentlichkeit kommunizierten Botschaft verknüpft, dass von dem aufgeführten Produkt ein ernstes Risiko für die Verbraucher ausgeht. Im Umkehrschluss bedeutet dies, liegen die Voraussetzungen einer RAPEX-Veröffentlichung nicht vor und erfolgt gleichwohl eine Internetveröffentlichung, ist diese unrichtig und mithin als rechtswidriger Eingriff zu werten. Eine unrichtige Information ist nämlich per se nicht rechtfertigungsfähig.[588] Eine falsche Information führt nämlich zu verzerrten Marktchancen und einem Rückgang des Vermarktungserfolges, auch dann, wenn der Staat in gutem Glauben gehandelt hat.[589] Die Richtigkeit einer Information kann also nicht entscheidend für die Frage sein, ob ein Eingriff vorliegt oder nicht, sondern vielmehr dafür, ob ein feststehender Eingriff gerechtfertigt ist.[590]

Eine gegenteilige Auffassung würde dazu führen, dass ein Eingriff ex post entfiele, wenn die Information sich als tatsächlich wie rechtlich richtig herausstellen würde. Ebenso verhielte es sich im umgekehrten Fall. Das Bundesverfassungsgericht nahm an, dass eine unrichtige Information stets einen nicht gerechtfertigten Eingriff bedeutet. Der Schwerpunkt der Aussage des Bundesverfassungsgerichts muss auf „nicht gerechtfertigt" liegen.

Jedenfalls setzte das Bundesverfassungsgericht die mögliche Inanspruchnahme von Rechtsschutz gegen staatliches Informationshandeln voraus, da anderenfalls bereits die Gelegenheit entfiele, der Frage nachzugehen, ob eine Information des Staates richtig oder unrichtig ist. Diese Erwägung spricht dafür, die Veröffentlichung einer RAPEX-Meldung auf der Website der Europäischen Kommission als rechtfertigungsbedürftigen Eingriff in grundrechtlich geschützte Positionen anzusehen.

---

588 BVerfG, NJW 2002, S. 2624.

589 *Murswiek*, NJW 2003, S. 1 (8).

590 So auch *Murswiek*, NJW 2003, S. 1 (8), der ausführt, dass es hinsichtlich der Frage, ob ein Grundrechtseingriff vorliegt, unmöglich auf das Wissen des Staates ankommen könne.

Dies gilt auch für den Fall, dass die Richtigkeit noch nicht abschließend geklärt ist. In diesen Fallkonstellationen hänge die Rechtmäßigkeit staatlichen Informationshandelns nämlich davon ab, ob der Sachverhalt vor Veröffentlichung im Rahmen des Möglichen sorgsam und unter Nutzung verfügbarer Informationsquellen, gegebenenfalls auch unter Anhörung des Betroffenen, sowie in dem Bemühen um die nach den Umständen erreichbare Verlässlichkeit aufgeklärt worden sei.[591] In besonderen Fällen dürfte aber auch trotz verbleibender Unsicherheiten informiert werden, wenn auf diesen Umstand hingewiesen werde.[592] Wegen der besonderen Risikosituation, die mit einer RAPEX-Meldung einhergeht, ist häufig Eile geboten. Dabei kommt es, ebenso wie bei der Veranlassung marktbezogener Maßnahmen dazu, dass diese allein aus Gründen des vorbeugenden Verbraucherschutzes ergehen (bereits die Begründung indiziert die Rechtswidrigkeit, da RAPEX-Meldungen nur beim Vorliegen eines „ernsten Risikos“ erfolgen dürfen). Eine letztverbindliche Aufklärung und Bewertung der Meldungsinhalte und somit auch der Veröffentlichungsinhalte hat also stattgefunden beziehungsweise konnte noch nicht stattfinden. Die Website der Europäischen Kommission sowie die RAPEX-Veröffentlichungen selbst sehen keine administrativen Voraussetzungen für einen relativierenden Verbraucherhinweis vor (zu denken wäre an ein Feld „noch nicht abschließend geprüft“ o. ä.), weshalb davon auszugehen ist, dass RAPEX-Veröffentlichungen häufig nicht den Anforderungen des Bundesverfassungsgerichts entsprechen werden und somit einen rechtswidrigen Eingriff bedeuten können.

bb. Funktionales Äquivalent

Zudem ist die Veröffentlichung einer RAPEX-Meldung von ihrer Wirkung und ihrem Aussagegehalt einer öffentlichen Warnung gleichzusetzen. Gerade die Ersetzung imperativen (ordnungsbehördlichen) Staatshandelns, begründet einen Eingriff.[593] Unabhängig davon, ob die Marktüberwachungsbehörde einen öffentlichen Rückruf eines Produktes angeordnet oder bereits davor gewarnt hat, steht eines fest: Die RAPEX-Veröffentlichung kann hierzu als funktionales Äquivalent angesehen werden, mit der Folge, dass sie nicht nur denselben Anforderungen genügen muss, sondern ihr zwingend – wie es für die Rückrufanordnung und die Warnung der Öffentlichkeit gemeinhin angenommen wird – Eingriffscharakter zugesprochen werden muss. Wie bereits verdeutlicht liegen

---

591 BVerfG, NJW 2002, S. 2624.

592 BVerfG, NJW 2002, S. 2624; so auch *Knitsch*, ZRP 2003, S. 113 (115) zu dem Urteil des OLG Stuttgart, NJW 1990, S. 2690 ff.

593 *Schink*, DVBl 2011, S. 253 (258).

der RAPEX-Veröffentlichung die Wesensgehalte einer öffentlichen Produktwarnung zugrunde.

Eine wertende Gesamtbetrachtung der Maßnahmen eines Rückrufes sowie der öffentlichen Warnung und Veröffentlichung einer RAPEX-Meldung auf der Website der Europäischen Kommission offenbart eine weitere systematische Schwäche. Die rechtsstaatlichen Voraussetzungen der verschiedenen marktbezogenen Maßnahmen werden im Kontext der RAPEX-Veröffentlichung durchbrochen und die noch im Produktsicherheitsgesetz angelegte Differenzierung endgültig aufgegeben.

Eine Rücknahme ist eine Maßnahme, mit der verhindert werden soll, dass ein Produkt, das sich in der Lieferkette befindet, auf dem Markt bereitgestellt wird, § 2 Nr. 24 ProdSG. Dem entgegen ist ein Rückruf jede Maßnahme, die darauf abzielt, die Rücknahme eines dem Endverbraucher bereitgestellten Produktes zu erwirken, § 2 Nr. 25 ProdSG. Beide Maßnahmen (Rücknahme/Rückruf) können als Marktüberwachungsmaßnahmen durch die Marktüberwachungsbehörden angeordnet werden. Die Maßnahmen können alleine von den Wirtschaftsakteuren ergriffen werden. Eine Rücknahme ist dann die richtige Maßnahme, wenn ein unsicheres Produkt noch nicht an den Verbraucher abgegeben wurde, sich also noch im vollen Zugriff eines an der Lieferkette beteiligten Wirtschaftsakteurs befindet.

Wurde ein Produkt bereits an den Verbraucher abgegeben, reicht eine bloße Rücknahme nicht mehr aus, um der von dem Produkt ausgehenden Gefahrenlage entgegenzusteuern. Vielmehr wird im Rahmen eines Rückrufs der Verbraucher häufig medial angesprochen. Durch die Außenwirkung ist der Rückruf im Wesentlichen einschneidender als die Rücknahme. Aus diesem Grund erfolgt eine Rückrufanordnung nur als ultima ratio.[594] Ein Produkt, das noch nicht an den Verbraucher abgegeben wurde, muss niemals medial zurückgerufen werden. Eine dahingehende Rückrufanordnung wäre ersichtlich und offensichtlich rechtswidrig.

Eine Rückrufanordnung ist oftmals mit einer Öffentlichkeitswarnung im Sinne von § 26 Abs. 2 Nr. 9 ProdSG verbunden. Der Verbraucher wird also von dem Wirtschaftsakteur vor den Risiken gewarnt, die von seinem Produkt ausgehen. Anders als die Maßnahmen (Rücknahme/Rückruf), die alleine von dem verpflichteten Wirtschaftsakteur eingeleitet werden können, kann die Marktüberwachungsbehörde unter gewissen Voraussetzungen die Öffentlichkeit selbst

594 Siehe auch *Tremml/Luber*, NJW 2005, S. 1745 (1748), die auch die Öffentliche Warnung vor einem Produkt durch die Behörden als ultima ratio ansehen.

warnen. Im Rahmen der Gefahrenabwehr kommt die Marktüberwachungsbehörde der eigentlich in den Pflichtenkreis des Wirtschaftsakteurs entfallenen Verpflichtungen im Wege der Ersatzvornahme nach.

Die RAPEX-Website hingegen unterrichtet die Verbraucher und die interessierten Kreise nicht allein über mediale Rückrufe oder öffentliche Produktwarnungen, sondern auch über Grenzzurückweisungen und Rücknahmen, unabhängig davon, ob diese Maßnahmen durch den Wirtschaftsakteur freiwillig oder aufgrund einer verwaltungsrechtlichen Anordnung ergriffen oder geduldet wurden.

Eine Rücknahme, die von den Marktüberwachungsbehörden als rechtmäßig und ausreichend erachtet wurde, um die Verbraucher vor einem Risikoprodukt wirksam zu schützen, erfährt durch die Veröffentlichung auf der RAPEX-Website einen „Gestaltenwandel", einhergehend mit der Veränderung der rechtlichen Qualität, ja Identität, der Maßnahme, ohne dass eine Änderung des Sachverhaltes und damit eine rechtliche und tatsächliche Notwendigkeit besteht.

Die öffentlich kundgegebene Rücknahme ist nämlich nicht länger eine Rücknahme, sondern ein Rückruf beziehungsweise eine Öffentlichkeitswarnung.

Durch die Veröffentlichung der RAPEX-Meldung tritt eine Erweiterung des Adressatenkreises ein. Dadurch handelt es sich bei der ursprünglich angeordneten Rücknahme nunmehr faktisch um einen Rückruf beziehungsweise eine Öffentlichkeitswarnung. Rechtsstaatlich gesehen werden dadurch die gesetzlichen Voraussetzungen der Ermächtigungsgrundlage des staatlichen Handelns umgangen und der gebotenen Rechtfertigung entzogen. Ebenso wird der Grundsatz der Verhältnismäßigkeit offensichtlich verletzt. Die Veröffentlichung einer Rücknahme führt nicht zu einer Verbesserung des Verbraucherschutzes. Die Veröffentlichung ist also nicht erforderlich, da die bloße Rücknahme des Produktes den Verbraucherschutz ebenso gewährleistet, wie die Rücknahme und deren öffentliche Bekanntgabe auf der RAPEX-Website der Europäischen Kommission. Ein Produkt, das nicht in die Verkaufsregale gelangt ist, kann auch kein Risiko für die Verbraucher bedeuten. Das mildere Mittel im Sinne der Erforderlichkeitsprüfung ist also die – ursprünglich als richtig durch die Marktüberwachungsbehörde identifizierte – Rücknahme des Produktes.

Die dennoch vorgenommene Veröffentlichung der Rücknahme über die RAPEX-Website entfaltet eine Prangerwirkung[595], die, gerade wegen der ihr fehlenden gefahrenabwehrrechtlichen Erforderlichkeit, eine Intensivierung

595 Der Begriff des Prangers wurde bereits im Zusammenhang mit der sogenannten Pankower Ekelliste gebraucht, *Holzner*, NVwZ 2010, S. 489.

des mit der angeordneten Maßnahme verbundenen Grundrechtseingriffs zur Folge hat.[596] Die Veröffentlichung stellt also – wenn überhaupt – eine zusätzliche „Bestrafung“ dar, die aber als nicht zu rechtfertigender Grundrechtseingriff anzusehen ist.[597] Ein Eingriff ist jedenfalls dann anzunehmen, wenn eine Warnung inhaltlich zu weit geht und notwendige Differenzierungen nicht erkennen lässt.[598] Gleiches muss auch für eine bewusste Überschreitung der gesetzlichen Maßnahmen gelten. Wie oben dargestellt, besitzt die Veröffentlichung einer Rücknahme auf der Website der Europäischen Kommission keinerlei gefahrenabwehrrechtlichen Zusatznutzen. Unter Verhältnismäßigkeitsgesichtspunkten dürfte damit bereits die Geeignetheit der Veröffentlichungsmaßnahme zu bezweifeln sein. Jedenfalls ist von deren fehlender Erforderlichkeit und Unangemessenheit im engeren Sinne auszugehen. Demgemäß dürfte eine derartige Veröffentlichung dem Verhältnismäßigkeitsgrundsatz nicht mehr genügen.

Rechtsdogmatisch und zur Wahrung der schützenswerten Rechtsposition der Wirtschaftsakteure ist es deshalb nur stringent, Rücknahmen von der Veröffentlichung auf der RAPEX-Website auszunehmen. Anderenfalls liegt bereits aus diesem Grund ein rechtswidriger Eingriff vor. Jedenfalls dann, wenn lückenlos feststellbar ist, dass die Produkte nicht auch auf anderen Vertriebswegen auf dem Binnenmarkt bereitgestellt wurden.

cc. Rechtsvergleich zur Veröffentlichungsvorschrift § 40 Abs. 1 a LFGB

Die Frage nach der Rechtmäßigkeit von Veröffentlichungen lebensmittelrechtlicher Sachverhalte und damit auch deren Eingriffsqualität hat jüngst eine wahre Flut verwaltungsgerichtlicher Eilverfahren ausgelöst.[599]

---

596 Siehe auch *Ossenbühl*, NVwZ 2011, S. 1357 (1358), der ausführt, dass mit einer staatlichen Öffentlichkeitsinformation „im Regelfall aus der Sicht der betroffenen Unternehmen eine Belastungswirkung, die weit über das hinausgeht, was durch das Instrumentarium klassischer ordnungsrechtlicher Sanktionen erreicht wird“, einhergehe.

597 So auch *Becker/Blackstein*, NJW 2011, S. 490 (494).

598 *Ossenbühl*, ZHR 155 (1991), S. 329 (335).

599 VG Gelsenkirchen, LMRR 2013, S. 7; VG Hannover, Beschluss vom 29.01.2013, Az.: 9 B 264/13; VG Regensburg, Beschluss vom 23.10.2012, Az.: RO 5 E 12.1580; VG Karlsruhe, Beschluss vom 07.11.2012, Az.: 2 K 243/12; VG Oldenburg, Beschluss vom 22.11.2012, Az.: 7 B 4916.12; VG Trier, Beschluss vom 27.11.2012, Az.: 1 L 1339/12. TR; VG Berlin, Urteil vom 28.11.2012, Az.: 14 K 79.12; VG München, Beschluss vom 28.11.2012, Az.: M 18 E 12.4654; VG München, Beschluss vom 03.12.2012, Az.: M 18 E 21.5736; VG Karlsruhe, Beschluss vom 04.12.2012, Az.: 5 V 3056/12; VG Stuttgart, Beschluss vom 11.12.2012, Az.: 4 K 3720/12; VG Würzburg, LRE 64,

Nach § 40 Abs. 1 a LFGB informieren die zuständigen Behörden die Öffentlichkeit unter Nennung der Bezeichnung des Lebensmittels oder Futtermittels sowie unter Nennung des Lebensmittel- oder Futtermittelunternehmens, wenn der hinreichend begründete Verdacht besteht, dass in Vorschriften im Anwendungsbereich des LFGB festgelegte zulässige Grenzwerte, Höchstgehalte, überschritten wurden[600] oder gegen sonstige Vorschriften im Anwendungsbereich des LFGB, die dem Schutz der Verbraucherinnen und Verbraucher vor Gesundheitsgefährdung oder vor Täuschung oder der Einhaltung hygienischer Anforderungen dienen, in nicht nur erheblichem Ausmaße oder wiederholt verstoßen worden ist und die Verhängung eines Bußgeldes von mind. 350,00 EUR zu erwarten ist.[601]

Die Vorschrift als solche sowie deren Anwendung ist höchst umstritten, was nicht zuletzt die Rechtsprechungsfülle mit einander widersprechenden Entscheidungen zeigt. Stark abstrahiert geht es um die Frage, ob und inwieweit Lebensmittelüberwachungsbehörden dazu verpflichtet sind, bestimmte lebensmittelrechtliche Sachverhalte im Internet der Öffentlichkeit zugänglich zu machen. Eine Veröffentlichung behaupteter lebensmittelrechtlicher Verstöße wird als Eingriff in das Recht der Wirtschaftsakteure auf informationelle Selbstbestimmung gem. Art. 2 Abs. 1, Art. 19 Abs. 3 Grundgesetz und der Berufsfreiheit gem. Art. 12 Abs. 1, Art. 19 Abs. 3 Grundgesetz angesehen.[602] Die Bejahung

S. 401; VG Frankfurt, Beschluss vom 19.12.2012, Az. 5 L 4249/12.F; VG Regensburg, Beschluss vom 20.12.2012, Az.: RO 5 E 12.1798; VG Sigmaringen, Beschluss vom 09.01.2013, Az.: 2 K 4346/12; OVG Lüneburg, NJW 2013, 1252 f.; VG des Saarlandes, Beschluss vom 25.01.2013, Az.: 3 L 76/13; VG München, Beschluss vom 28.01.2013, Az.: M 18 E 12.5430; VGH Mannheim, GewArch 2013, S. 158 ff. mit Anm. *Hüpers*; VG Aachen, Beschluss vom 04.02.2013, Az.: 7 L 569/12; VG Düsseldorf, Beschluss vom 04.02.2013, Az.: 16 L 120/13 (bisher unveröffentlicht); OVG Koblenz, GewArch 2013, 209 f.; VG Gelsenkirchen, Beschluss vom 15.02.2013, Az.: 19 L 1730/12; Bayerischer VGH, Beschluss vom 18.03.2013, Az.: 9 CE 12.2755; VG Minden, Beschluss vom 08.04.2013, Az.: 7 L 157/13; VG Düsseldorf, Beschluss vom 16.04.2013, Az.: 16 L 494/13; VGH Kassel, Beschluss vom 23.04.2013, Az.: 8 B 28/13; OVG NRW, NWVBl 2013, S. 334 f.

600 Instruktiv hierzu: *Pitzer*, StoffR 2013, S. 44 ff.

601 Instruktiv hierzu: *Theis*, DVBl 2013, S. 627 (632 ff.).

602 VGH Baden-Württemberg, GewArch 2013, 158 (159); BayVGH, Beschluss vom 18.03.2013 – 9 CE 12.2755/ -, Juris, Rn. 19; OVG NRW, NWVBl 2013, S. 334 ff.; OVG Lüneburg, Beschluss vom 14.06.2013 – 13 ME 18/13, Rn. 4 - juris; zustimmend auch *Becker*, ZLR 2013, S. 496 (499), der einen erheblichen Eingriff in das Recht auf informationelle Selbstbestimmung annimmt; Einen Grundrechtseingriff in Art. 12 wohl ablehnend, *Elsing/Rosenow*, ZLR 2013, S. 240 (254). Insbesondere unter Verweis auf die Glykol-Entscheidung des Bundesverfassungsgerichts.

der Eingriffsqualität ist gerade aus nachfolgendem Grund besonders interessant. Eine schlichte Verbraucherinformation nach § 40 Abs. 1 a LFGB zielt nämlich nicht auf eine Warnung der Öffentlichkeit vor aktuell im Verkehr befindlichen Lebensmitteln ab, sondern die Verbraucher sollen über in der Vergangenheit liegende Rechtsverstöße unterrichtet werden.[603] Sowohl in der Rechtsprechung[604] als auch in der Literatur[605] wird die Zulässigkeit der Inanspruchnahme von verwaltungsgerichtlichem Rechtsschutz gegen Veröffentlichungen gem. § 40 Abs. 1 a LFGB häufig in Gestalt des Eilrechtsschutzes gem. § 123 Abs. 1 S. 1 VwGO zuerkannt.

§ 40 Abs. 1 a LFGB soll zur Veröffentlichung bestimmter Lebensmittel und unternehmensbezogener Daten ermächtigen. Die Veröffentlichung selbst wird als rechtfertigungsbedürftiger Eingriff anerkannt. Die Veröffentlichung bedarf einer Ermächtigungsgrundlage – Vorbehalt des Gesetzes – wie sie, wenn auch

---

Verkannt wird allerdings, dass das Bundesverfassungsgericht eine Öffentlichkeitsinformation nicht per se als Grundrechtseingriff (in Art. 12 Abs. 1 Grundgesetz) ablehnt, weshalb eine genaue Prüfung der Voraussetzung angebracht gewesen wäre, letztlich mit dem zutreffend auch in der Rechtsprechung bestätigten Ergebnis, dass ein rechtfertigungsbedürftiger Eingriff vorliegt.

603 *Wollenschläger*, DÖV 2013, S. 7 (9) oder Verweis auf die weiterhin verfolgten Zwecke der Verbraucherinformation durch *Wollenschläger* in: VerwArch 2011, S. 20 (24 ff.).

604 München, Beschluss vom 03.12.2012, Az.: M 18 E 21.5736; VG Karlsruhe, Beschluss vom 04.12.2012, Az.: 5 V 3056/12; VG Stuttgart, Beschluss vom 11.12.2012, Az.: 4 K 3720/12; VG Würzburg, LRE 64, S. 401; VG Frankfurt, Beschluss vom 19.12.2012, Az.: 5 L 4249/12.F; VG Regensburg, Beschluss vom 20.12.2012, Az.: RO 5 E 12.1798; VG Sigmaringen, Beschluss vom 09.01.2013, Az.: 2 K 4346/12; OVG Lüneburg, NJW 2013, 1252 f.; VG des Saarlandes, Beschluss vom 25.01.2013, Az.: 3 L 76/13; VG München, Beschluss vom 28.01.2013, Az.: M 18 E 12.5430; VGH Mannheim, GewArch 2013, S. 158 ff. mit Anm. *Hüpers*; VG Aachen, Beschluss vom 04.02.2013, Az.: 7 L 569/12; VG Düsseldorf, Beschluss vom 04.02.2013, Az.: 16 L 120/13 (bisher unveröffentlicht); OVG Koblenz, GewArch 2013, 209 f.; VG Gelsenkirchen, Beschluss vom 15.02.2013, Az.: 19 L 1730/12; Bayerischer VGH, Beschluss vom 18.03.2013, Az.: 9 CE 12.2755; VG Minden, Beschluss vom 08.04.2013, Az.: 7 L 157/13; VG Düsseldorf, Beschluss vom 16.04.2013, Az.: 16 L 494/13; VGH Kassel, Beschluss vom 23.04.2013, Az.: 8 B 28/13; OVG NRW, NWVBl 2013, S. 334 ff.

605 So *Wustmann*, Das neue Verbraucherinformationsrecht, S. 197 (224); *Wollenschläger*, DÖV, 2011, S. 7 ff.; grundlegend zum Rechtsschutz im Zusammenhang mit § 40 Abs. 1 a) LFGB, *Grube/Immel/Wallau*, Verbraucherinformationsrecht, S. 71, Rn. 105 ff.

unter rechtsstaatlichen Aspekten handwerklich nicht ausgereift, durch § 40 Abs. 1 a LFGB geschaffen wurde.

Dieser Rechtsvergleich zur Veröffentlichungsnorm gem. § 40 Abs. 1 a LFGB macht deutlich, dass auch der Veröffentlichung einer RAPEX-Meldung via Internet Eingriffsqualität zugesprochen werden muss. Signifikante und vor allem rechtlich relevante Unterschiede sind, jedenfalls was den tatsächlichen Akt der Verbraucherinformation anbelangt, nicht zu erblicken, so dass auch eine einheitliche Rechtsschutzmöglichkeit geboten erscheint.

dd. RAPEX-Veröffentlichung über das Internet

Behördliche Informationen – besonders dann wenn sie ein Produkt als nicht verkehrsfähig bezeichnen – entfalten eine unkontrollierte und flächendeckende Eigendynamik, was sich aus den Multiplikatoren der staatlichen Autorität, der häufig medialen Sensationsberichterstattung und der Eigenwahrnehmung der Verbraucher ergibt.[606]

Behördliche Information ist allerdings nicht gleich behördliche Information. Während sich bestimmte behördliche Informationen über inhaltliche, der Öffentlichkeit vermittelte, Botschaften und der Art ihrer Konkretisierung unterscheiden lassen, gilt dies auch für die Art und Weise, also das Informationsmedium selbst. Der Wahl des Informationsmediums kommt eine entscheidende Rolle zu, beeinflusst sie in einem ersten Schritt den Kreis der Primäradressaten doch erheblich. Gemeint ist der Personenkreis, der beabsichtigt von der behördlichen Information quasi aus primärer Quelle als gedachter Adressat erfährt. Die behördliche Information über einen Aushang im Verwaltungsgebäude „am schwarzen Brett“ wird faktisch einen geringeren Empfängerkreis erreichen als eine Veröffentlichung in einer überregional erscheinenden Tageszeitung. Die potenzielle Folge einer behördlichen Information hängt also – jedenfalls grundsätzlich – von der Art und Weise der Veröffentlichung ab. Dabei kommt es entscheidend auf eine Bewertung des jeweiligen Einzelfalles an. Einen weltweit tätigen Konzern wird eine regional begrenzte negative behördliche Information der Öffentlichkeit bei weitem weniger tangieren als dies für ein rein regional tätiges, mittelständisches Unternehmen der Fall sein dürfte. Auf welche Art und Weise eine behördliche Information erfolgen darf, beantwortet also der Grundsatz der Verhältnismäßigkeit. Produktsicherheitsrechtliche Krisenfälle bedürfen einer differenzierten, die Besonderheiten des Einzelfalles berücksichtigenden Herangehensweise. Dabei gilt es so viel Verbraucherschutz wie möglich

606 *Porsch*, ZLR 2003, S. 175 (177).

zu erreichen, allerdings nicht ohne ebenfalls bedeutsame Interessen der Wirtschaftsakteure aus den Augen zu verlieren. Gerade deshalb wird (als Beispiel aus der Praxis) auch der zu bedienende (Presse-)Verteiler für den Fall eines öffentlichen Rückrufes eng zwischen dem Wirtschaftsakteur und der zuständigen Marktüberwachungsbehörde abgestimmt.

Deutlich wird, dass ein pauschal festgelegter Adressatenkreis beziehungsweise ein pauschal festgelegtes Veröffentlichungsmedium dem Grundsatz der Verhältnismäßigkeit (häufig) nicht entspricht. Warum sollte man auch die ganze Welt über ein Produkt informieren, das nachweislich nur in Deutschland und in Österreich vertrieben wurde.

Mit der Veröffentlichung, gleich welchem Informationsmedium sich der Staat bedient, entledigt er sich der Kontrolle über die publizierten Daten.[607] Die behördliche Information über das Internet nimmt gegenüber den klassischen Informationsmedien eine Sonderstellung ein, ist sie doch an einen unbestimmten und zahlenmäßig nicht abgrenzbaren und überschaubaren Adressatenkreis gerichtet, wobei der Zugang ohne nennenswerte Voraussetzung, anonym, schnell und vor allem weltweit erfolgt.[608] Einmal im Internet veröffentlichte Informationen sind nicht mehr zu beseitigen,[609] was nicht zuletzt auch auf die Speichermöglichkeit zurückzuführen ist.[610] Während dem Straftäter rechtsstaatlich die Gnade des Vergessens gewährt wird, wird dies dem durch das Internet Stigmatisierten verwehrt.[611] So kommt es, dass überwiegend eine Veröffentlichung im Internet von den Wirtschaftsakteuren als durchaus härter empfunden wird, als die Verhängung eines Bußgeldes.[612]

---

607 *Wollenschläger*, VerwArch 2011, S. 20 (43)

608 *Wollenschläger*, VerwArch 2011, S. 20 (43); *Wiemers*, ZLR 2009, S. 413 (424); so auch BVerfGE 104, S. 65 (72 f.); VGH Kassel, Beschluss vom 09.06.2009, 10 B 1503/09, Juris, Rn. 41; *Becker/Blackstein*, NJW 2011, S. 490 (490); *Weyland/Comans*, ZLR 2011, S. 523.

609 *Becker/Blackstein*, NJW 2011, S. 490 (490); *Wollenschläger*, DÖV 2013, S. 7 (12 f.); *Ossenbühl*, NVwZ 2011, S. 1357 (1358); *Ambrock/Karcher*, NVwZ 2011, S. 1371 (1372).

610 OVG Greiswald, ZUR 2009, S. 375 (376); VGH Kassel, Beschluss vom 09.06.2009, Az.: 10 B 1503/09 – Juris, Rn. 41; VG Wiesbaden, Beschluss vom 27.02.2009, MMR 2009, S. 428 (430 f.); *Böhme*, NL-BzAR 2009, S. 130 (138); *Wiemers*, ZLR 2009, S. 413 (424).

611 *Ossenbühl*, NVWZ 2011, S. 1357 (1358).

612 *Böhm/Lingenfelder/Voit*, NVwZ 2011, S. 198 (201), zur Veröffentlichung lebensmittelrechtlicher Sachverhalte.

Eben deshalb wird die Veröffentlichung im Internet als gravierender Eingriff qualifiziert.[613]

Ungeachtet einer Einzelfallprüfung und insbesondere der rechtsstaatlichen Berücksichtigung von Verhältnismäßigkeitserwägungen findet eine Veröffentlichung von RAPEX-Meldung auf der Website der Europäischen Kommission statt. Die Veröffentlichung ist der Prüfung entzogen, ob eine weltweite Veröffentlichung überhaupt ein Mehr für den effektiven Verbraucherschutz mit sich bringt.

Um nochmals zur eben formulierten Fragestellung zurückzukommen: Ist es (noch) verhältnismäßig, weltweit vor einem Produkt zu warnen, das nachweislich nur in Deutschland und Österreich vertrieben wurde? Welchen Mehrwert bringt diese personelle Übererfüllung der Verbraucherinformation mit sich? Die Antwort ist: Keine.[614] Allerdings wirkt sie sich umso belastender für den von ihr betroffenen Wirtschaftsakteur aus.

Dies wird umso deutlicher, zieht man die nachfolgende Konstellation heran:

Ein Produkt wurde ausschließlich in Deutschland und in Österreich vermarktet. Wegen eines ernsten Risikos wird das Produkt vom Wirtschaftsakteur medial in Deutschland und in Österreich zurückgerufen. Zusätzlich erfolgt eine weltweit zugängliche Veröffentlichung der RAPEX-Meldung auf der Website der Europäischen Kommission.

Außer einer zusätzlichen Belastung wegen einer weltweit nicht mehr löschbaren Veröffentlichung im Internet, hat diese keine zusätzliche Bedeutung für den effektiven Verbraucherschutz und ist somit unverhältnismäßig.[615] Die erforderlichen Maßnahmen Rückruf (in Deutschland und in Österreich) wurde nämlich vor ihrer Veranlassung mit den zuständigen Behörden abgestimmt.

Mit der Veröffentlichung im Internet entledigt sich der Staat zusätzlich seiner Kontrolle über deren weitere Verwendung, was nicht nur das datenschutzrechtliche

613 *Wollenschläger*, VerwArch 2011, S. 20 (43) zur Veröffentlichung der Negativlisten des Bezirksamtes Berlin-Pankow im Internet; ähnlich *Becker/Blackstein*, NJW 2011, S. 490 (494), die annehmen, dass eine Veröffentlichung von Informationen im Internet eine Eingriffsintensivierung darstellt.

614 Vgl. *Becker/Blackstein*, NJW 2011, S. 490 (494), die eine Internetinformation (Transparenzsysteme im Lebensmittelrecht) nicht immer als geeignetes Mittel ansehen, um den Verbraucher effektiv zu schützen.

615 So auch *Ossenbühl*, ZHR 155 (1991), S. 329 (335) für eine inhaltliche Überschreitung.

Gebot der Zweckbindung der Datenerhebung ins Leere laufen lässt, vgl. § 16 Abs. 4 BDSG,[616] sondern auch den (nachträglichen) Rechtsschutz relativiert.[617]

Aus der Besonderheit einer Internetveröffentlichung offenbart sich nicht nur der damit verbundene Eingriff, sondern auch die Notwendigkeit, dem Wirtschaftsakteur vorläufigen Rechtsschutz gewähren zu müssen, will man ihn nicht in Gänze rechtsschutzlos stellen.

ee. Individualisierung des Wirtschaftsakteurs

Durch die konkrete Offenbarung des betroffenen Produktes wie auch der Marke ist eine Individualisierung möglich. Eine Veröffentlichung bringt erhebliche wirtschaftliche Folgen mit sich, die für einzelne Wirtschaftsakteure eine Existenzgefährdung bedeuten können.[618] Werden wettbewerbsrelevante Informationen verbreitet, kann dies einen Eingriff in Art. 12 Abs. 1 Grundgesetz bedeuten,[619] jedenfalls dann, wenn die staatliche Warnung „zielgerichtet" und zu Lasten eines bestimmten Wirtschaftsakteurs auf den Absatz eines Produktes Einfluss nimmt, um ein festgelegtes Ziel zu erreichen.[620]

Die noch im Zusammenhang mit dem RASFF-System gewählte Begründung zur Ablehnung der Eingriffsqualität einer Veröffentlichung greift für eine RAPEX-Meldung nicht durch. Zum einen besteht ein für die Öffentlichkeit einsehbarer konkreter Produktbezug und zum anderen wird auch der Hersteller über die Angabe der Produktmarke individualisiert beziehungsweise individualisierbar. Staatliche Verbraucherinformationen können nämlich dann einen Eingriff bedeuten, wenn sie produktbezogen ein sicheres Produkt betreffen, also die Warnung sachlich unrichtig ist.[621] Zum Zeitpunkt des Rechtsschutzersuchens wird die Frage, ob von einem Produkt ein ernstes Sicherheitsrisiko ausgeht, (noch) in Streit stehen. Es soll also gerichtlich geklärt werden, ob eine RAPEX-Meldung erfolgen darf oder nicht. Deshalb sind behördliche Warnungen, die

---

616 *Albers*, ZJS 2009, S. 614 (622 f.); *Albers/Ortler*, GewArch 2009, S. 225 (228); *Rossi*, Informationszugangsfreiheit und Verfassungsrecht 2004, S. 231 ff.

617 *Becker*, ZLR 2011, S. 391 (420); vgl. *Becker/Blackstein*, NJW 2011, S. 490 (493 f.); *Bumke*, Die Verwaltung, 37. Band (2004), S. 3 (10); *Kügel/Plaßmann*, LMuR 2012, S. 1 (7 f.); *Schoch*, NJW 2010, S. 2241 (2242).

618 *Knitsch*, ZRP 2003, S. 113 (116).

619 *Wollenschläger*, VerwArch 2011, S. (20) 37; *Voit*, in: Böhm/Freund/Voit, Information und Kommunikation von Unternehmen und Behörden, S. 45 (57), sowie *Voit*, Informationsfreiheit und Informationsrecht, S. 91 (105).

620 *Ossenbühl*, NVwZ 2011, S. 1357 (1359).

621 *Ossenbühl*, ZHR 155 (1991), S. 329 (334); *Ossenbühl*, Umweltpflege, S. 31.

sich auf bestimmte Produkte bestimmter Hersteller beziehen, (potenzielle) Eingriffe.[622]

Die Veröffentlichungsinhalte einer RAPEX-Meldung benennen „Ross und Reiter“ und damit Produkt und Anbieter, wodurch einer RAPEX-Veröffentlichung zwangsläufig eine Außenwirkung (wie sie noch im Zusammenhang mit dem RASFF-System, wenn auch im Ergebnis unzutreffend zur Diskussion stand) zugesprochen wird.[623] Außenwirkung in diesem Kontext meint, dass ein Sachverhalt über den „internen behördlichen Apparat“ nach außen getragen wird und von der Öffentlichkeit einem bestimmten Produkt und/oder Anbieter zugeordnet werden kann. Verbunden mit dieser Form der Außenwirkung ist auch ein Eingriff in grundrechtlich geschützte Positionen anzunehmen und dem Wirtschaftsakteur verwaltungsgerichtlicher Rechtsschutz zuzusprechen.[624]

Zudem entsteht aus einer namentlichen Nennung des Wirtschaftsakteurs die Folgeproblematik, dass zwangsläufig auch der Absatz nicht beanstandeter Produkte nachhaltig betroffen ist,[625] jedenfalls greift eine solche Veröffentlichung in einen Wettbewerb zwischen Wirtschaftsakteuren ein.[626] Somit betrifft eine RAPEX-Meldung wegen der möglichen Auswirkungen die Absatzchancen des Wirtschaftsakteurs und damit den Schutzbereich des Art. 12 Abs. 1 Grundgesetz.[627] Die RAPEX-Veröffentlichung, die ihrem Wesen nach eine öffentliche Warnung darstellt, ist aufgrund ihrer Produktbezogenheit als ein rechtfertigungsbedürftiger Eingriff in die Berufs- und Gewerbefreiheit gem. Art. 12 Abs. 1 Grundgesetz und in die Eigentumsgarantie gem. Art. 14 Abs. 1 Grundgesetz des betroffenen Wirtschaftsakteurs anzusehen.[628]

---

622 *Ossenbühl*, ZHR 155 (1991), S. 329 (334).

623 So auch *Grube/Immel/Wallau*, Verbraucherinformationsrecht, S. 312, Rn. 116.

624 So auch *Grube/Immel/Wallau*, Verbraucherinformationsrecht, S. 312, Rn. 116 und S. 313, Rn. 118.

625 *Porsch*, ZLR 2003, S. 175 (177).

626 Siehe auch *Voit*, in: Böhm/Freund/Voit, Information und Kommunikation von Unternehmen und Behörden, S. 45 (57), sowie *Voit*, Informationsfreiheit und Informationsrecht, S. 91 (105).

627 Vgl. *Porsch*, ZLR 2003, S. 175 (177); vgl. auch *Brandt*, in: Damm/Hart, Rechtliche Regulierung von Gesundheitsrisiken, S. 187 (193), der grundsätzlich Art. 14 Abs. 1 Grundgesetz für einschlägig hält und nur ausnahmsweise auch in Art. 12 Abs. 1 Grundgesetz.

628 Siehe hierzu *Ambrock/Karcher*, NVwZ 2011, S. 1371, die die Auffassung von Ossenbühl zu staatlichen Transparenzsystemen anlässlich einer Fachtagung am 08.04.2011 zusammenfassen; *Zellner*, in: Böhm/Freund/Voit, Information und

ff. Ergebnis

Die RAPEX-Veröffentlichung auf der Website der Europäischen Kommission stellt einen intensiven Grundrechtseingriff dar. Der vollständige Ausschluss der Vermarktung eines Produktes ist primäres Ziel dieser Veröffentlichung. Primärer Adressat ist zwar der Verbraucher, weshalb es für eine negative Vermarktungsfolge auch seines Zutuns bedarf, dieser Umstand der Mittelbarkeit, wird aber durch die Finalität des staatlichen Informationshandels kompensiert. Die RAPEX-Veröffentlichung besitzt eine sehr große Reichweite. Die Veröffentlichung ist nicht auf die „betroffenen" Mitgliedstaaten begrenzt. Vielmehr erfolgt eine Unterrichtung europa- bzw. weltweit. Der Empfängerkreis einer Internetveröffentlichung lässt sich nicht steuern oder begrenzen. Es wird also auch in Mitgliedstaaten und Drittstaaten veröffentlicht, die offenkundig nicht betroffen sind. Potenziert wird die Grundrechtsrelevanz durch eine produktbezogene Veröffentlichung im Internet. Das Veröffentlichungsmedium Internet ist dazu geeignet den Wirtschaftsakteur besonders intensiv in seinen Grundrechten zu beeinträchtigen. Die Inhalte der RAPEX-Veröffentlichung stehen – insbesondere wegen ihrer Produktbezogenheit und der ausdrücklichen Benennung der ernsten Gesundheitsrisiken – einer öffentlichen Warnung gleich. Seinem Vorstellungsbild gemäß muss der Verbraucher davon ausgehen, dass ihm keine echte Alternative mehr verbleibt, will er nicht sich selbst oder andere dem Risiko einer ernsten Gesundheitsbeeinträchtigung aussetzten. Der Verbraucher wird dieser Art der Veröffentlichung besonderes Vertrauen entgegenbringen und von deren Verbindlichkeit ausgehen, da sie unter Inanspruchnahme staatlicher Autorität erfolgt.[629] In Art und Wirkung kommt die RAPEX-Veröffentlichung einer Warnung gleich, weshalb auch hier dasselbe rechtsstaatliche Maß anzulegen ist. Eine gerichtliche Kontrolle der inhaltlichen Richtigkeit muss gerade vor den Grundsätzen des Bundesverfassungsgerichts ermöglicht werden. Da einmal veröffentlichte Informationen nicht mehr zurückholbar sind, muss eine eilgerichtliche Vorabkontrolle eingeräumt werden. Durch die gerichtliche Kontrolle wird nicht nur den berechtigten Interessen der Wirtschaftsakteure Rechnung getragen, vielmehr sichert sie auch die Qualität der RAPEX-Veröffentlichung. Dadurch wird dieses wichtige System weiterhin gestärkt und der Schutz des Verbrauchers im globalisierten Weltmarkt weiter vorangetrieben.

Kommunikation von Unternehmen und Behörden, S. 27, der in einer Warnung vor einem Lebensmittel einen Eingriff in Art.12 Abs. 1 GG sieht.

629 Siehe auch *Voit*, in: Böhm/Freund/Voit, Information und Kommunikation von Unternehmen und Behörden, S. 45 (46).

F. Rechtlicher Ausblick

I. Europäische Regelungsvorhaben

Derzeit sind Bestrebungen am Laufen, die Marktüberwachung zu überarbeiten und auch auf eine neue modernisierte rechtliche Grundlage zu stellen. In der sogenannten Binnenmarktakte der Europäischen Kommission[630] Zwölf Hebel zur Förderung von Wachstum und Vertrauen „Gemeinsam für neues Wachstum" werden die Ziele und Hintergründe der angestrebten Bearbeitung auszugsweise wie folgt formuliert: *„Zur Stärkung des Verbrauchervertrauens in den Binnenmarkt müssen weitere konkrete Maßnahmen getroffen werden. Die Verbraucher müssen sich darauf verlassen können, dass die von ihnen erworbenen Waren sicher sind, unabhängig davon, wo sie produziert wurden. Daher bedarf es dringend einer Überarbeitung der* ***Richtlinie über die allgemeine Produktsicherheit****. Auch die Unternehmen erwarten, dass die Mitgliedstaaten EU-weit einheitliche Schutzvorschriften anwenden. Deshalb wird die Kommission in Zusammenarbeit mit Zoll- und Marktaufsichtsbehörden einen mehrjährigen Aktionsplan zur Marktüberwachung, auch an den Außengrenzen der Europäischen Union, ausarbeiten, der dann von den Mitgliedstaaten umzusetzen sein wird. […]"*[631] Auch nach der Binnenmarktakte II[632] „Gemeinsam für neues Wachstum" wird das Produktsicherheits- und Marktüberwachungspaket als eine Schlüsselmaßnahme bezeichnet, um die Sicherheit der den Verbrauchern zur Verfügung gestellten Produkte durch „höhere Kohärenz und bessere Durchsetzung der Vorschriften zur Produktsicherheit und Marktüberwachung" zu erhöhen.[633]

---

630 KOM (2011) 206 endgültig, Mitteilung der Kommission an das Europäische Parlament, den Rat, den Europäischen Wirtschafts- und Sozialausschuss und den Ausschuss der Regionen, Binnenmarktakte, Zwölf Hebel zur Förderung von Wachstum und Vertrauen, „Gemeinsam für neues Wachstum".

631 KOM (2011) 206 endgültig, S. 11.

632 COM (2012) 573 final, Mitteilung der Kommission an das Europäische Parlament, den Rat, den Europäischen Wirtschafts- und Sozialausschuss und den Ausschuss der Regionen, Binnenmarktakte II, Gemeinsam für neues Wachstum.

633 COM (2013), 78 final 2013/0049 (COD), Produktsicherheits- und Marktüberwachungspaket, Vorschlag für eine Verordnung des Europäischen Parlamentes und des Rates über die Sicherheit von Verbraucherprodukten und zur Aufhebung der Richtlinie 87/357/EWG des Rates und der Richtlinie 2001/95/EG, S. 3, unter Verweis auf COM (2012) 573 final, S. 18 f.

Ausgehend von dieser Intention hat die Europäische Kommission jeweils mit Stand 13.02.2013 zwei Vorschläge für zwei Verordnungsentwürfe veröffentlicht. Hierbei handelt es sich zum einen um den im Rahmen des Produktsicherheits- und Marktüberwachungspaketes erfolgten Vorschlag für eine Verordnung des Europäischen Parlamentes und des Rates über die Sicherheit von Verbraucherprodukten und zur Aufhebung der Richtlinie 87/357/EWG des Rates und der Richtlinie 2001/95/EG[634] und zum anderen um den Vorschlag für eine Verordnung des Europäischen Parlamentes und des Rates über die Marktüberwachung von Produkten und zur Änderung der Richtlinien 89/686/EWG und 93/15/EWG des Rates sowie der Richtlinien 94/9/EG, 94/25/EG, 95/16/EG, 97/23/EG, 1999/5/EG, 2000/9/EG, 2000/14/EG, 2001/95/EG, 2004/108/EG, 2006/42/EG, 2006/95/EG, 2007/23/EG, 2008/57/EG, 2009/48/EG, 2009/105/EG, 2009/142/EG, 2011/65/EU, Verordnung (EU) Nr. 305/2001, der Verordnung (EG) Nr. 764/2008 und der Verordnung (EG) Nr. 765/2008 des Europäischen Parlamentes und des Rates[635].

II. Vorschlag für eine Verordnung des Europäischen Parlamentes und des Rates über die Sicherheit von Verbraucherprodukten und zur Aufhebung der Richtlinie 87/357/EWG des Rates und der Richtlinie 2001/95/EG[636]

Mit dieser vorgeschlagenen Verordnung soll der Sicherheits- und Gesundheitsschutz der Verbraucher erheblich gestrafft und vereinfach werden.[637] Des Weiteren trägt der Vorschlag auch der über die Jahre erfolgten Rechtsentwicklung im Bereich der Marktüberwachung Rechnung. Dabei ist es zu einigen

---

634 COM (2013) 78 final, 2013/0049 (COD).

635 COM (2013) 75 final, 2013/0048 (COD), Produktsicherheits- und Marktüberwachungspaket, Vorschlag für eine Verordnung des Europäischen Parlamentes und des Rates über die Marktüberwachung von Produkten und zur Änderung der Richtlinien 89/686/EWG und 93/15/EWG des Rates sowie der Richtlinien 94/9/EG, 94/25/EG, 95/16/EG, 97/23/EG, 1999/5/EG, 2000/9/EG, 2000/14/EG, 2001/95/EG, 2004/108/EG, 2006/42/EG, 2006/95/EG, 2007/23/EG, 2008/57/EG, 2009/48/EG, 2009/105/EG, 2009/142/EG, 2011/65/EU, Verordnung (EU) Nr. 305/2001, der Verordnung (EG) Nr. 764/2008 und der Verordnung (EG) Nr. 765/2008 des Europäischen Parlamentes und des Rates.

636 Nachfolgend mit Vorschlag SicherheitsVO abgekürzt.

637 COM (2013) 78 final, 2013/0049 (COD), S. 2.

Überschneidungen gekommen, die sowohl bei den Wirtschaftsakteuren als auch bei den nationalen Behörden zu Verwirrung und einer Behinderung der Marktüberwachung in der Union geführt haben.[638] Mit diesem Verordnungsvorschlag ist also eine Klärung des Rechtsrahmens für Verbraucherprodukte angedacht.[639] Die wesentlichen Änderungen betreffen den Geltungsbereich und die Begriffsbestimmungen, um diese gegenüber bereichsspezifischen Harmonisierungsrechtsvorschriften der Union besser abzugrenzen.[640] Das allgemeine Sicherheitsgebot soll beibehalten werden, die praktische Umsetzung soll jedoch durch die Einführung einer klaren Verbindung zu bereichsspezifischen Vorschriften und eine Vereinfachung der Normungsvorschriften erleichtert werden.[641] Zudem werden die Pflichten der Wirtschaftsakteure überarbeitet.[642] Letztlich werden auch die wesentlichen Pflichten der Wirtschaftsakteure in der Lieferkette für Verbraucherprodukte, für die keine bereichsspezifischen Harmonisierungsvorschriften existieren, festgelegt.[643]

Besonders erwähnenswert erscheint Art. 6 des Vorschlages SicherheitsVO, der Kriterien und Elemente für die Beurteilung der Sicherheit von Produkten enthält. Die Sicherheitsbeurteilung nach Art. 6 Nr. 1 Vorschlag SicherheitsVO kommt dann zum Tragen, wenn keine Harmonisierungsrechtsvorschriften der EU, keine europäischen Normen und keine Gesundheits- und Sicherheitsbestimmungen im Recht eines bestimmten Mitgliedstaates, in dem das Produkt bereitgestellt wird, existieren.

Auch weiterhin ist man bestrebt, für die Umsetzung des allgemeinen Sicherheitsgebotes auf die Nutzung europäischer Normen zurückzugreifen, weshalb der Prozess zur Ermittlung bestehender europäischer Normen oder zur Erteilung von Aufträgen für die Erarbeitung europäischer Normen, die eine

---

638 COM (2013) 78 final, 2013/0049 (COD), S. 2.

639 COM (2013) 78 final, 2013/0049 (COD), S. 2.

640 COM (2013) 78 final, 2013/0049 (COD), S. 4; Art. 2 Nr. 4 Vorschlag SicherheitsVO, wonach die Kapitel II bis IV dieser Verordnung nicht für Produkte gelten, die durch Bestimmungen geregelt sind, die die menschliche Gesundheit und Sicherheit schützen sollen und die in Harmonisierungsvorschriften der Union enthalten sind oder sich aus diesen ergeben.

641 COM (2013) 78 final, 2013/0049 (COD), S. 4.

642 COM (2013) 78 final, 2013/0049 (COD), S. 4; die Pflichten der Wirtschaftsakteure sind im derzeitigen Entwurf in den Art. 4 bis 6, sowie 8 bis 11 Vorschlag SicherheitsVO geregelt.

643 COM (2013) 78 final, 2013/0049 (COD), S. 4 f.

Sicherheitsvermutung bezüglich eines Produktes begründen könnten, deutlich vereinfacht und an die Verordnung (EU) Nr. 1025/2012[644]angepasst werden soll.[645]

Zusammengefasst enthält der Vorschlag SicherheitsVO in Art. 1 bis 3 den Gegenstand der Verordnung, eine Umschreibung des Geltungsbereiches sowie einige relevante Begriffsbestimmungen. Art. 4 bis 6 beinhalten das allgemeine Sicherheitsgebot, die Sicherheitsvermutung sowie einige Kriterien und Elemente für die Beurteilung der Sicherheit von Produkten. Interessant und zweifelhaft dürfte auch die neue Verpflichtung zur Angabe des Ursprungs eines Produktes gemäß Art. 7 des Vorschlags SicherheitsVO sein. Unter Kapitel II werden dann die Pflichten der Wirtschaftsakteure dezidiert und gesondert für Hersteller (Art. 8), Bevollmächtigte (Art. 9), Einführer (Art. 10) sowie Händler in Art. 11 beschrieben. Die Art. 12 und 13 Vorschlag SicherheitsVO beschäftigen sich dann mit einzelnen Ausnahmen und Befreiungsvorschriften für Hersteller, Einführer und Händler. Art. 14 und 15 Vorschlag SicherheitsVO sind der Identifizierung der Wirtschaftsakteure beziehungsweise der Rückverfolgbarkeit von Produkten gewidmet. Interessant dürfte dabei die Vorgabe in Art. 15 Nr. 2 des Vorschlages SicherheitsVO sein, der ein Musterbeispiel (Sonderform) eines Rückverfolgbarkeitssystems darstellt und umschreibt. Das Rückverfolgbarkeitssystem muss danach die elektronische Erfassung und Speicherung von Daten, die die Identifizierung des Produktes und der an seiner Lieferkette beteiligten Wirtschaftsakteure ermöglichen und die Anbringung eines Datenträgers auf dem Produkt, seiner Verpackung oder den Begleitunterlagen, der den Zugang zu diesen Daten ermöglicht, umfassen. Art. 16 und 17 des Vorschlages SicherheitsVO befassen sich dann mit den europäischen Normen, die eine Konformitätsvermutung begründen. Art. 18 bis 24 enthalten die Schlussbestimmungen zu Themen wie Sanktionen, Ausschussverfahren, Ausübung der Befugnisübertragung, Evaluierung, Aufhebung, Übergangsbestimmungen sowie Regelungen zum Inkrafttreten und Gelten der Verordnung.

---

644 Verordnung (EU) Nr. 1025/2012 des Europäischen Parlamentes und des Rates vom 25. Oktober 2012 zur Europäischen Normung, zur Änderung der Richtlinie 89/686/EWG und 93/15/EWG des Rates sowie der Richtlinie 94/24/EG, 94/25/EG, 95/16/EG, 97/23/EG, 98/34/EG, 2004/22/EG, 2007/23/EG, 2009/23/EG und 2009/105/EG des Europäischen Parlamentes und des Rates und zur Aufhebung des Beschlusses 87/95/EWG des Rates und des Beschlusses 1673/2006/EG des Europäischen Parlamentes und des Rates, ABl. EU Nr. L 316 vom 14.11.2012, S. 12 ff.

645 COM (2013) 78 final, 2013/0049 (COD), S. 5.

III. Vorschlag für eine Verordnung des Europäischen Parlamentes und des Rates über die Marktüberwachung von Produkten[646]

Auch die Marktüberwachung soll auf eine neue Verordnung gestützt werden. Als übergeordnetes Ziel des Vorschlages MarktüberwachungsVO wird vorgesehen, den Rechtsrahmen der Union für Marktüberwachung grundlegend zu vereinfachen, so dass er für seine wichtigsten Nutzer, nämlich die Marktüberwachungsbehörden und die Wirtschaftsakteure, besser anzuwenden ist.[647] Ziele dieses Vorschlages MarktüberwachungsVO sollen sein: „Eine einheitlichere Anwendung der Marktüberwachungsregeln in den Mitgliedstaaten, besserer Schutz für die Verbraucher und andere Nutzer, vereinheitlichte Handelsbedingungen für die Wirtschaftsakteure, Verringerung des Verwaltungsaufwandes sowie verbesserter Informationsaustausch und bessere Arbeitsteilung zwischen den Marktüberwachungsbehörden."[648]

Mit diesem Vorschlag MarktüberwachungsVO soll zudem dem Umstand Rechnung getragen werden, dass manchmal parallel zwei verschiedene Verfahren angewendet werden, in deren Rahmen die Mitgliedstaaten verpflichtet sind, der EU, der Europäischen Kommission und den anderen Mitgliedstaaten bestimmte Maßnahmen der Marktüberwachung auf nationaler Ebene zu melden.[649] Diese Doppelbefassung soll durch den Verordnungsvorschlag beseitigt werden, indem beide Verfahren nur eine einzige Meldung an die anderen Mitgliedstaaten und die Europäische Kommission auslösen.[650]

Die Meldungen laufen dabei entweder über das RAPEX-Schnellwarnsystem gemäß Art. 20 Vorschlag MarktüberwachungsVO oder über das Informations- und Kommunikationssystem für die Marktüberwachung (ICSMS) gemäß

646 Der vollständige Titel lautet: Vorschlag für eine Verordnung des Europäischen Parlamentes und des Rates über die Marktüberwachung von Produkten und zur Änderung der Richtlinien 89/686/EWG und 93/15/EWG des Rates sowie der Richtlinien 94/9/EG, 94/25/EG, 95/16/EG, 97/23/EG, 1999/5/EG, 2000/9/EG, 2000/14/EG, 2001/95/EG, 2004/108/EG, 2006/42/EG, 2006/95/EG, 2007/23/EG, 2008/57/EG, 2009/48/EG, 2009/105/EG, 2009/142/EG, 2011/65/EU, Verordnung (EU) Nr. 305/2001, der Verordnung (EG) Nr. 764/2008 und der Verordnung (EG) Nr. 765/2008 des Europäischen Parlamentes und des Rates; nachfolgend mit Vorschlag MarktüberwachungsVO abgekürzt.

647 COM (2013) 75 final, 2013/0048 (COD), S. 2.

648 COM (2013) 75 final, 2013/0048 (COD), S. 2.

649 COM (2013) 75 final, 2013/0048 (COD), S. 3.

650 COM (2013) 75 final, 2013/0048 (COD), S. 3.

Art. 21 Vorschlag MarktüberwachungsVO ab. In diesem Zuge werden auch die rechtlichen Rahmenbedingungen von RAPEX überarbeitet. Der Vorschlag MarktüberwachungsVO kleidet RAPEX zwar in ein neues formales Gewand, eine inhaltliche Trendwende ist hierin jedoch nicht zu sehen.

Nachfolgen wird ein kursorischer Überblick über die angedachten Neuregelungen von RAPEX herausgearbeitet. Im Rahmen dessen sollen die einzelnen Regelungen näher beleuchtet werden.

1. EU-System zum raschen Informationsaustausch RAPEX gemäß Art. 19 Vorschlag MarktüberwachungsVO

Unverändert soll die Europäische Kommission die Betreiberin von RAPEX bleiben, Art. 19 Nr. 1 Satz 1 Vorschlag MarktüberwachungsVO. Ferner soll RAPEX weiterhin den Mitgliedstaaten für den Informationsaustausch über Produkte, mit denen ein Risiko verbunden ist, dienen, Art. 19 Nr. 1 Satz 2 Vorschlag MarktüberwachungsVO. Die mitgliedstaatliche Koordination von RAPEX liegt weiterhin bei den nationalen Kontaktstellen, Art. 19 Nr. 2 Vorschlag MarktüberwachungsVO.

Art. 19 Nr. 3 Satz 1 des Verordnungsvorschlages enthält die Ermächtigung für die Europäische Kommission, die Modalitäten und Verfahren für den Informationsaustausch über RAPEX mit Hilfe von Durchführungsrechtsakten festzulegen. Es bleibt also zu erwarten, dass die RAPEX-Leitlinie, wie sie in der Entscheidung 2010/15/EU enthalten ist, gegebenenfalls nach Anpassung übernommen wird. Die inhaltlichen Auswirkungen sollten sich schon deshalb in Grenzen halten.

Über die Mitgliedstaaten hinaus ist es möglich im Rahmen von Abkommen zwischen der Union und den Beitrittsländern, Drittländern oder internationalen Organisationen eine Beteiligung zu ermöglichen, Art. 19 Nr. 4 Satz 1 Vorschlag MarktüberwachungsVO. Grundanforderung derartiger Abkommen ist, dass sie auf Gegenseitigkeit beruhen und Bestimmungen über die Vertraulichkeit beinhalten, die den in der Union anwendbaren Bestimmungen entsprechen, Art. 19 Nr. 4 Satz 2 Vorschlag MarktüberwachungsVO. Künftig dürfte die Relevanz von RAPEX weiter zunehmen. Die globalisierten Märkte enden gerade nicht an den Grenzen der Europäischen Union. Mit einer verstärkten Teilnahme von Drittstaaten am RAPEX-System sind allerdings weitere Herausforderungen, aber auch Gefahren verbunden, insbesondere für die berechtigten Interessen der Wirtschaftsakteure.

2. Internationaler Austausch vertraulicher Informationen gemäß Art. 22 Vorschlag MarktüberwachungsVO

Im Zusammenhang mit Art. 19 Nr. 4 Satz 1 Vorschlag MarktüberwachungsVO ist ebenfalls Art. 22 erwähnenswert, der sich mit dem internationalen Austausch vertraulicher Informationen beschäftigt. Der Kreis derer, die mit vertraulichen Informationen einschließlich der über RAPEX ausgetauschten Informationen versorgt werden dürfen, wird ausgeweitet. Mögliche Empfänger können grundsätzlich Regelungsbehörden von Drittstaaten, aber auch internationalen Organisationen sein, Art. 22 Vorschlag MarktüberwachungsVO. Voraussetzung dafür ist, dass die Europäische Kommission und der Mitgliedstaat oder die Gruppe von Mitgliedstaaten bilaterale oder multilaterale, auf Gegenseitigkeit beruhende Geheimhaltungsabkommen abgeschlossen haben, Art. 22 Vorschlag MarktüberwachungsVO. Es bleibt allerdings abzuwarten, wie ein Schutz der berechtigten Interessen der Wirtschaftsakteure überwacht und gewährleistet werden soll. Es ist zu befürchten, dass der Wirtschaftsakteur nach Übermittlung keinerlei Einflussmöglichkeit über die Information hat und auch praktisch keine Möglichkeit mehr besitzt überhaupt abzuprüfen, wie der Empfänger mit den Informationen umgeht.

Die Lösung wird auch hier die Vermeidung der Datenentstehung sein, also der RAPEX-Meldung selbst. Die Inanspruchnahme von (einstweiligem) Rechtsschutz gegen eine RAPEX-Meldung dürfte künftig nochmals an Bedeutung zulegen.

3. Meldung von Produkten, mit denen ein Risiko verbunden ist über RAPEX, gemäß Art. 20 Vorschlag MarktüberwachungsVO

Art. 20 des Vorschlages MarktüberwachungsVO regelt nunmehr das RAPEX-Verfahren, wie es in Art. 11 und 12 in der Produktsicherheitsrichtlinie 2001/95/EG bislang der Fall ist. In der Folge werden einige in formaler Betrachtungsweise auftretende Änderungen identifiziert und einige Verbesserungsanregungen für das noch laufende Gesetzgebungsverfahren formuliert.

a. Meldung von Produkten gemäß Art. 20 Nr. 1 Vorschlag MarktüberwachungsVO

Art. 20 Nr. 1 Vorschlag MarktüberwachungsVO regelt künftig die RAPEX-Meldekriterien.

Buchstabe (a) sieht eine RAPEX-Meldung vor, wenn der Wirtschaftsakteur Korrekturmaßnahmen gemäß Art. 9 Nr. 3 Vorschlag MarktüberwachungsVO getroffen hat. Art. 9 Nr. 3 Vorschlag MarktüberwachungsVO beschreibt die Festlegung von Abhilfemaßnahmen für den Fall, dass ein Produkt tatsächlich mit einem Risiko verbunden ist, ohne die konkreten Maßnahmen selbst zu benennen. Was als notwendige Maßnahme angesehen wird, um dem Risiko zu begegnen, legt die Marktüberwachungsbehörde in eigener Zuständigkeit fest. Art. 9

Nr. 3 Vorschlag MarktüberwachungsVO beschreibt den Prozess der freiwilligen Veranlassung von Korrekturmaßnahmen durch den Wirtschaftsakteur, sei es auf Grundlage einer Empfehlung der Marktüberwachungsbehörde oder einer konkret getroffenen Einigung. Er regelt indes nicht den Fall einer marktüberwachungsbehördlichen „Zwangs- beziehungsweise Ersatzvornahme", sondern allein den kooperativen Lösungsweg, der freiwillig durch den Wirtschaftsakteur veranlassten Maßnahme. Trifft nämlich die Marktüberwachungsbehörde selbst Maßnahmen, ist allein Art. 10 Vorschlag MarktüberwachungsVO einschlägig.

Hinsichtlich der Reichweite freiwilliger Maßnahmen des Wirtschaftsakteurs verfolgt der Vorschlag MarktüberwachungsVO einen ganzheitlichen Ansatz. Nach Art. 9 Nr. 3 Unterabs. 2 Vorschlag MarktüberwachungsVO gewährleistet der Wirtschaftsakteur nämlich, dass unionsweit alle erforderlichen Korrekturmaßnahmen im Hinblick auf sämtliche von ihm auf dem Markt bereitgestellten betroffenen Produkte ergriffen werden. Offensichtlich will der europäische Gesetzgeber freiwillige Korrekturmaßnahmen unionsweit veranlasst wissen. Hintergrund ist wohl eine Steigerung des europaweiten Verbraucherschutzes sowie eine effektive und effiziente Marktüberwachung. Auf diese Weise wird sichergestellt, dass unionsweit die gleichen Korrekturmaßnahmen erfolgen und sich nur eine Marktüberwachungsbehörde letztlich damit befassen muss, welche Korrekturmaßnahmen in der jeweiligen Einzelfallsituation erforderlich sind. Im Umkehrschluss muss dies allerdings auch zur Konsequenz haben, dass Marktüberwachungsbehörden anderer Mitgliedstaaten ebenfalls an die abgestimmten Korrekturmaßnahmen gebunden sind. Mitgliedstaatliche Alleingänge wären hierbei kontraindiziert. Wenn nämlich eine andere Marktüberwachungsbehörde die bereits vereinbarten und vielleicht sogar schon getroffenen Korrekturmaßnahmen erneut abändern könnte, wäre dies für Einigungsprozesse gemäß Art. 9 Nr. 3 Vorschlag MarktüberwachungsVO kontraproduktiv. Der Wirtschaftsakteur hätte jeweils zu befürchten, dass er je nach Marktüberwachungsbehörde „exklusive" Korrekturmaßnahmen treffen müsste und für den Fall, dass er einer bestimmten „Empfehlung", die über die ursprünglich vereinbarte Korrekturmaßnahme hinausgeht, nicht nachkommt, doch noch mit einer marktüberwachungsbehördlichen Anordnung beziehungsweise Ersatzvornahme rechnen muss.

Die Rechtssicherheit gebietet es, dass sich der Wirtschaftsakteur auf einmal getroffene Vereinbarungen verlassen können muss, ansonsten dürfte hierunter zwangsläufig die Bereitschaft kooperativer Lösungsansätze leiden, was letztlich nicht nur zu Lasten des effektiven Verbraucherschutzes ginge.

Art. 9 Nr. 3 Unterabs. 3 Vorschlag MarktüberwachungsVO enthält spezielle Mitwirkungspflichten des Wirtschaftsakteurs. Diese ergänzen die allgemeinen Informationspflichten gemäß Art. 8 des Vorschlages. Gemäß Buchstabe (a) hat der Wirtschaftsakteur insbesondere eine vollständige Beschreibung des mit dem Produkt verbundenen Risikos zu übermitteln. Diese Verpflichtung beinhaltet allerdings nur eine Risikobeschreibung und keine Risikobewertung. Gemäß Art. 9 Nr. 1 des Vorschlages führen nämlich die Marktüberwachungsbehörden, wenn im Verlauf von Stichprobenkontrollen oder in Folge ihnen zugegangener Informationen Grund zu der Annahme besteht, dass ein in den Verkehr gebrachtes, auf dem Markt bereitgestelltes oder im Zuge der Erbringung einer Dienstleistung verwendetes Produkt mit einem Risiko verbunden ist, eine Risikobewertung für dieses Produkt durch.

Dieses Regelbeispiel dürfte nur dann zum Tragen kommen, wenn der Wirtschaftsakteur beispielsweise im Rahmen seiner betrieblichen Eigenkontrollen ein von seinem Produkt ausgehendes Risiko feststellt. Dann entfällt es jedenfalls in den Pflichtenkreis des Wirtschaftsakteurs die Marktüberwachungsbehörde mit einer vollständigen Beschreibung des mit dem Produkt verbundenen Risikos zu versorgen. Anders verhält es sich selbstverständlich dann, wenn ein Risiko im Rahmen von Stichprobenkontrollen der Marktüberwachungsbehörden identifiziert wurde. Dann ist es Aufgabe der Marktüberwachungsbehörde das angenommene Risiko zu beschreiben und vor allem anhand von konkreten Feststellungen zu belegen.

Ohne Zweifel muss der Wirtschaftsakteur gemäß Art. 9 Nr. 3 Unterabs. 3 (b) Vorschlag MarktüberwachungsVO der Marktüberwachungsbehörde eine Beschreibung der bezüglich des Risikos ergriffenen Korrekturmaßnahmen vorlegen. Die Erfüllung und somit auch die Nachweispflicht sind untrennbar mit der Einigungsmöglichkeit im Sinne von Art. 9 Nr. 3 Unterabs. 1 des Vorschlages verbunden. Stellt sie doch die Erfüllung der erzielten Einigung beziehungsweise der von den Marktüberwachungsbehörden empfohlenen Korrekturmaßnahmen dar. Nicht zuletzt kommt dieser Nachweis auch dem Wirtschaftsakteur zugute, beweist er gerade, dass die Korrekturmaßnahmen getroffen wurden und macht die einigungsgemäße Erfüllung transparent und aktenkundig.

Art. 9 Nr. 3 Unterabs. 4 unterstreicht den ganzheitlichen Ansatz des Vorschlages MarktüberwachungsVO, der sich wie ein roter Faden durch die gesamte Wertschöpfungs- und Vertriebskette zieht. Soweit es möglich ist, soll die Marktüberwachungsbehörde den Hersteller oder Einführer des Produktes ermitteln und Maßnahmen ergreifen, die sich über den Händler hinaus auch auf diese Wirtschaftsakteure beziehen. Dies unterstreicht wiederum die bereits in Art. 8 und 9 Vorschlag SicherheitsVO vorgesehene Verantwortlichkeitsverteilung. Die primäre Produktverantwortlichkeit liegt bei dem Hersteller beziehungsweise Einführer eines Produktes, wohingegen an den Handel ein erheblich geminderter Sorgfaltspflichtenmaßstab angelegt werden soll.

Korrekturmaßnahmen, die nicht von Art. 9 Nr. 3 Vorschlag MarktüberwachungsVO erfasst sind, können gemäß Art. 20 Nr. 1 (b) des Vorschlages einen RAPEX-relevanten Sachverhalt darstellen. Danach sind auch Maßnahmen der Marktüberwachungsbehörden gemäß Art. 10 Nr. 1 und 4 Vorschlag MarktüberwachungsVO über RAPEX zu melden, sofern nicht ein Produkt betroffen ist, das bereits Gegenstand einer Meldung nach Art. 20 Nr. 1 (a) des Vorschlages war.

Gemäß Art. 10 Nr. 1 Vorschlag MarktüberwachungsVO führen die Marktüberwachungsbehörden alle erforderlichen Maßnahmen zur Bewältigung des mit dem Produkt verbundenen Risikos durch, wenn die Marktüberwachungsbehörde die Identität des jeweiligen Wirtschaftsakteurs nicht ermitteln kann, oder ein Wirtschaftsakteur die erforderlichen Korrekturmaßnahmen nach Art. 9 Nr. 3 nicht innerhalb des vorgeschriebenen Zeitraums ergriffen hat.

Auch hier ist der Leitgedanke erkennbar, dass zunächst einmal dem Wirtschaftsakteur die Gelegenheit eingeräumt werden soll, eigene Maßnahmen zu treffen. Erst dann, wenn der Wirtschaftsakteur nicht als Ansprechpartner – weil er zum Beispiel einem risikobehafteten Produkt nicht zugeordnet werden kann – zur Verfügung steht oder als Pflichtiger ausfällt, weil vereinbarte Maßnahmen nicht rechtzeitig erfüllt werden, kann die Marktüberwachungsbehörde eigene Maßnahmen ergreifen. Grundvoraussetzung ist, – wie bereits in den Fällen des Art. 9 Nr. 3 Vorschlag MarktüberwachungsVO – dass von einem Produkt ein Risiko ausgeht.

Dieses Recht auf Erstvornahme erforderlicher Maßnahmen durch den Wirtschaftsakteur wird durch die marktüberwachungsbehördliche Ermächtigung in Art. 10 Nr. 4 Vorschlag MarktüberwachungsVO durchbrochen.

Ist nämlich die Marktüberwachungsbehörde der Ansicht, dass ein Produkt mit einem ernsten Risiko verbunden ist, ergreift sie alle erforderlichen Maßnahmen. Sie kann dies tun, ohne von dem Wirtschaftsakteur gemäß Art. 9 Nr. 3 eine Korrekturmaßnahme verlangt zu haben oder ihm nur die Möglichkeit eingeräumt zu haben.

Das Recht des Wirtschaftsakteurs auf vorrangige Maßnahmenveranlassung wird wegen der festgestellten Risikointensität verkürzt. Im Gegensatz zu Maßnahmen nach Art. 9 Nr. 3 oder Art. 10 Nr. 1 Vorschlag MarktüberwachungsVO reicht ein „einfaches“ Risiko nicht (mehr) aus. Marktüberwachungsbehördliche Maßnahmen nach Art. 10 Nr. 4 des Vorschlages erfordern zwingend ein „ernstes“ Risiko.

Die bislang geltenden Begriffsbestimmungen für „Risiko“ und „ernstes Risiko“ werden zu(un)gunsten einer legaldefinitorischen Gemengelage aufgegeben. Der Ausdruck „mit einem Risiko verbundenes Produkt“ meint ein Produkt, das öffentliche Interessen wie Gesundheit und Sicherheit im Allgemeinen, Gesundheit und Sicherheit am Arbeitsplatz, Verbraucher- und Umweltschutz sowie öffentliche Sicherheit stärker negativ beeinflussen kann als bei normaler oder vernünftiger Weise vorhersehbarer Verwendung, was auch die Gebrauchsdauer sowie gegebenenfalls die Inbetriebnahme, Installation und Wartungsanforderung einschließt, Art. 3 (13) Vorschlag MarktüberwachungsVO.

Diese Begriffsbestimmung ist nicht nur unverständlich ausgedrückt, sondern wird auch erheblichen praktischen Schwierigkeiten begegnen. Eines der erklärten Ziele, nämlich den gesamten Marktüberwachungsprozess transparent und so für den Wirtschaftsakteur leicht nachvollziehbar zu gestalten, wird durch derartige Legaldefinitionen jedenfalls nicht begünstigt.[651]

Die unlängst erlassenen europäischen[652] und nationalen[653] Rechtsakte definieren hingegen kurz und prägnant, dass „Risiko" eine Kombination der Eintrittswahrscheinlichkeit einer Gefahr und der Schwere des möglichen Schadens bedeutet. Weshalb dieses Begriffsverständnis nunmehr erneut überarbeitet beziehungsweise doppelt und unter Anlegung eines anderen Maßstabes geregelt werden soll, erscheint nicht nachvollziehbar. Ohnehin ist die Risikobewertung ein komplexer Vorgang, wie nicht zuletzt der ausführliche Leitfaden der Europäischen Kommission, Entscheidung Nummer 2010/15/EU, zeigt. Der Europäische Gesetzgeber ist besser beraten, die eingeschlagene Richtung beizubehalten, um nicht durch Mehrfachregelungen Verwirrungen zu stiften, die es eigentlich mit diesem Verordnungsvorschlag auszuräumen galt. Es ist davon auszugehen, dass hier keine inhaltliche Kehrtwende beabsichtigt ist, sondern der Vorschlag MarktüberwachungsVO noch einen redaktionellen Feinschliff benötigt.

Die Definition des „ernsten Risikos" beziehungsweise „mit einem ernsten Risiko verbundenen Produkts" bleibt auch im Vorschlag MarktüberwachungsVO weitestgehend erhalten. Gemäß Art. 3 (14) Vorschlag MarktüberwachungsVO bezeichnet der Ausdruck „mit einem ernsten Risiko verbundenes Produkt" ein Produkt, das mit einem Risiko verbunden ist, das ein rasches Eingreifen und Folgemaßnahmen erfordert, auch in Fällen ohne unmittelbare Auswirkungen.

Weshalb man gerade bei einem „ernsten Risiko" auf die Mitwirkung des Wirtschaftsakteurs verzichten möchte, erschließt sich bei genauerer Betrachtung nicht. Selbstverständlich muss gerade bei einem festgestellten „ernsten Risiko" die Marktüberwachungsbehörde handlungsfähig sein, um einen effizienten und effektiven Verbraucherschutz sicher zu stellen. Häufig, und dies bestätigt die Praxis, wird die Marktüberwachungsbehörde dem „ernsten Risiko" unter

---

651 Vgl. Erwägungsgrund (14) des Verordnungsvorschlages COM (2013) 75 final, 2013/0048 (COD).

652 S. Artikel 3, Nr. 27 Spielzeug-Richtlinie 2009/48/EG.

653 S. § 2 Nr. 23 ProdSG.

Einbeziehung und Mithilfe der Wirtschaftsakteure am ehesten beikommen. Beispielsweise ist eine Rücknahme wesentlich leichter und schneller durchzuführen, wenn der Wirtschaftsakteur die ihm im Rahmen seines Rückverfolgbarkeitssystems vorliegenden Informationen mit in den Prozess einfließen lässt.

Die Vorschrift muss – nicht zuletzt wegen ihrer einschneidenden Verkürzung garantierter Verfahrensrechte wie zum Beispiel der Anhörung – äußerst restriktiv gehandhabt werden. Der Regelfall bleibt eine kooperative konstruktive Zusammenarbeit zwischen der Marktüberwachungsbehörde und den Wirtschaftsakteuren, um sich den neuzeitlichen Voraussetzungen und Herausforderungen eines gewachsenen Marktes und immer komplexer werdender Produkte entgegen zu stellen.

Vorrangig bleiben nach wie vor die Eigenmaßnahmen des Wirtschaftsakteurs. Auch ist der Wirtschaftsakteur grundsätzlich anzuhören. Nur für den äußersten (Not-)Fall, in dem eine Anhörung praktisch nicht mehr durchführbar ist, kann davon abgesehen werden. Dies ergibt sich aus der Gesamtschau mit Art. 10 Nr. 4 S. 2 Vorschlag MarktüberwachungsVO. Danach muss der Wirtschaftsakteur angehört werden, sobald dies durchführbar ist.

Ausschließlich Sachverhalte, die unter Art. 10 Nr. 4 Vorschlag MarktüberwachungsVO zu fassen sind, könnten nach aktueller Rechtslage eine „echte“ RAPEX-Meldung, also eine Warnmeldung, auslösen. Diese Differenzierung zwischen „Risiko“ und „ernstem Risiko“ bleibt zwar auch im Verordnungsvorschlag bestehen, die praktische wie rechtliche Bedeutung wird allerdings (noch) nicht herausgestellt. Hier besteht Anpassungsbedarf, will man das RAPEX-System nicht der Meldungsinflation preisgeben. Nach wie vor gilt die Devise, RAPEX den Fällen vorzubehalten, in denen ein sofortiges Handeln geboten ist. Eine künftige Gleichbehandlung jedes Risikos, ohne Differenzierung nach der Risikointensität, dürfte auch nicht von dem Europäischen Gesetzgeber gewollt sein, geht sie nicht zuletzt zu Lasten eines effektiven Verbraucherschutzes. Den Marktüberwachungsbehörden sollte es ohnehin an den personellen und finanziellen Mitteln fehlen, um eine solche Ausweitung zu bewältigen. Zu bedenken ist nämlich, dass der mit einer RAPEX-Meldung in Gang gesetzte Mechanismus auch weitere Reaktionen der einzelnen mitgliedstaatlichen Marktüberwachungsbehörden auslöst. Insoweit trifft die Marktüberwachungsbehörden dann eine fristgerechte Rückmeldeverpflichtung. Es erscheint angebracht, diesen mit hohem Aufwand verbundenen Mechanismus auf mit „ernsten Risiken“ behaftete Produkte zu begrenzen. Nur so wird hinreichend sichergestellt, dass den Marktüberwachungsbehörden genügend Zeit verbleibt und der Blick für das Wesentliche, nämlich das mit einem „ernsten Risiko verbundene Produkt“, nicht verstellt wird. Es ist zu befürchten, dass gerade bei undifferenzierter Meldung jedweder

Risikoart über RAPEX die wirklich dringlichen Fälle in der nicht mehr zu differenzierenden Masse untergehen.

Letztlich dürfte es sich auch hierbei um eine redaktionelle Ungenauigkeit handeln, die im Rahmen der auch für RAPEX bestehenden Durchführungsbefugnisse korrigiert beziehungsweise konkretisiert wird.[654]

Seit Entstehung von RAPEX ist ein „ernstes Risiko“ (früher eine „ernste Gefahr“) Grundvoraussetzung für eine Meldung und sollte auch zukünftig nicht aufgegeben werden.

Art. 20 Nr. 1 (c) Vorschlag MarktüberwachungsVO sieht auch den Fall einer etwaigen Ablehnung der Überführung eines Produktes in den zollrechtlich freien Verkehr nach Art. 16 des Vorschlages vor. Richtigerweise muss sich der Verweis allein auf Art. 16 Nr. 1 Vorschlag MarktüberwachungsVO beziehen, da die weiteren Passagen das Verfahren regeln und allein Art. 16 Nr. 1 den Tatbestand einer Grenzzurückweisung beschreibt. Für den Fall, dass die Marktüberwachungsbehörden zu dem Ergebnis kommen, dass mit einem Produkt ein Risiko verbunden ist, weisen sie die für die Kontrolle der Außengrenze zuständigen Behörden an, das Produkt nicht in den zollrechtlich freien Verkehr zu überführen und auf der dem Produkt beigefügten Warenrechnung sowie allen sonstigen Warenbegleitpapieren einen entsprechenden Vermerk anzubringen, Art. 16 Nr. 1 Vorschlag MarktüberwachungsVO.

Auch aktuell werden Produkte, die einer Grenzzurückweisung unterliegen, über RAPEX gemeldet. Allerdings ist Auslöser nicht die Grenzzurückweisung als solche, sondern die Feststellung eines von einem Produkt ausgehenden ernsten Risikos, das zu einer Grenzzurückweisung führt. Wird also bei der Einfuhr eines Produktes an den Außengrenzen der Europäischen Union ein ernstes Risiko festgestellt, so ergreifen die Marktüberwachungsbehörden bereits heute effektive Maßnahmen, um zu verhindern, dass dieses Produkt auf dem Markt der Europäischen Union bereitgestellt wird.

Der Verordnungsvorschlag behält durch Art. 20 Nr. 1 Unterabs. 2 Vorschlag MarktüberwachungsVO die Notwendigkeit einer RAPEX-Meldung nur für den Fall eines grenzüberschreitenden Sachverhaltes bei.

b. Meldungsinhalte gemäß Art. 20 Nr. 2 Vorschlag MarktüberwachungsVO

Art. 20 Nr. 2 Vorschlag MarktüberwachungsVO widmet sich den Meldungsinhalten und ist mit dem bisherigen Meldeformular vergleichbar, das auch künftig

654 Vgl. Erwägungsgrund (38) des Verordnungsvorschlages COM (2013) 75 final, 2013/0048 (COD).

in einer pragmatischen Handhabung als auch Vereinheitlichung des Meldeprozesses bereitgestellt werden soll.

c. *RAPEX-Meldung im Bereich von Harmonisierungsrechtsvorschriften gemäß Art. 20 Nr. 3 Vorschlag MarktüberwachungsVO*

Art. 20 Nr. 3 Vorschlag MarktüberwachungsVO ist der angekündigten Zusammenführung von RAPEX mit den Bewertungsverfahren der Europäischen Kommission gewidmet.[655] RAPEX soll auch dann benutzt werden, wenn ein Produkt erwiesenermaßen die Harmonisierungsrechtsvorschriften nicht einhält. „Harmonisierungsrechtsvorschriften der Union" sind gemäß Art. 3 (18) Vorschlag MarktüberwachungsVO Rechtsvorschriften der Union zur Harmonisierung der Bedingungen für die Vermarktung von Produkten. Mit Art. 20 Nr. 3 des Vorschlages wird (auch) eine Qualitätssicherungsfunktion für harmonisierte Normen etabliert.

Die in der RAPEX-Meldung enthaltenen Informationen sollen nämlich darüber Aufschluss geben, ob die Nichteinhaltung darauf beruht, dass das Produkt schlicht nicht den geltenden Rechtsvorschriften genügt (a) oder aber die harmonisierten Normen, bei deren Einhaltung gemäß dieser Rechtsvorschriften die Konformitätsvermutung hinsichtlich dieser Anforderung gilt, mangelhaft sind (b). Es soll also überprüfbar sein, ob das Risiko eines Produktes originär auf dem Produkt oder aber auf einem mangelhaft geregelten Sicherheitsstandard, festgelegt in harmonisierten Normen, beruht.

Durch Einhaltung bestimmter harmonisierter Normen, wie zum Beispiel DIN EN-Normen, partizipiert der Wirtschaftsakteur von einer Vermutungswirkung der gemäß er davon ausgehen kann, dass sein Produkt den Sicherheitsanforderungen entspricht. Diese Vermutungswirkung besteht allein zugunsten des Wirtschaftsakteurs. Entspricht ein Produkt einer harmonisierten Norm hingegen nicht, führt dies nicht automatisch zu der Annahme eines unsicheren Produktes. Dies würde der Funktion der harmonisierten Normen nicht gerecht und verkennen, dass es sich gerade nicht um rechtlich verbindliche „Gesetze" handelt.

Überdies soll auch, soweit die Korrekturmaßnahme ein Produkt betrifft dessen Konformitätsbewertung von einer notifizierten Stelle durchgeführt wurde,

655 COM (2013) 75 final, 2013/0048 (COD), S. 3. Gemeint ist das bislang bekannte Schutzklauselverfahren, das in manchen Fällen parallel zu einer RAPEX-Meldung abläuft und so Doppelbefassungen und zusätzlichen bürokratischen Aufwand verursacht.

eine entsprechende Unterrichtung erfolgen, Art. 20 Nr. 3 Unterabs. 2 Vorschlag MarktüberwachungsVO. Dies ist auch sinnvoll, da die notifizierte Stelle vormals das Produkt hinsichtlich seiner rechtlichen Konformität bewertet und – wovon jedenfalls bei einer Bereitstellung des Produktes auf dem Markt auszugehen ist – als rechtskonform angesehen hat. Die Unterrichtung dient also der vollständigen Aufklärung des Vorganges, insbesondere ist der Frage nachzugehen, weshalb ein Dissens zwischen der Bewertung des Produktes durch die Marktüberwachungsbehörden und der notifizierten Stelle besteht.

d. *Aufgaben der Europäischen Kommission im Rahmen von Meldungen von Produkten, mit denen ein Risiko verbunden ist gemäß Art. 20 Nr. 4 Vorschlag MarktüberwachungsVO*

Nach wie vor ist die Europäische Kommission über RAPEX-Meldungen zu unterrichten. Nach Eingang setzt diese weiterhin die anderen Mitgliedstaaten in Kenntnis, Art. 20 Nr. 4 S. 1 Vorschlag MarktüberwachungsVO.

Ob mit der Formulierung in Art. 20 Nr. 4 S. 2 Vorschlag MarktüberwachungsVO „erfüllt die Meldung nicht die Anforderungen der Absätze 1, 2, und 3, kann die Kommission sie aussetzen“ eine Kehrtwende, was die Prüfungskompetenzen und -pflichten angeht, beabsichtigt ist, lässt sich noch nicht mit Sicherheit sagen. Es erscheint allerdings unwahrscheinlich, dass die seit Jahren „bewusst zurückgebaute“ Verantwortlichkeit, als Kehrseite der Prüfungskompetenz und -pflicht für eine RAPEX-Meldung, nunmehr doch wieder vollständig auf die Europäische Kommission übertragen werden soll. Der Europäischen Kommission soll es gemäß dem Vorschlag MarktüberwachungsVO eben nicht zustehen, eine RAPEX-Meldung endgültig zu verwerfen. Soweit die Europäische Kommission bei ihrer (formalen) Prüfung der Voraussetzungen der Absätze 1, 2, und 3 Missstände feststellt, kann sie die Weiterleitung der RAPEX-Meldung lediglich aussetzen. Die Verantwortlichkeit für die Inhalte und auch die RAPEX-Meldung selbst liegt im Regelfall weiterhin bei (den Marktüberwachungsbehörden in) den Mitgliedstaaten.

e. *Folgemaßnahmen und Rückmeldung der empfangenden Mitgliedstaaten gemäß Art. 20 Nr. 5 Vorschlag MarktüberwachungsVO*

Folgemaßnahmen werden gemäß Art. 20 Nr. 5 Vorschlag MarktüberwachungsVO nur in Grundzügen dargelegt. Diese werden sich auch weiterhin aus den ursprünglichen Maßnahmen der meldenden Mitgliedstaaten resultieren. Eine Bindungswirkung, wie sie bereits jetzt existiert, besteht sonach fort. Die Mitgliedstaaten werden dazu verpflichtet, die Europäische Kommission unverzüglich über die Korrekturmaßnahmen oder andere Maßnahmen, die sie nach Empfang der RAPEX-Meldung ergreifen, zu unterrichten, Art. 20 Nr. 5 S. 1 Vorschlag MarktüberwachungsVO. Ebenso besteht die Verpflichtung etwaig vorliegende ergänzende Informationen, einschließlich der Ergebnisse jeglicher Tests, Analysen oder etwaiger abweichender Auffassungen, zu übermitteln, Art. 20 Nr. 5 S. 1 Vorschlag MarktüberwachungsVO.

Diese Informationen werden sodann von der Europäischen Kommission wiederum an die anderen Mitgliedstaaten kommuniziert, Art. 20 Nr. 5 S. 2 Vorschlag MarktüberwachungsVO.

Praktisch bedeutsam dürften dabei die Konstellationen sein, in denen ein empfangender Mitgliedstaat die Auffassung des meldenden Mitgliedstaates nicht teilt, insbesondere dann, wenn der empfangende Mitgliedstaat das Produkt als sicher und damit verkehrsfähig ansieht. Gerade für diese Sachverhalte wäre ein eindeutig umschriebenes Verfahren wichtig und aus Gründen der Rechtssicherheit zu begrüßen. Hierzu gehört auch eine abschließende Entscheidung darüber, ob überhaupt ein meldepflichtiger Vorgang vorliegt, herbeiführen zu können.

Ein und dasselbe Produkt, das denselben europäischen harmonisierten Rechtsvorschriften unterliegt, kann denklogisch nicht in einem Mitgliedstaat als mit einem Risiko behaftet und in einem anderen Mitgliedstaat als sicher und verkehrsfähig angesehen werden. Dies wäre auch nicht mit der Gewährleistung des freien Warenverkehrs von Produkten sowie der Schaffung und Erhaltung eines fairen Wettbewerbs vereinbar.[656]

Setzt sich ein Hersteller in seinem Mitgliedstaat erfolgreich gegen Korrekturmaßnahmen zur Wehr, weil das Produkt als sicher im Rechtssinne angesehen wird, so muss dieser Verfahrensausgang auch Konsequenzen für die ursprünglich in einem anderen Mitgliedstaat veranlassten Korrekturmaßnahmen mit sich bringen. Bislang kann der Wirtschaftsbeteiligte effektiven Rechtsschutz faktisch nur dadurch erlangen, dass er sich gegen die ursprüngliche Korrekturmaßnahme sowie die ursprüngliche RAPEX-Meldung wendet. Diesem Missstand ist künftig durch eine eindeutige Regelung zu entgegnen, um die berechtigten Interessen der Wirtschaftsakteure zu wahren. Dem Wirtschaftsakteur sollte eine zusätzliche Rechtsschutzmöglichkeit eingeräumt werden, um auch (fehlerhaft) eingestellte RAPEX-Meldungen durch ein fest beschriebenes Verfahren korrigieren lassen zu können. Im Zeitalter des harmonisierten Binnenmarktes und eines einheitlichen

656 Vgl. zu diesen Zielen Erwägungsgrund (1) Vorschlag MarktüberwachungsVO COM (2013) 75 final, 2013/0048 (COD).

europäischen Verständnisses erscheint es nicht mehr zeitgemäß, Wirtschafsbeteiligte auf den nationalen Rechtsschutz in einer Vielzahl von Mitgliedstaaten mit ungewissem Ausgang und ungewisser Bindungswirkung zu verweisen. Auch künftig spielt die Inanspruchnahme von vorläufigem Rechtsschutz gegen die Weiterleitung einer RAPEX-Meldung beziehungsweise die Initiierung des RAPEX-Meldeverfahrens eine entscheidende Rolle. Die Neuregelung gemäß dem Vorschlag MarktüberwachungsVO ändert allerdings nichts an der Eingriffsqualität der RAPEX-Meldung, weshalb auch künftig (vorläufiger) Rechtsschutz möglich sein wird.

f. Wöchentliche Veröffentlichung im Internet

Der Verordnungsvorschlag enthält keine Regelung zur – bisher üblichen – Veröffentlichung von RAPEX-Meldungen im Internet. Es ist allerdings nicht davon auszugehen, dass von einer Veröffentlichung künftig abgesehen werden soll. Vermutlich wird die Veröffentlichung von RAPEX-Meldungen in einem Durchführungsrechtsakt der Europäischen Kommission ihre Grundlage finden. Auf Seite 64 des Dokumentes Vorschlag MarktüberwachungsVO wird nämlich für die Funktionsgruppe „Assistenz" Unterstützung bei der Erstellung des wöchentlichen Berichtes über „validierte Meldungen" angegeben. An der wöchentlichen Veröffentlichung sollte sich also weiterhin sowohl grundsätzlich als auch inhaltlich nichts ändern.

Wegen der bereits dargelegten einschneidenden Folgen und potenziellen erheblichen Nachteile, die von einer Veröffentlichung für den Wirtschaftsakteur ausgehen, ist ein differenzierter und restriktiver Ansatz der richtige. Keinesfalls können sämtliche Risikokategorien zu einer Internetveröffentlichung führen. Dies wäre gegenüber dem Interesse der Wirtschaftsakteure unverhältnismäßig. Allenfalls ein „ernstes Risiko" kann die gravierenden Folgen einer Internetveröffentlichung rechtfertigen. Schlussendlich darf eine Veröffentlichung überhaupt nur dann erfolgen, wenn ein ernstes Risiko für die Sicherheit und die Gesundheit von Menschen besteht. Andere – jedenfalls nach bisherigem Verständnis von Art. 3 (13) des Verordnungsvorschlages – aufgeführte Rechtsgüter sind hiervon noch ausdrücklich auszunehmen. Aus rechtsstaatlicher Sicht ist eine Eindämmung der Veröffentlichungen im Internet geboten. Diese sollte ausschließlich den veranlassten Maßnahmen des Rückrufes, der Öffentlichkeitswarnung und der Grenzzurückweisung vorbehalten sein. Der Grundsatz der Verhältnismäßigkeit gebietet es zudem, eine Löschungsfrist zu regeln. Eine zeitlich unbegrenzte Veröffentlichung ist gefahrenabwehrrechtlich nicht erforderlich, bringt aber eine Dauerbelastung für den Wirtschaftsakteur mit sich. Im Zuge der rechtskonformen Modernisierung ist eine Anpassung längst überfällig.

Die Veröffentlichung im Internet stellt – unter Beibehaltung der derzeitigen Praxis – auch künftig einen gravierenden Eingriff in die verfassungsrechtlich geschützten Positionen des Wirtschaftsakteurs dar und ist somit dem Rechtsschutz zugänglich.

G. Fazit

Ziel dieses Werkes war es das europäische Schnellwarnsystem RAPEX gründlich zu erforschen. RAPEX leistet in der täglichen Praxis einen (ge-)wichtigen Beitrag zur Gewährleistung des Verbraucherschutzes. RAPEX ist ein nicht mehr wegzudenkendes Werkzeug, um den täglichen Herausforderungen, die der rasante grenzüberschreitende respektive weltweite Handel mit sich bringt, gerecht werden zu können.

Die Entwicklungsgeschichte von RAPEX verdeutlicht, dass das ursprünglich spartanisch ausgestaltete System – nicht zuletzt wegen der stetig gewachsenen Vorgangszahlen – zu einem komplexen Konstrukt herangewachsen ist. Damit ist auch eine sehr genau Beschreibung, aber auch Veränderung des Anwendungsbereiches einhergegangen, um eine Abgrenzung zu anderen Produktbereichen (z. B. den Lebensmitteln) zu erreichen. Über die Jahre hinweg hat sich die tragende Grundanforderung, namentlich das Erfordernis eines ernsten Risikos für die Gesundheit und Sicherheit, gehalten. Insoweit ist der Ansatz einer allgemeingültigen Risikobewertungsleitlinie zu begrüßen, wenn diese auch zugegebenermaßen physikalisch mechanische Risiken im Fokus hat. Eine Ergänzung um chemische Risiken trägt zu einem Mehr an Verbraucherschutz und zu einem Gewinn an Rechtssicherheit bei.

RAPEX-Meldungen werden von den Marktüberwachungsbehörden an die RAPEX-Kontaktstellen – in Deutschland die BAuA – übermittelt. Nach formaler Prüfung durch die BAuA wird die RAPEX-Meldung an die Europäische Kommission versendet, deren Prüfauftrag sich wiederum auf formale Aspekte beschränkt. Schließlich wird die RAPEX-Meldung an die Mitgliedstaaten validiert und in zusammengefasster Form im Internet veröffentlicht. Die Marktüberwachungsbehörden der Mitgliedstaaten sind ihrerseits zu Reaktionen und gegebenenfalls Einleitung von Folgemaßnahmen verpflichtet, die wiederum über RAPEX als Follow-up-Meldung kommuniziert werden. Eine Reaktions- und Rückmeldeverpflichtung besteht primär bei RAPEX-Meldungen nach Art. 12 Produktsicherheitsrichtlinie 2001/95/EG. Die Vielzahl der Beteiligten lässt RAPEX zu einem komplexen grenzüberschreitenden Vorgang werden. Häufig ist es bereits schwierig den zuständigen Ansprechpartner zu identifizieren.

Nur die Marktüberwachungsbehörden werden mit einem umfassenden materiell-rechtlichen Prüfauftrag betraut. Das Ob und Wie einer RAPEX-Meldung liegt in der Hand der Marktüberwachungsbehörden. Da grundsätzlich weder die BAuA noch die Europäische Kommission – über die rein formale

Prüfungsebene hinaus – zu einer Sachentscheidung berufen sind, liegt die Zuständigkeit und primäre Verantwortlichkeit für RAPEX-Meldungen bei den Marktüberwachungsbehörden. Dies hat zur Folge, dass richtiger Klage- beziehungsweise Antragsgegner die jeweilige Marktüberwachungsbehörde ist. Ein einstweiliges Rechtsschutzverfahren hat sich also gegen die Marktüberwachungsbehörde zu richten, um die Einstellung als solche zu verhindern. Mit dieser Zuständigkeiten- und Verantwortlichkeitenverteilung muss aber auch eine Ermächtigung der Marktüberwachungsbehörden einhergehen, nämlich bereits bestehende RAPEX-Meldungen zurückzuziehen oder inhaltlich abzuändern. Diese Entscheidung entfaltet sowohl für die BAuA als auch für die Europäische Kommission Bindungswirkung, da ansonsten eine Disparität zur gesetzlichen Zuständigkeit entstünde. Richtiger Antrags- beziehungsweise Klagegegner bleibt auch nach Weiterleitung einer RAPEX-Meldung weiterhin die meldende Marktüberwachungsbehörde. Einzig für Fälle in denen die BAuA oder die Europäische Kommission eigenständige (zumeist über die gesetzliche Zuständigkeit hinausgehende) Entscheidungen treffen, insbesondere den Inhalt einer RAPEX-Meldung ändern, übernehmen sie die Verantwortung und werden selbst zu Adressaten von Unterlassungs-, Änderungs-, Löschungs- und Amtshaftungsansprüchen.

RAPEX-Meldungen sowie deren Veröffentlichung auf der Website der Europäischen Kommission sind schlicht hoheitliches Verwaltungshandeln.

Schwerpunktmäßig sollte der Frage nachgegangen werden, ob gegen RAPEX die Inanspruchnahme von (einstweiligem) Rechtsschutz zulässig ist. Im Zentrum der Analyse steht die Eingriffsmöglichkeit von RAPEX in grundrechtlich geschützte Positionen der Wirtschaftsakteure. Hierzu wurde zwischen drei Konstellationen differenziert.

RAPEX-Meldungen geht oftmals eine marktbezogene Maßnahme der Marktüberwachungsbehörden voraus. Werden diese Maßnahmen durch die Marktüberwachungsbehörde angeordnet, sind sie als Verwaltungsakte dem abwehrenden Rechtsschutz zugänglich. Grundsätzlich sind RAPEX-Meldungen gegenüber den veranlassten marktbezogenen Maßnahmen akzessorisch. Mit erfolgreicher gerichtlicher Abwehr der RAPEX-auslösenden marktbezogenen Maßnahme, lässt sich inzident auch eine RAPEX-Meldung verhindern; fehlt es doch an einer tatbestandlichen Voraussetzung der Ermächtigungsgrundlage.

Den Wirtschaftsakteur allein auf die Inanspruchnahme von Rechtsschutz gegen die marktbezogene Maßnahme zu verweisen, wird der Rechtswirklichkeit allerdings nicht gerecht. Eine RAPEX-Meldung soll nämlich nach den Vorgaben der Europäischen Kommission auch dann von den Marktüberwachungsbehörden abgesetzt werden, wenn gegen die auslösende marktbezogene Maßnahme

Rechtsmittel eingelegt wurde. Ferner sind Konstellationen denkbar, in denen der Wirtschaftsakteur zwar eine marktbezogene Maßnahme veranlasst, eine RAPEX-Meldung aber wegen Fehlens eines ernsten Risikos dennoch nicht geboten ist. Dies gilt insbesondere bei Veranlassung freiwilliger marktbezogener Maßnahmen.

Dem Wirtschaftsakteur ist gegen die Weiterleitung einer RAPEX-Meldung selbst eine (einstweilige) Rechtsschutzmöglichkeit zuzusprechen.

Die Weiterleitung einer RAPEX-Meldung stellt einen Realakt dar. Wegen der gebotenen Eile in derartigen Krisensituationen und zur Vermeidung von vollendeten Tatsachen wird überwiegend ein Antrag gemäß § 123 VwGO zum Tragen kommen.

Die Weiterleitung einer RAPEX-Meldung bedeutete unter zutreffender Berücksichtigung des erweiterten Eingriffsbegriffs einen Grundrechtseingriff.

Eine RAPEX-Meldung hat zur Folge, dass bislang rein nationale Maßnahmen europaweit wirken. Insbesondere RAPEX-Meldungen gemäß Art. 12 Abs. 1 Produktsicherheitsrichtlinie 2001/95/EG entfalten eine euroweite Bindungswirkung. Die empfangenden Marktüberwachungsbehörden sind nicht nur verpflichtet, der Meldung dem Grunde nach nachzugehen. Grundsätzlich besteht auch die Verpflichtung es der meldenden Marktüberwachungsbehörde gleich zu tun. Ein Abweichen von der Ursprungsmaßnahme ist nur unter „besonderen Umständen" zulässig. Faktisch wie rechtlich ist in der Regel eine europaweite Bindungswirkung anzunehmen (was in bestimmten Fällen auch für Informationsmeldungen nach Art. 11 Abs. 1 Produktsicherheitsrichtlinie 2001/95/EG angenommen werden kann).

Mit einer RAPEX-Meldung geht eine Datenerhebung, -speicherung und -verarbeitung einher. Hierbei handelt es teilweise um besonders schützenswerte personenbezogene Daten. Die Wirtschaftsakteure können sich auf Art. 2 Abs. 1 i. V. m. Art. 1 Abs. 1 Grundgesetz, Art. 12 Abs. 1 beziehungsweise Art. 14 Abs. 1 Grundgesetz berufen. Die über RAPEX mitgeteilten Informationen schlagen auf die hinter einem Unternehmen stehenden natürlichen Personen durch, weshalb das Recht auf informationelle Selbstbestimmung betroffen ist. Es spricht ebenfalls einiges dafür, bestimmte Daten, die über RAPEX übermittelt werden (z. B. Vertriebslisten aus denen der Kunden- und/oder Lieferantenstamm erkennbar ist), dem besonderen Schutz als Betriebs- und Geschäftsgeheimnisse zu unterstellen. Die Datenerhebung, -speicherung und -verarbeitung stellt einen potenziellen Eingriff in grundrechtlich geschützte Positionen dar.

RAPEX-Meldungen entwickeln (möglicherweise) gesamteuropäische Sanktionsfolgen. Über RAPEX wird eine Produktbeanstandung an alle Marktüberwachungsbehörden der Mitgliedstaaten kommuniziert. Ebenfalls wird der

Wirtschaftsakteur durch seine eigene Unterrichtung erst einmal „bösgläubig". Ohne Weiteres darf er das Produkt nicht mehr vertreiben, will er sich nicht dem Vorwurf (zumindest bedingt) vorsätzlichen Handelns ausgesetzt sehen. Teilt der Wirtschaftsakteur also die Ansicht der meldenden Marktüberwachungsbehörde nicht, sieht er sich einer Vielzahl sanktionsrechtlicher Verfahren ausgesetzt, denen effektiv nur durch generelle Vermeidung entgegengewirkt werden kann. Durch die potenziellen, sich konkret abzeichnenden sanktionsrechtlichen Folgen wird dem Wirtschaftsakteur ein grundrechtlich geschütztes Verhalten unmöglich gemacht und damit in seine Rechte eingegriffen.

Ein faktischer Eingriff in die Berufsfreiheit der Wirtschaftsakteure durch eine RAPEX-Meldung ist auch deshalb anzunehmen, weil damit final die gesamteuropäische Vermarktung eines Produktes ausgeschlossen werden soll.

Das Gebot effektiven Rechtsschutzes macht es in rechtsstaatlicher Sicht unabdingbar, (einstweiligen) Rechtsschutz gegen RAPEX-Meldungen zu gewähren.

Die mit einer RAPEX-Meldung einhergehende Ermittlung der Vertriebswege führt oftmals zu einer nachhaltigen Beeinträchtigung der Kundenbeziehungen. Gerade protektionistisches – aber auch nachvollziehbares – Verhalten des Handels, das die gesamte Produktpalette des Herstellers betrifft, hat gravierende Auswirkungen auf dessen Absatzmöglichkeit. In der Praxis ist zu beobachten, dass gerade Schnellwarnmeldungen und die damit verbundenen Krisenfälle seit langem gewachsene Kundenbeziehungen erschüttern. Hierin ist insbesondere eine Außenwirkung von RAPEX-Meldungen zu erblicken.

Die Veröffentlichung einer RAPEX-Meldung auf der Website der Europäischen Kommission begründet ebenfalls einen Eingriff in geschützte Rechtspositionen des Wirtschaftsakteurs und ist deshalb gerichtlich vollüberprüfbar.

Wegen der produktbezogenen Informationen, der gefahrenabwehrrechtlichen Intention sowie der fehlenden „echten" Handlungsalternative für den Empfänger ist die RAPEX-Veröffentlichung einer öffentlichen Warnung gleichzusetzen. Mit ihr wird ein konkretes Produkt mit einem genau beschriebenen ersten Risiko in Verbindung gebracht. Das Ganze geschieht auf der offiziellen Website der Europäischen Kommission.

Die inhaltlich unrichtige Veröffentlichung einer RAPEX-Meldung stellt einen rechtswidrigen Grundrechtseingriff dar. Um die inhaltliche Richtigkeit überhaupt von einer gerichtlichen Überprüfung profitieren lassen zu können, muss die Veröffentlichung einer RAPEX-Meldung als Grundrechtseingriff gelten. Die inhaltliche Richtigkeit der Veröffentlichung ist dogmatisch korrekt allein bei der Rechtfertigungsprüfung eines bestehenden Eingriffs relevant.

Die Veröffentlichung einer RAPEX-Meldung stellt ein funktionales Äquivalent, insbesondere zu einem angeordneten öffentlichen Rückruf beziehungsweise einer behördlicherseits veranlassten Warnung, dar und bedeutet somit einen Eingriff.

Auch eine rechtsvergleichende Betrachtung zur rechtlich umstritten Vorschrift § 40 Abs. 1 a LFGB spricht für die Annahme eines rechtfertigungsbedürftigen Eingriffs in Art. 2 Abs. 1 i. V. m. Art. 1 Abs. 1 Grundgesetz, Art. 12 Abs. 1 Grundgesetz beziehungsweise Art. 14 Abs. 1 Grundgesetz.

Gerade die Veröffentlichung einer RAPEX-Meldung über das Internet führt zu einer deutlichen Intensivierung des Eingriffs. Der Staat kann einmal im Internet veröffentlichte Daten weder zurückholen noch kontrollieren. Durch mediale Multiplikatoren kann es zu existenzvernichtenden Folgen für den betroffenen Wirtschaftsakteur kommen. Effektiv lässt sich dieser informationellen Gefahrenlage nur durch Nichtveröffentlichung begegnen.

RAPEX-Meldungen betreffen konkrete Produkte, die auch im Internet – zuzüglich der betroffenen Marke – individualisiert benannt werden. Der bereits für RASFF-Meldungen falsche Ansatz der fehlenden Außenwirkung kommt demnach ersichtlich nicht zum Tragen. Speziell der konkrete Produktbezug bringt grundsätzlich einen rechtfertigungsbedürftigen Eingriff mit sich.

RAPEX-Meldungen bedeuten Eingriffe in rechtlich geschützte Positionen der Wirtschaftsakteure. Sie sind also dem (einstweiligen) Rechtsschutz zugänglich.

Literaturverzeichnis

Akkermann, Günther: Die Harmonisierung von öffentlichen Warnungen – Eine Darstellung am Beispiel des Lebensmittelrechts, Regensburg 1998, zugl.: Osnabrück, Univ., Diss., 1998 (zitiert: *Akkermann*, Die Harmonisierung von öffentlichen Warnungen, S.)

Albers, Marion: Faktische Grundrechtsbeeinträchtigung als Schutzbereichsproblem in: DVBl 1996, S. 233 – 242 (zitiert: *Albers*, DVBl 1996, S.)

Albers, Marion: Grundlagen und Ausgestaltung der Informationsfreiheitsgesetze in: ZJS 2009, S. 614 – 624 (zitiert: *Albers*, ZJS 2009, S.)

Albers, Marion/ Ortler, Bettina: Verbraucherschutz und Markttransparenz im Recht der Verbraucherinformation in: GewArch 2009, S. 225 – 230 (zitiert: *Albers/Ortler*, GewArch 2009, S.)

Ambrock, Jens/ Karcher, Victoria: Verwaltung durch Information? Neue Handlungsformen der Verwaltung im Lebensmittelrecht in: NVwZ 2011, S. 1371 – 1373 (zitiert: *Ambrock/Karcher*, NVwZ, S.)

Bär, Oliver E.: Informationelle Selbstbestimmung einer Partei im Gefüge der wehrhaften Demokratie? – Anmerkungen zum Beschluß des BayVGH Az 5 CE 93.2327 vom 7. Oktober 1993 ("Republikaner"-Beschluß), BayVBl 1994, 115 in: BayVBl 1994, S. 427-431 (zitiert: *Bär*, BayVBl 1994, S.)

Becker, Florian: Zur Verfassungsmäßigkeit von § 40 Abs. 1a LFGB, Anmerkung zum Urteil des OVG NRW, Beschluss vom 24.4.2013, Az.: 13 B 215/13 in: ZLR 2013, S. 496 – 501 (zitiert: *Becker*, ZLR 2013, S.)

Becker, Florian: Die Novellierung des Verbraucherinformationsgesetzes in: Bosch, Nikolaus/Leible, Stefan/Wallau, Rochus (Hrsg.), Lebensmittel in den Medien, Bayreuth 2012, S. 143 – 156 (zitiert: *Becker*, in: Bosch/Leible/Wallau, Lebensmittel in den Medien, S.)

Becker, Florian: Verfassungs- und unionsrechtliche Aspekte der Novelle von VIG und § 40 LFGB in: ZLR 2011, S. 391 – 424 (zitiert: *Becker*, ZLR 2011, S.)

Becker, Florian: Der grundrechtliche Schutz von Geschäftsgeheimnissen in: Sachs, Michael/Siekmann, Helmut (Hrsg.), Der grundrechtsgeprägte Verfassungsstaat – Festschrift für Klaus Stern zum 80. Geburtstag, Berlin 2012, S. 1233 – 1247 (zitiert: *Becker*, in: FS Stern, S.)

Becker, Florian/ Blackstein, Ylva: Der transparente Staat – Staatliche Verbraucherinformation über das Internet in: NJW 2011, S. 490 – 494 (zitiert: *Becker/ Blackstein*, NJW 2011, S.)

Berg, Wilfried: Die behördliche Warnung - eine neue Handlungsform des Verwaltungsrechts? in: ZLR 1990, S. 565 - 576 (zitiert: *Berg*, ZLR 1990, S.)

Bethge, Herbert: Zur verfassungsrechtlichen Legitimation informalen Staatshandelns der Bundesregierung in: Jura 2003, S. 327 - 333 (zitiert: *Bethge*, Jura 2003, S.)

Bleckmann, Albert/ Eckhoff, Rolf: Der „mittelbare" Grundrechtseingriff in: DVBl 1988, S. 373-382 (zitiert: *Bleckmann/Eckhoff*, DVBl 1988, S.)

Böhm, Monika: Grundlagen und Rechtsquellen der Europäischen Union - Teil 1 in: JA 2008, S. 838 - 845 (zitiert: *Böhm*, JA 2008, S.)

Böhm, Monika: Europäische Grundfreiheiten - Teil 2 in: JA 2009, S. 328 - 335 (zitiert: *Böhm*, JA 2009, S.)

Böhm, Monika: Information, Empfehlung und Warnung als Instrumente des Umweltrechts in: JA 1997, S. 794 - 799 (zitiert: *Böhm*, JA 1997, S.)

Böhm, Monika: Das Vorsorgeprinzip im Lebensmittelrecht - Lebensmittelsicherheit - Maßstäbe und Grenzen gebotener Vorsorge aus rechtlicher Sicht in. ZLR 2000, S. 241 - 255 (zitiert: *Böhm*, ZLR 2000, S.)

Böhm, Monika: Die rechtliche Bewältigung von Innovationen im Lebensmittelrecht in: ZLR 2011, S. 291 - 301 (zitiert: *Böhm*, ZLR 2011, S.)

Böhm, Monika/ Lingenfelder, Michael/ Voit, Wolfgang: Verbraucherinformation auf dem Prüfstand in: NVwZ 2011, S. 198 - 202 (zitiert: *Böhm/Lingenfelder/Voit*, NVwZ 2011, S.)

Böhme, Klaus: Transparenz und Schutz von persönlichen Unternehmensdaten in: NL-BzAR 2009, S. 130 - 138 (zitiert: *Böhme*, NL-BzAR 2009, S.)

Borchert, Günter: Veröffentlichung von Arzneimittel-Transparenzlisten in: NJW 1985, S. 2741 - 2743 (zitiert: *Borchert*, NJW 1985, S.)

Brandt, Edmund: Umweltaufklärung und Verfassungsrecht, Taunusstein 1994 (zitiert: *Brandt*, Umweltaufklärung und Verfassungsrecht, S.)

Brandt, Edmund: Warnungen vor Gesundheitsrisiken - öffentlich rechtliche Probleme in: Damm, Reinhard/Hart, Dieter (Hrsg.), Rechtliche Regulierungen von Gesundheitsrisiken, Baden-Baden 1993, S. 187 - 198 (zitiert: *Brandt*, in: Damm/Hart, Rechtliche Regulierung von Gesundheitsrisiken, S.)

Bumke, Christian: Publikumsinformation - Erscheinungsformen, Funktionen und verfassungsrechtlicher Rahmen einer Handlungsform des Gewährleistungsstaates in: Die Verwaltung, 37. Band (2004), S. 3 - 33 (zitiert: *Bumke*, Die Verwaltung, 37. Band (2004), S.)

Calliess, Christian/ Ruffert, Matthias (Hrsg.): EUV/AEUV, 4. Auflage, München 2011 (zitiert: *Bearbeiter*, in: Calliess/Ruffert, EUV/AEUV, Art. Rn.)

David, Heiner/ Grube, Markus: Krisenmanagement in der Lebensmittelwirtschaft: Ein Praxisleitfaden zu Produktrücknahme, Produktrückruf, Meldung bei Behörden, Information der Öffentlichkeit und Schnellwarnungen im RASFF, Norderstedt 2009 (zitiert: *David/Grube*, Krisenmanagement in der Lebensmittelwirtschaft, S.)

Denninger, Erhard: Das Recht auf informationelle Selbstbestimmung – Folgerungen aus dem Volkszählungsgesetzurteil des Bundesverfassungsgerichts, in: Hohmann (Hrsg.), Freiheitssicherung durch Datenschutz, 1. Auflage, Baden-Baden 1987, S. 127 – 172 (zitiert: *Denninger*, Das Recht auf informationelle Selbstbestimmung, S.)

Detterbeck, Steffen: Öffentliches Recht: ein Basislehrbuch zum Staatsrecht, Verwaltungsrecht und Europarecht mit Übungsfällen, 9. Auflage, München 2013 (zitiert: *Detterbeck*, Öffentliches Recht, Rn.)

Dreier, Horst: Rechtsprechungsanalyse – Grundrechtsdurchgriff contra Gesetzesbindung? Exemplarische Betrachtung zum Verhältnis von Verfassungs- und Verwaltungsrecht anhand der Rechtsprechung des Bundesverwaltungsgerichts in: Die Verwaltung, 36. Band (2003), S. 105 – 136 (zitiert: *Dreier*, Die Verwaltung, 36. Band (2003), S.)

Duken, Hajo: Normerlaßklage und fortgesetzte Normerlaßklage in: NVwZ 1993, S. 546 – 548 (zitiert: *Duken*, NVwZ 1993 S.)

Eckert, Dieter: Gemeinschaftsrechtliche Präventivmaßnahmen in Dringlichkeitsfällen in: Dannecker, Gerhard (Hrsg.), Lebensmittelstrafrecht und Verwaltungssanktionen in der Europäischen Union, Schriftenreihe der Europäischen Rechtsakademie Trier, Band 10, 1994, S. 151 – 164 (zitiert: *Eckert*, in: Dannecker, Lebensmittelstrafrecht und Verwaltungssanktionen in der EU, S.)

Elsing, Paul-Gerhard/Rosenow, Jörg: Mehr Transparenz bei Lebensmittelverstößen – § 40 Absatz 1a LFGB ist verfassungs- und europarechtskonform! in: ZLR 2013, S. 240 – 261 (zitiert: *Elsing/Rosenow*, ZLR 2013, S.)

Epping, Volker/Hillgruber, Christian: GG – Grundgesetz, München 2009 (zitiert: *Bearbeiter*, in: Epping/Hillgruber, GG, Art. Rn.)

Erichsen, Hans-Uwe: Das Grundrecht der Berufsfreiheitin: Jura 1980, S. 551 – 560 (zitiert: *Erichsen*, Jura 1980, S.

Fechner, Frank: Medienrecht, 14. Auflage, Tübingen 2013 (zitiert: *Fechner*, Medienrecht, S. Rn.)

Fezer, Karl-Heinz: UWG Lauterkeitsrecht, Kommentar zum Gesetz gegen unlauteren Wettbewerb, Band 2, 2. Auflage, München 2010 (zitiert: *Fezer*, UWG, § Rn.)

Fischer, Klemens H.: Der Vertrag von Lissabon: Text und Kommentar zum Europäischen Reformvertrag, 2. Auflage, Baden-Baden 2010 (zitiert: *Fischer*, Der Vertrag von Lissabon, S.)

Fischer, Thomas: Strafgesetzbuch und Nebengesetze, 60. Auflage, München 2013 (zitiert: *Fischer*, StGB Kommentar, § Rn.

Fluck, Jürgen/ Sechting, Silke: Öffentlich-rechtliches Verbraucherschutz- und Produktsicherheitsrecht – Die Novelle der EG-Produktsicherheitsrichtlinie und des deutschen Geräte- und Produktsicherheitsgesetzes in: DVBl 2004, S. 1392 – 1403 (zitiert: *Fluck/Sechting*, DVBl 2004, S.)

Frenz, Walter: Öffentliches Recht, 5. Auflage, München 2011 (zitiert: *Frenz*, Öffentliches Recht, Rn.)

Friauf, Karl Heinrich: Zur Rolle der Grundrechte im Interventions- und Leistungsstaat in: DVBl 1971, S. 674 – 682 (zitiert: *Friauf*, DVBl 1971, S.)

Geiß, Joachim/Doll, Wolfgang: Geräte- und Produktsicherheitsgesetz (GPSG): Kommentar und Vorschriftensammlung, 1. Auflage, Stuttgart 2005 (zitiert: *Geiß/Doll*, GPSG, § Rn.)

Girnau, Marcus: Erste Erfahrungen mit Auskunftsbegehren aus Sicht der Lebensmittelwirtschaft in: Böhm, Monika/Freund, Georg/Voit, Wolfgang (Hrsg.), Verbraucherinformationsgesetz, 2. Marburger Symposium zum Lebensmittelrecht, Baden-Baden 2009, S. 29 – 36 (zitiert: *Girnau*, in: Böhm/Freund/Voit, Verbraucherinformationsgesetz, S.)

Gleixner, Werner: Die Normerlaßklage: der Anspruch auf Erlaß untergesetzlicher Normen und formeller Gesetze, 1. Auflage, Frankfurt am Main 1993 (zitiert: *Gleixner*, Normerlaßklage, S.)

Gloy, Wolfgang/Loschelder, Michael/ Erdmann, Willi: Handbuch des Wettbewerbsrechts, 4. Auflage, München 2010 (zitiert: *Bearbeiter*, in: Gloy/Loschelder/Erdmann, Wettbewerbsrecht, § Rn.)

Gola, Peter/ Schomerus, Rudolf: BDSG Bundesdatenschutzgesetz, Kommentar, 10. Auflage, München 2010 (zitiert: *Gola/Schomerus*, BDSG, § Rn.)

Gröschner, Rolf: Zum Verhältnis von Berufsfreiheit und lebensmittelbehördlichen Warnungsaufrufen in: JZ 1991, S. 628 – 630 (zitiert: *Gröschner*, JZ 1991, S.)

Gröschner, Rolf: Öffentlichkeitsaufklärung als Behördenaufgabe in: DVBl 1990, S. 619 – 629 (zitiert: *Gröschner*, DVBl 1990, S.)

Grube, Markus: Dioxin-Krise und öffentliche Warnung vor Lebensmitteln – wann ist die Warnung vor dem nicht verkehrsfähigen, aber „sicheren" Lebensmittel zulässig? in: LMuR 2011, S. 21 – 32 (zitiert: *Grube*, LMuR 2011, S.)

Grube, Markus/Immel, Manuel: Der Referentenentwurf zur Änderung des Verbraucherinformationsgesetzes (VIG) vom 3. Februar 2011 in: ZLR 2011, S. 175 – 193 (zitiert: *Grube/Immel*, ZLR 2011, S.)

Grube, Markus/ Immel, Manuel/ Wallau, Rochus: Verbraucherinformationsrecht, Köln 2013 (zitiert: *Grube/Immel/Wallau*, Verbraucherinformationsrecht, S., Rn.)

Grube, Markus/Weyland, Gerd: VIG – Gesetz zur Verbesserung der gesundheitsbezogenen Verbraucherinformation, Verbraucherinformationsgesetz, Kommentar, 1. Auflage, Norderstedt 2008 (zitiert: *Grube/Weyland*, VIG-Kommentar, § Rn.)

Guckelberger, Annette: Anmerkung zum Urteil des EuGH vom 9.11.2010 – verb. Rs. C-92/09 und C-93/09 – Volker und Markus Schecke und Eifert in: EuZW 2010, S. 946 – 947 *(zitiert: Guckelberger*, EuZW 2010, S.)

Guckelberger, Annette: Veröffentlichung der Leistungsempfänger von EU-Subventionen und unionsgrundrechtlicher Datenschutz, in: EuZW 2011, S. 126 – 130 (zitiert: *Guckelberger*, EuZW 2011, S.)

Gundel, Jörg: Haftung für fehlerhafte Meldungen im EU-Schnellwarnsystem für Lebens- und Futtermittel? in: ZLR 2008, S. 159 – 173 (zitiert: *Gundel*, ZLR 2008, S.)

Hammer, Thomas: Die unternehmerische Freiheit der Eisenbahnen des Bundes in: DÖV 2011, S. 761 – 769 (zitiert: *Hammer*, DÖV 2011, S.)

Hammerl, Christoph: Das Produktsicherheitsgesetz im Bereich des Lebensmittelrechts in: ZLR 1997, S. 611 – 618 (zitiert: *Hammerl*, ZLR 1997, S.)

Harte-Bavendamm, Henning/Henning-Bodewig, Frauke: UWG, Gesetz gegen den unlauteren Wettbewerb, Kommentar, 3. Auflage, München 2013 (zitiert: *Harte-Bavendamm/Henning-Bodewig*, UWG, § Rn.)

Hartmann, Angelika: Zum Anspruch auf Erlaß untergesetzlicher Normen im öffentlichen Recht in: DÖV 1991, S. 62 – 67 (zitiert: *Hartmann*, DÖV 1991, S.)

Haussühl, Tilman: Die Staatliche Warnung im System des öffentlichen Rechts in: VBlBW 1998, S. 90 – 97 (zitiert: *Haussühl*, VBlBW 1998, S.)

Heidel, Thomas: Keine Bundeskompetenz zur Warnung vor Lebensmitteln in: ZLR 1989, S. 447 – 463 (zitiert: *Heidel*, ZLR 1989, S.)

Heintzen, Markus: Staatliche Warnungen als Grundrechtsproblem in: VerwArch 81 (1990), S. 532 – 556 (zitiert: *Heintzen*, VerwArch 81, S.)

Heintzen, Markus: Behördliches Informationshandeln bei ungewissem Sachverhalt – Zugleich zur Frage der Übertragbarkeit zivilrechtlicher Grundsätze auf behördliches Informationshandeln in: NuR 1991, S. 301 – 306 (zitiert: *Heintzen*, NuR 1991, S.)

Hellmann, Vanessa: Eine Warnung vor dem Bundesverfassungsgericht – Die Glykol-Entscheidung des BVerfG vom 26.6. 2002 in: NVwZ 2005, S. 163 – 166 (zitiert: *Hellmann*, NVwZ 2005, S.)

Hoffmann-Riem, Wolfgang/Schmidt-Aßmann, Eberhard/Voßkuhle, Andreas: Grundlagen des Verwaltungsrechts, Band II, 1. Auflage, München 2008 (zitiert: *Bearbeiter*, in: Hoffmann-Riem/Schmidt-Aßmann/Voßkuhle, Grundlagen des Verwaltungsrechts II, § Rn.)

Holzner, Thomas: Die „Pankower Ekelliste" – Zukunftsweisendes Modell des Verbraucherschutzes oder rechtswidriger Pranger? in: NVwZ 2010, S. 489 – 494 (zitiert: *Holzner*, NVwZ 2010, S.)

Honnacker, Matthias: Produktsicherheit – sichere Produkte im Betrieb und zu Hause in: BPUVZ 2012, S. 554 – 559 (zitiert: *Honnacker*, BPUVZ 2012, S.)

Hornung, Gerrit: Anmerkung zum Urteil des EuGH vom 9.11.2010 – verb. Rs. C-92/09 und C-93/09 – Volker und Markus Schecke und Eifert in: MMR 2011, S. 127 – 128 (zitiert: *Hornung*, MMR 2011, S.)

Huber, Peter M.: Die Informationstätigkeit der öffentlichen Hand – ein grundrechtliches Sonderregime aus Karlsruhe? in: JZ 2003, S. 290 – 297 (zitiert: *Huber*, JZ 2003, S.)

Hufen, Friedhelm: Verwaltungsprozessrecht, 8. Auflage, München 2011 (zitiert: *Hufen*, Verwaltungsprozessrecht, § Rn.)

Jarass, Hans D./Pieroth, Bodo: Grundgesetz für die Bundesrepublik Deutschland, Kommentar, 12. Auflage, München 2012 (zitiert: *Bearbeiter*, in: Jarass/Pieroth, GG, Art. Rn.)

Jarass, Hans D.: Charta der Grundrechte der Europäischen Union, 2. Auflage, München 2013 (zitiert: *Jarass*, GRCh, Art. Rn.)

Kapoor, Arun/Klindt, Thomas: „New Legislative Framework" im EU-Produktsicherheitsrecht – Neue Marktüberwachung in Europa? in: EuZW 2008, S. 649 – 655 (zitiert: *Kapoor/Klindt*, EuZW 2008, S.)

Käß, Robert: Die Warnung als verwaltungsrechtliche Handlungsform in: WiVerw 2002, S. 197 – 211 (zitiert: *Käß*, WiVerw 2002, S.)

Katz, Alfred: Staatsrecht – Grundkurs im öffentlichen Recht, 18. Auflage, Heidelberg [u.a.] 2010 (zitiert: *Katz*, Staatsrecht, Rn.)

Kilian, Wolfgang: Subventionstransparenz und Datenschutz in: NJW 2011, S. 1325 – 1328 (zitiert: *Kilian*, NJW 2011, S.)

Klein, Franz/Brockmeyer, Hans Bernhard: AO – Abgabenordnung, 11. Auflage, München 2012 (zitiert: *Bearbeiter*, in: Klein, Abgabenordnung, § Rn.)

Klindt, Thomas: Änderung der Produktsicherheitsrichtlinie in Vorbereitung in: ZRP 2000, S. 419 – 423 (zitiert: *Klindt*, ZRP 2000, S.)

Klindt, Thomas: Produktsicherheitsgesetz (ProdSG), 1. Auflage, München 2001 (zitiert: *Klindt*, ProdSG aF, § Rn.)

Klindt, Thomas: Geräte- und Produktsicherheitsgesetz, Kommentar, 1. Auflage, München 2007 (zitiert: *Klindt*, GPSG Kommentar, § Rn.)

Klindt, Thomas: Das neue Geräte- und Produktsicherheitsgesetz in: NJW 2004, S. 465 – 471 (zitiert: *Klindt*, NJW 2004, S.)

Klindt, Thomas: Die neue EG-Produktsicherheitsrichtlinie 2001/95/EG in: PHi 2002, S. 2 – 7 (zitiert: *Klindt*, PHi 2002, S.)

Klindt, Thomas: Auf dem Weg zum neuen deutschen Produktsicherheitsgesetz (ProdSG) – Die Verordnung (EG) Nr. 765/2008 hinterlässt Spuren in: PHi 2011, S. 42 – 48 (zitiert: *Klindt*, PHi 2011, S.)

Klindt, Thomas / Wende, Susanne: Behördliche Risikobewertung nach den RAPEX-Leitlinien in: NVwZ 2011, S. 602 – 604 (zitiert: *Klindt/Wende*, NVwZ 2011, S.)

Knitsch, Peter: Die Rolle des Staates im Rahmen der Produktinformation – Zugleich ein Plädoyer für ein Verbraucherinformationsgesetz in: ZRP 2003, S. 113 – 119 (zitiert: *Knitsch*, ZRP 2003, S.)

Köhler, Helmut/Bornkamm, Joachim: Gesetz gegen den unlauteren Wettbewerb (UWG), Kommentar, 31. Auflage, München 2013 (zitiert: *Köhler/Bornkamm*, UWG, § Rn.)

Kopp, Ferdinand O./Ramsauer, Ulrich: Verwaltungsverfahrensgesetz, Kommentar, 13. Auflage, München 2012 (zitiert: *Kopp/Ramsauer*, VwVfG, § Rn.)

Kopp, Ferdinand O./Schenke, Wolf Rüdiger: Verwaltungsgerichtsordnung, Kommentar, 19. Auflage, München 2013 (zitiert: *Kopp/Schenke*, VwGO, § Rn.)

Kraft, Friedemann: „Lieber einmal mehr nach Brüssel gemeldet, als einmal zu wenig“ – Das EU-Schnellwarnsystem in der Behördenpraxis am Beispiel der Entscheidung des OVG Niedersachsen, ZLR 2008, 249 in: ZLR 2008, S. 257 – 261 (zitiert: *Kraft*, ZLR 2008, S.)

Krüger, Philipp-L.: Versammlungsfreiheit in privatisierten öffentlichen Räumen – Die „Fraport"-Entscheidung des Bundesverfassungsgerichts und ihre Folgen in: DÖV 2012, S. 837 – 843 (zitiert: *Krüger*, DÖV 2012, S.)

Kügel, Wilfried/Plaßmann, Kirsten: Die „Hygiene-Ampel" bei Lebensmittelkontrollen – Grünes Licht für den Verbraucherschutz? in: LMuR 2012, S. 1 – 9 (zitiert: *Kügel/Plaßmann*, LMuR 2012, S.)

Kuhla, Wolfgang: Der vorläufige Rechtsschutz im Planfeststellungsrecht, in: NVwZ 2002, S. 542 – 550 (zitiert: *Kuhla*, NVwZ 2002, S.)

Leidinger, Tobias: Hoheitliche Warnungen, Empfehlungen und Hinweise im Spektrum staatlichen Informationshandelns – Zum aktuellen Stand der Diskussion in Rechtsprechung und Literatur in: DÖV 1993, S. 925 – 935 (zitiert: *Leidinger*, DÖV 1993, S.)

Littbarski, Sigurd: Das neue Geräte- und Produktsicherheitsgesetz: Grundzüge und Auswirkungen auf die Haftungslandschaft in: VersR 2005, S. 448 – 458 (zitiert: *Littbarski*, VersR 2005, S.)

*Lorscheider, Steffen:*Die Ermittlungsbefugnisse der Finanzbehörden im Kapitalertragsteuerverfahren des Bankkunden – Eine rechtsvergleichende Untersuchung der steuerrechtlichen Ermittlungswege in Deutschland und Österreich, Münster 2001, zugl.: Münster, Univ., Diss., 2001 (zitiert: *Lorscheider*, Die Ermittlungsbefugnisse der Finanzbehörden im Kapitalertragsteuerverfahren des Bankkunden, S.)

Manssen, Gerrit: Staatsrecht II – Grundrechte, 10. Auflage, München 2013 (zitiert: *Manssen*, Staatsrecht II, § Rn

Maurer, Hartmut: Allgemeines Verwaltungsrecht, 18. Auflage, München 2011 (zitiert: *Maurer*, Allgemeines Verwaltungsrecht, § Rn.)

Maurer, Hartmut: Staatsrecht I - Grundlagen, Verfassungsorgane, Staatsfunktionen, 7. Auflage, München 2013 (zitiert: *Maurer*, Staatsrecht, § Rn.)

Meier, Gert: Gilt die Produktsicherheitsrichtlinie 92/95/EWG für Lebensmittel oder ist sie nur eine Mindeststandard-Regelung? in: ZLR 1996, S. 623 – 624 (zitiert: *Meier*, ZLR 1996, S.)

Meyer, Alfred Hagen/Streinz, Rudolf: Lebensmittel- und Futtermittelgesetzbuch, Basis-Verordnung (EG) Nr. 178/2002, Health ClaimVO 1924/2006, Kommentar, 2. Auflage, München 2012 (zitiert: *Meyer/Streinz,* LFGB, BasisVO, HCVO, Art. Rn.)

Meyer, Jürgen (Hrsg.): Charta der Grundrechte der Europäischen Union, 3. Auflage, Baden-Baden 2011 *(zitiert: Bearbeiter*, in: Meyer, GRCh, Art. Rn.)

Meyer-Goßner, Lutz/Schmitt, Bertram: Strafprozessordnung, 56. Auflage, München 2013 (zitiert: *Meyer-Goßner/Schmitt*, Strafprozessordnung, § Rn.)

Moelle, Henning/Mecklenbrauck, Dirk: Verschärfung und Neuordnung des Produktsicherheitsrechts durch den Entwurf des Geräte- und Produktsicherheitsgesetzes in: PHi 2003, S. 210-216 (zitiert: *Moelle/Mecklenbrauck*, PHi 2003, S.)

Montag, Frank/von Bonin, Andreas: Die Entwicklung des Unionsrechts bis Mitte 2011 in: NJW 2011, S. 3623-3628 (zitiert: *Montag/von Bonin*, NJW 2011, S.)

Moritz, Dirk/Geiß, Joachim: Das Produktsicherheitsgesetz: Erläuterungen zum Produktsicherheitsgesetz (ProdSG), unter praxisnaher Berücksichtigung von CE-Kennzeichnung und GS-Zeichen sowie der europäischen Produktsicherheitslinie (ProdSRL), 2. Auflage, Berlin 2012 (zitiert: *Moritz/Geiß*, Das Produktsicherheitsgesetz, S.)

Müller, Friedrich/Christensen, Ralph: Juristische Methodik, Band I, Grundlegung für die Arbeitsmethoden der Rechtspraxis, 10. Auflage, Berlin 2009 (zitiert: *Müller/Christensen*, Juristische Methodik, S.)

Müller, Johannes: Die Bewältigung von Lebensmittelrisiken durch Risikokommunikation: Eine Analyse kommunikativer Verfahrenshandlungen im Lebensmittelsicherheitsrecht unter Einbeziehung des Verbraucherinformationsgesetzes, Berlin 2010, zugl.: Marburg, Univ., Diss., 2010 (zitiert: *Müller*, Die Bewältigung von Lebensmittelkrisen durch Risikokommunikation, S.)

Murswiek, Dietrich: Staatliche Warnungen, Wertungen, Kritik als Grundrechtseingriff – Zur Wirtschafts- und Meinungslenkung durch staatliches Informationshandeln in: DVBl 1997, S. 1021 – 1030 (zitiert: *Murswiek*, DVBl 1997, S.)

Murswiek, Dietrich: Das Bundesverfassungsgericht und die Dogmatik mittelbarer Grundrechtseingriffe – Zu der Glykol- und der Osho- Entscheidung vom 26. 6. 2002 in: NVwZ 2003, S. 1 – 8 (zitiert: *Murswiek*, NVwZ 2003, S.)

Ossenbühl, Fritz: Umweltpflege durch behördliche Warnungen und Empfehlungen, Recht – Technik – Wirtschaft, Bd. 44, Köln [u.a.] 1986 (zitiert: *Ossenbühl*, Umweltpflege, S.)

Ossenbühl, Fritz: Verbraucherschutz durch Information in: NVwZ 2011, S. 1357 – 1363 (zitiert: *Ossenbühl*, NVwZ 2011, S.)

Ossenbühl, Fritz: Zur Staatshaftung bei behördlichen Warnungen vor Lebensmitteln in: ZHR 155 (1991), S. 329 – 348 (zitiert: *Ossenbühl*, ZHR 155 (1991), S.)

Ossenbühl, Fritz/ Cornils, Matthias: Staatshaftungsrecht, 6. Auflage, München 2013 (zitiert: *Ossenbühl/Cornils*, Staatshaftungsrecht, S.)

Pache, Eckhard/Rösch, Franziska: Der Vertrag von Lissabon in: NVwZ 2008, S. 473 – 480 (zitiert: *Pache/Rösch*, NVwZ 2008, S.)

Pahlke, Armin/Koenig, Ulrich (Hrsg.): Abgabenordnung, 2. Auflage, München 2009 (zitiert: *Bearbeiter*, in: Pahlke/Koenig, Abgabenordnung, § Rn.)

Papier, Hans-Jürgen: Art 12 GG – Freiheit des Berufs und Grundrecht der Arbeit in: DVBl 1984, S. 801 – 814 (zitiert: *Papier*, DVBl 1984, S.)

Pfeiffer, Thomas: Anmerkung zum Urteil des BVerfG vom 22.02.2011 – Az.: 1 BvR 699/06 in: LMK 2011, S. 322526 (zitiert: *Pfeiffer*, LMK 2011, S.)

Philipp, Renate: Staatliche Verbraucherinformationen im Umwelt- und Gesundheitsrecht, Köln [u.a.] 1989, zugl.: Freiburg, Univ., Diss., 1988 (zitiert: *Philipp*, Staatliche Verbraucherinformation im Umwelt- und Gesundheitsrecht, S.)

Pieroth, Bodo/Schlink, Bernhard: Grundrechte Staatsrecht II, 28. Auflage, Heidelberg [u.a.] 2012 (zitiert: *Pieroth/Schlink*, Grundrechte Staatsrecht II, § Rn.)

Pietzcker, Jost: „Grundrechtsbetroffenheit" in der verwaltungsrechtlichen Dogmatik in: Püttner, Günter (Hrsg.), Festschrift für Otto Bachof zum 70. Geburtstag am 6. März 1984, München 1984, S. 131 – 149 (zitiert: *Pietzcker*, in: FS Bachof, S.)

Pitzer, Alexander: Information der Öffentlichkeit gemäß der neuen Transparenzvorschrift – § 40 Abs. 1a LFGB in: StoffR 2013, S. 44 – 47 (zitiert: *Pitzer*, StoffR 2013, S.)

Pitzer, Alexander: Die Konformitätserklärung für Lebensmittelbedarfsgegenstände aus Keramik bei der Abgabe an Endverbraucher in: ZLR 2012, S. 31 – 41 (zitiert: *Pitzer*, ZLR 2012, S.)

Polly, Sebastian: Risikobewertungen – Kriterien für die Bewertung des von einem Verbraucherprodukt ausgehenden Risikos in: StoffR 2012, S. 190 – 194 (zitiert: *Polly*, StoffR 2012, S.)

Polly, Sebastian/Lach, Sebastian: Das neue Produktsicherheitsgesetz – was Wirtschaftsakteure beachten sollten in: BB 2012, S. 71 – 74 (zitiert: *Polly/Lach*, BB 2012, S.)

Porsch, Winfried: Die Macht der Information – Empfehlungen, Warnungen, Auskünfte an die Öffentlichkeit nach deutschem und europäischem Recht in: ZLR 2003, S. 175 – 189 (zitiert: Porsch, ZLR 2003, S.)

Potinecke, Harald W.: Das Geräte- und Produktsicherheitsgesetz in: DB 2004, S. 55 – 60 (zitiert: *Potinecke*, DB 2004, S.)

Ramsauer, Ulrich: Die faktischen Beeinträchtigungen des Eigentums, Berlin 1980, zugl.: Hamburg, Univ., Diss., 1979 (zitiert: *Ramsauer*, Faktische Beeinträchtigungen, S.)

Ramsauer, Ulrich: Die Bestimmung des Schutzbereichs von Grundrechten nach dem Normzweck in: VerwArch 72 (1981), S. 89 - 106 (zitiert: *Ramsauer*, VerwArch 72 (1981), S.)

Redeker, Konrad/von Oertzen, Hans-Joachim: Verwaltungsgerichtsordnung, Kommentar, 15. Auflage, Stuttgart 2010 (zitiert: *Bearbeiter*, in: Redeker/Von Oertzen, VwGO, § Rn.)

Renck, Ludwig: Die Normerlaßklage - VGH München, BayVBl 1980, 209 in: JuS 1982, S. 338 - 343 (zitiert: *Renck*, JuS 1982, S.)

Robbers, Gerhard: Anspruch auf Normerlaß - OVG Koblenz, NJW 1988, 1684 in: JuS 1988, S. 949 - 953 (zitiert: *Robbers*, JuS 1988, S.)

Rossi, Matthias: Informationszugangsfreiheit und Verfassungsrecht - Zu den Wechselwirkungen zwischen Informationsfreiheitsgrenzen und der Verfassungsordnung in Deutschland, Berlin 2004 (zitiert: *Rossi*, Informationszugangsfreiheit und Verfassungsrecht, S.)

Roth, Andreas: Verwaltungshandeln mit Drittbetroffenheit und Gesetzesvorbehalt, Berlin 1991, zugl.: Berlin, Univ., Diss., 1990/1991 (zitiert: *Roth*, Verwaltungshandeln, S.)

Rupp, Hans Heinrich: Bürgerrechte als staatliche Kompetenztitel? Miszellen zum Verhältnis von Staat und Gesellschaft in: Detterbeck, Steffen/Rozek, Jochen/von Coelln, Christian (Hrsg.), Recht als Medium der Staatlichkeit - Festschrift für Herbert Bethge zum 70. Geburtstag, Berlin 2009, S. 51 - 62 (zitiert: *Rupp*, in: FS Bethge, S.)

Sachs, Michael: Rechtsprechungsübersicht: Warnung der Bundesregierung vor „Jugendreligionen“ und „Jugendsekten“ - hier „Transzendentale Meditation“ in: JuS 1990, S. 496 - 497 (zitiert: *Sachs*, JuS 1990, S.)

Sachs, Michael: Anmerkung zu dem Urteil des BVerfG vom 22.02.2011 - Az.: 1 BvR 699/06 in: JuS 2011, S. 665 - 668 (zitiert: *Sachs*, JuS 2011, S.)

Sachs, Michael (Hrsg.): Grundgesetz - Kommentar, 6. Auflage, München 2011 (zitiert: *Bearbeiter*, in: Sachs, Grundgesetz, Art. Rn.)

Schade, Rainer: Öffentliche Warnungen zum Schutz der Verbraucher vor Gesundheitsschäden durch Lebensmittel, Kosmetika und Bedarfsgegenstände in: ZLR 1991, S. 601 - 618 (zitiert: *Schade*, ZLR 1991, S.)

Schäffler, Friederike: Produktinformationen durch Hersteller als öffentlich-rechtliches Verbraucherschutzinstrument: Am Beispiel des § 5 Abs. 1 Ziff. 1 a GPSG, Hamburg 2010, zugl.: Frankfurt (Oder), Univ., Diss., 2010 (zitiert: *Schäffler*, Produktinformationen durch Hersteller als öffentlich-rechtliches Verbraucherschutzinstrument, S.)

Scherzberg, Arno: „Objektiver" Grundrechtsschutz und subjektives Grundrecht – Überlegungen zur Neukonzeption des grundrechtlichen Abwehrrechts in: DVBl 1989, S. 1128 – 1136 (zitiert: *Scherzberg*, DVBl 1989, S.)

Schieble, Christoph: Öffentliche Warnungen vor unsicheren Verbraucherprodukten – Behördliche Befugnisse und Haftungsrecht in: VuR 2007, S. 401 – 410 (zitiert: *Schieble*, VuR 2007, S.)

Schink, Alexander: Smileys in der Lebensmittelkontrolle – Verfassungsrechtliche Zulässigkeit einer amtlichen Information der Öffentlichkeit über die Ergebnisse der amtlichen Lebensmittelkontrolle in: DVBl 2011, S. 253 – 262 (zitiert: *Schink*, DVBl 2011, S.)

Schmidt, Hanspeter: Szenarien einer Krise – Was Unternehmen bei einer Beanstandung in die Wege leiten können. in: Recht 2011, S. 231 – 233 (zitiert: *Schmidt*, Recht 2011, S.)

Schmidt-Bleibtreu, Bruno/Hofmann, Hans/Hopfauf, Alex (Hrsg.): GG – Kommentar zum Grundgesetz, 12. Auflage, 2011 (zitiert: *Bearbeiter*, in: Schmidt-Bleibtreu/Hofmann/Hopfauf, Grundgesetz, Art. Rn.)

Schmitt Glaeser, Walter/Horn, Hans-Detlef: Verwaltungsprozeßrecht, 5. Auflage, Stuttgart [u.a.] 2000 (zitiert: *Schmitt Glaeser/Horn*, Verwaltungsprozeßrecht, Rn.)

Schoch, Friedrich: Staatliche Informationspolitik und Berufsfreiheit in: DVBl 1991, S. 667 – 674 (zitiert: *Schoch*, DVBl 1991, S.)

Schoch, Friedrich: Das Recht auf informationelle Selbstbestimmung in: Jura 2008, S. 352 – 359 (zitiert: *Schoch*, Jura 2008, S.)

Schoch, Friedrich: Information und Kommunikation im Lebensmittelrecht: Europarechtliche und verfassungsrechtliche Grundlagen staatlichen Informationshandelns und privater Informationspflichten in: ZLR 2010, S. 121 – 144 (zitiert: *Schoch*, ZLR 2010, S.)

Schoch, Friedrich: Die Schwierigkeiten des BVerfG mit der Bewältigung staatlichen Informationshandelns in: NVwZ 2011, S. 193 – 198 (zitiert: *Schoch*, NVwZ 2011, S.)

Schoch, Friedrich: Neuere Entwicklungen im Verbraucherinformationsrecht in: NJW 2010, S. 2241 – 2247 (zitiert: *Schoch*, NJW 2010, S.)

Schroeder, Werner: Nationale und EU-rechtliche Informationspflichten in: Böhm, Monika/Freund, Georg/Voit, Wolfgang (Hrsg.), Information und Kommunikation von Unternehmen und Behörden, 3. Marburger Symposium zum Lebensmittelrecht, Baden-Baden 2011, S. 9 – 24 (zitiert: *Schroeder*, in: Böhm/Freund/Voit, Information und Kommunikation von Unternehmen und Behörden, S.)

Schucht, Carsten: Gefahr und Risiko im neuen ProdSG in: BPUVZ 2012, S. 564-567 (zitiert: *Schucht*, BPUVZ 2012, S.)

Schucht, Carsten: Die Eingriffsbefugnisse der Marktüberwachungsbehörden nach dem neuen ProdSG: Änderungen, Streitfragen und Lösungen in: StoffR 2012, S. 115 – 124 (zitiert: *Schucht*, StoffR 2012, S.)

Schulte, Martin: Schlichtes Verwaltungshandeln, Tübingen 1995 (zitiert: *Schulte*, Schlichtes Verwaltungshandeln, S.)

Schwarze, Jürgen/Becker, Ulrich/Hatje, Armin/Schoo, Johann (Hrsg.) : EU-Kommentar, 3. Auflage, Baden-Baden 2012 (zitiert: *Bearbeiter*, in: Schwarze/Becker/Hatje/Schoo, EU-Kommentar, Art. Rn.)

Seemann, Jan: Behördliche Produktinformation im europäischen und deutschen Lebensmittelrecht: unter besonderer Berücksichtigung der Art. 10 VO (EG) 178/2002 und § 40 LFGB, 1. Auflage, Baden-Baden 2008 (zitiert: *Seemann*, Behördliche Produktinformation im europäischen und deutschen Lebensmittelrecht, S.)

Simitis, Spiros: Von der Amtshilfe zur Informationshilfe – Informationsaustausch und Datenschutzanforderungen in der öffentlichen Verwaltung in: NJW 1986, S. 2795 – 2805 (zitiert: *Simitis*, NJW 1986, S.)

Sodan, Helge: Gesundheitsbehördliche Informationstätigkeit und Grundrechtsschutz in: DÖV 1987, S. 858 – 866 (zitiert: *Sodan*, DÖV 1987, S.)

Sodan, Helge: Übungsklausur Öffentliches Recht – Das besorgte Bundesgesundheitsamt in: Jura 1989, S. 662 – 667 (zitiert: *Sodan*, Jura 1989, S.)

Sodan, Helge/Ziekow, Jan: Verwaltungsgerichtsordnung, Großkommentar, 3. Auflage, Baden-Baden 2010 (zitiert: *Sodan/Ziekow*, VwGO, § Rn.)

Soell, Hermann/Martin, Dieter: Die Beteiligung der Gemeinden an der Abfallbeseitigung in: BayVBl 1978, S. 649 – 659 (zitiert: *Soell/Martin*, BayVBl 1978, S.)

Steiner, Udo: Die allgemeine Leistungsklage im Verwaltungsprozeß in: JuS 1984, S. 853 – 859 (zitiert: *Steiner*, JuS 1984, S.)

Stern, Klaus/Sachs, Michael: Das Staatsrecht d er Bundesrepublik Deutschland, Band 3, Halbband 1, München 1988 (zitiert: *Stern*, Staatsrecht III/1, S.

Stork, Stephen: Spontanauskünfte durch die Finanzverwaltung – Ein Beitrag zur Praxis der Informationsweitergabe der Finanzverwaltung in: DB 1994, S. 1321 – 1325 (zitiert: *Stork*, DB 1994, S.)

Streinz, Rudolf: Lebensmittelrechts-Handbuch, 34. Ergänzungslieferung, München 2013 (zitiert: *Bearbeiter*, in: Streinz, Lebensmittelrechts-Handbuch, Rn.)

Streinz, Rudolf: Anmerkung zum Urteil des EuGH vom 9.11.2010 – verb. Rs. C-92/09 und C-93/09 – Volker und Markus Schecke und Eifert in: JuS 2011, S. 278 – 280 (zitiert: *Streinz*, JuS 2011, S.)

Streinz, Rudolf (Hrsg.): EUV, AEUV: Vertrag über die Europäische Union und Vertrag über die Arbeitsweise der Europäischen Union, Kommentar, 2. Auflage, München 2012 (zitiert: *Bearbeiter*, in: Streinz, EUV/AEUV, Art. Rn.)

Taeger, Jürgen/Gabel, Detlev (Hrsg.): Kommentar zum BDSG und zu den Datenschutzvorschriften des TKG und TMG, Frankfurt am Main 2010 (zitiert: *Bearbeiter*, in: Taeger/Gabel, BDSG-Kommentar, § Rn.)

Theis, Christian: Tranzparenzgesetzgebung bei Lebensmitteln und Verbraucherprodukten in: DVBl 2013, S. 627 – 633 (zitiert: *Theis*, DVBl 2013, S.)

Tremml, Bernd/Luber, Michael: Amtshaftungsansprüche wegen rechtswidriger Produktinformationen in: NJW 2005, S. 1745 – 1749 (zitiert: *Tremml/Luber*, NJW 2005, S.)

Tremml, Bernd/Karger, Michael/Luber, Michael: Der Amtshaftungsprozess, 3. Auflage, München 2009 (zitiert: *Tremml/Karger/Luber*, Der Amtshaftungsprozess, S.)

Tremml, Bernd/Nolte, Steffen: Amtshaftung wegen behördlicher Warnungen nach dem Produktsicherheitsgesetz in: NJW 1997, S. 2265-2273 (zitiert: *Tremml/Nolte*, NJW 1997, S.)

Vahle, Jürgen: Probleme des Rechtseingriffs und des schlichthoheitlichen Verwaltungshandelns im Polizeirecht unter besonderer Berücksichtigung der „informationellen Tätigkeit“ in: VR 1986, S. 258 – 264 (zitiert: *Vahle*, VR 1986, S.)

Voit, Wolfgang: Rechtsschutz gegen die Weitergabe von Meldungen innerhalb des Europäischen Schnellwarnsystems (RASFF) – Zugleich Stellungnahme zu den Beschlüssen des OVG Niedersachsen vom 27-11-2007, Az 11 ME 455/07 (ZLR 2008, 249ff) und des VGH München vom 14-11-2007, Az 25 CE 07/2990 in: ZLR 2008, S. 516 – 524 (zitiert: *Voit*, ZLR 2008, S.)

Voit, Wolfgang: Voraussetzungen und Grenzen der Informationsgewährung im Internet in: Böhm, Monika/Freund, Georg/Voit, Wolfgang (Hrsg.), Information und Kommunikation von Unternehmen und Behörden, 3. Marburger

Symposium zum Lebensmittelrecht, Baden-Baden 2011, S. 45 – 57 (zitiert: *Voit*, in: Böhm/Freund/Voit, Information und Kommunikation von Unternehmen und Behörden, S.)

Voit, Wolfgang: Voraussetzungen und Grenzen der Informationsgewährung im Internet in: Dix, Alexander/Franßen, Gregor/Kloepfer, Michael/Schaar, Peter/Schoch, Friedrich/Deutsche Gesellschaft für Informationsfreiheit, Informationsfreiheit und Informationsrecht, Jahrbuch 2010, Berlin 2010 (zitiert: *Voit*, in: Informationsfreiheit und Informationsrecht, S.)

Voit, Wolfgang: Die Befugnis zur Information der Öffentlichkeit bei täuschenden, aber die Gesundheit nicht gefährdenden Lebensmitteln in: LMuR 2012, S. 9 – 25 (zitiert: *Voit*, LMuR, S.)

von Heinegg, Wolff Heintschel/Schäfer, Olaf: Der Grundrechtsschutz (neuer) Religionsgemeinschaften und die Grenzen staatlichen Handelns in: DVBl 1991, S. 1341 – 1348 (zitiert: *von Heinegg/Schäfer*, DVBl 1991, S.)

von Mangoldt, Hermann/Klein, Friedrich/Starck, Christian (Hrsg.): GG – Kommentar zum Grundgesetz, Band 1 (Präambel, Art. 1 – 19), 6. Auflage, Nördlingen 2010 (zitiert: *Bearbeiter*, in: v. Mangoldt/Klein/Starck, GG, Art. Rn.)

von Münch, Ingo/Kunig, Philip (Hrsg.): Grundgesetz Kommentar, Band 1 (Präambel, Art. 1 – 69), 6. Auflage, München 2012 (zitiert: *Bearbeiter*, in: von Münch/Kunig, Grundgesetz, Art. Rn.)

Wagner, Gerhard: Das neue Produktsicherheitsgesetz: Öffentlich-rechtliche Produktverantwortung und zivilrechtliche Folgen (Teil I) in: BB 1997, S. 2489 – 2498 (zitiert: *Wagner*, BB 1997, S.)

Weber, Klaus: Anmerkung zum Urteil des BVerfG vom 22,02,2011 – Az.: 1 BvR 699/06 in: VR 2011, S. 178 – 179 (zitiert: *Weber*, VR 2011, S.)

Weber-Dürler, Beatrice: Der Grundrechtseingriff in: VVDStRL Band 57 (1998), S. 57 – 95 (zitiert: *Weber-Dürler*, in: VVDStRL Band 57 (1998), S.)

Wehlau, Andreas: Lebensmittel- und Futtermittelgesetzbuch, Kommentar, 1. Auflage, Köln 2010 (zitiert: *Wehlau*, LFGB, § Rn.)

Weller, Winfried: Reichweite einer Untersagungsverfügung nach § 8 Abs. 4 GPSG in: GewArch 2005, S. 107-110 (zitiert: *Weller*, GewArch 2005, S.)

Werner, Matthias-Julian: Verbraucherinformation ohne Prüfung der inhaltlichen Richtigkeit? in: ZLR 2008, S. 115 – 125 (zitiert: *Werner*, ZLR 2008, S.)

Wessels, Johannes/Beulke, Werner: Strafrecht – Allgemeiner Teil, 41. Auflage, Heidelberg [u.a.] 2011 (zitiert: *Wessels/Beulke*, Strafrecht Allgemeiner Teil, § Rn.)

Weyland, Gerd/Comans, Clemens: Soziale Netzwerke 2.0 – Chancen und Risiken für Lebensmittelunternehmen in: ZLR 2011, S. 523 – 546 (zitiert: *Weyland/ Comans*, ZLR 2011, S.)

Wiebauer, Bernd: Import und Produktsicherheit in: EuZW 2012, S. 14 – 19 (zitiert: *Wiebauer*, EuZW 2012, S.)

Wiemers, Matthias: Quo vadis, Verbraucherinformationsgesetz? in: ZLR 2009, S. 413 – 437 (zitiert: *Wiemers*, ZLR 2009, S.)

Wilms, Heinrich: Staatsrecht II – Grundrechte, 1. Auflage, Stuttgart 2010 (zitiert: *Wilms*, Staatsrecht II, Rn.)

Wilrich, Thomas: Das neue Produktsicherheitsgesetz (ProdSG): Leitfaden für Hersteller, Importeure und Händler, 1. Auflage, Berlin [u.a.] 2012 (zitiert: *Wilrich*, Das neue Produktsicherheitsgesetz, Rn.)

Wilrich, Thomas: Ein Jahr neues Produktsicherheitsgesetz (ProdSG) in: BPUVZ 2012, S. 560 – 563 (zitiert: *Wilrich*, BPUVZ 2012, S.)

Wolff, Amadeus/Decker, Andreas: Verwaltungsgerichtsordnung (VwGO) Verwaltungsverfahrensgesetz (VwVfG), Kommentar, 2. Auflage, München 2007 (zitiert: *Wolff/Decker*, VwGO /VwVfG, § Rn.)

Wollenschläger, Ferdinand: Effektiver Rechtsschutz bei informationellen Maßnahmen der öffentlichen Hand am Beispiel der novellierten Informationsbefugnis im Lebensmittelrecht (§ 40 LFGB) in: DÖV 2013, S. 7 – 17 (zitiert: *Wollenschläger*, DÖV 2013, S.)

Wollenschläger, Ferdinand: Staatliche Verbraucherinformation als neues Instrument des Verbraucherschutzes – Möglichkeiten und Grenzen der Informationsbefugnis nach dem Verbraucherinformationsgesetz am Beispiel der Pankower Ekelliste und das Problem staatlicher Marktinformation in: VerwArch 2011, S. 20 – 50 (zitiert: *Wollenschläger*, VerwArch 2011, S.)

Würtenberger, Thomas: Die Normerlassklage als funktionsgerechte Fortbildung verwaltungsprozessualen Rechtsschutzes in: AöR 105 (1980), S. 370 – 399 (zitiert: *Würtenberger*, AöR 105 (1980), S.)

Würtenberger, Thomas: Verwaltungsprozessrecht, 3. Auflage, München 2011 (zitiert: *Würtenberger*, Verwaltungsprozessrecht, § Rn.)

Wustmann, Ulrich: Das neue Verbraucherinformationsrecht (VIG und § 40 Abs. 1a LFGB) in: Dix, Alexander/Franßen, Gregor/Kloepfer, Michael/Schaar, Peter/ Schoch, Friedrich/Deutsche Gesellschaft für Informationsfreiheit (Hrsg.) Informationsfreiheit und Informationsrecht: Jahrbuch 2012, Berlin 2012, S. 197 – 231 (zitiert: *Wustmann*, Das neue Verbraucherinformationsrecht, S.)

Zechmeister, David/van der Schoot, Oliver: Rechtsschutz gegen (Schnell-)Warnungen im Lebensmittelrecht in: ZLR 2008, 583 – 605 (zitiert: *Zechmeister/ Van der Schoot*, ZLR 2008, S.)

Zellner, Gerhard: Die öffentliche Warnung im Lebensmittelrecht in: Böhm, Monika/Freund, Georg/Voit, Wolfgang (Hrsg.), Information und Kommunikation von Unternehmen und Behörden, 3. Marburger Symposium zum Lebensmittelrecht, Baden-Baden 2011, S. 25 – 37 (zitiert: *Zellner*, in: Böhm/ Freund/Voit, Information und Kommunikation von Unternehmen und Behörden, S.)

Zipfel, Walter/Rathke, Kurt-Dietrich (Hrsg.): Lebensmittelrecht: Loseblatt-Kommentar aller wesentlichen Vorschriften für das Herstellen und Inverkehrbringen von Lebensmitteln, Futtermitteln, kosmetischen Mitteln, sonstigen Bedarfsgegenständen sowie Tabakerzeugnissen, 152. Ergänzungslieferung, München 2013 (zitiert: *Zipfel/Rathke*, Lebensmittelrecht, C, § Rn.)